SALES PROFI · BDVT · Jahrbuch Verkaufstraining 2000/2001

GABLER

SALES PROFI · BDVT

Jahrbuch Verkaufstraining 2000/2001

Das Jahrbuch für Aus- und Weiterbildung im Verkauf

GABLER

Die Deutsche Bibliothek – CIP-Einheitsaufnahme
Ein Titeldatensatz für diese Publikation ist bei
Der Deutschen Bibliothek erhältlich.

Redaktion: Sabine Ursel
Lektorat: Margit Hübner

www.gabler.de

Höchste inhaltliche und technische Qualität unserer Produkte ist unser Ziel. Bei der Produktion und Verbreitung unserer Bücher wollen wir die Umwelt schonen: Dieses Buch ist auf säurefreiem und chlorfrei gebleichtem Papier gedruckt. Die Einschweißfolie besteht aus Polyäthylen und damit aus organischen Grundstoffen, die weder bei der Herstellung noch bei der Verbrennung Schadstoffe freisetzen.

Die Wiedergabe von Gebrauchsnamen, Handelsnamen, Warenbezeichnungen usw. in diesem Werk berechtigt auch ohne besondere Kennzeichnung nicht zu der Annahme, dass solche Namen im Sinne der Warenzeichen- und Markenschutz-Gesetzgebung als frei zu betrachten wären und daher von jedermann benutzt werden dürften.

Umschlaggestaltung: Schrimpf und Partner, Wiesbaden
Satz: FROMM MediaDesign GmbH, Selters/Ts.

ISBN 978-3-409-19421-1   ISBN 978-3-322-87117-6 (eBook)
DOI 10.1007/978-3-322-87117-6

Experten gehen davon aus, dass uns das 21. Jahrhundert einen wahren Weiterbildungsboom bescheren wird. Parallel zu der steigenden Nachfrage boomt auch das Angebot. Weiterbildung ist zu einem wichtigen Dienstleistungsprodukt geworden und entwickelt sich international zu einem immer bedeutenderen Wirtschaftsfaktor.

Allein deutsche Unternehmen geben inzwischen rund 34 Milliarden Mark für Weiterbildung aus. An Maßnahmen der beruflichen Weiterbildung haben 1997 rund 30 Prozent der Erwerbstätigen in Deutschland teilgenommen. Schaut man auf die Anforderungen an Management und Mitarbeiter, so ist auch hier ein breites Spektrum gefragt.

Bildungsdienstleistungen werden verstärkt dem Wettbewerb ausgesetzt. Die wachsende Nachfrage hat zu einer fast unüberschaubaren Vielfalt geführt; in Deutschland tummeln sich zwischen 10 000 und 25 000 Anbieter, so wird geschätzt. In der Datenbank „Kurs CD-ROM" der Bundesanstalt für Arbeit lassen sich Informationen zu rund 600 000 Bildungsangeboten abrufen – entsprechend gering ist die Transparenz.

Berufliche Bildung boomt

Die rasante technologische Entwicklung führt dazu, dass sowohl Informations- als auch Weiterbildungsdienstleistungen mittlerweile zu jeder Zeit und an jedem Ort erbracht und somit kundennah und effizient angeboten werden können.

Wie eine Studie des Club of Rome feststellte, veraltet berufliches Fachwissen heute innerhalb von fünf Jahren zu 50 Prozent. Exzellentes EDV-Wissen ist innerhalb von drei Jahren nur noch zu zehn Prozent aktuell, und Technologiewissen ist nach drei Jahren nur noch die Hälfte wert. Darum wird berufliche Weiterbildung in der Wissensgesellschaft der Schlüssel für den individuellen beruflichen Erfolg und zugleich entscheidender Faktor für die wirtschaftliche Leistungsfähigkeit. Hinzu kommt, dass sich im globalen Wettbewerb die Anforderungen an die Mitarbeiter erhöhen. Mitarbeiter und Management brauchen Fach-, Führungs- und Methodenkompetenz, soziale Kompetenz, Qualitätsdenken und interkulturelle Kompetenz. Erfolg ist abhängig von Qualifikation.

Kooperation ist erforderlich, um die Entwicklung neuer Qualifikationsanforderungen zu verfolgen, potenzielle Trends frühzeitig zu erkennen und mit zielgenauen Weiterbildungsangeboten zu bedienen. Strategische Allianzen in Netzwerken haben hier die allergrößte Bedeutung. Der BDVT ist der Partner, der Partnerschaften schafft, in denen Modelle erfolgreicher Kooperationsformen aufgebaut werden können.

Der BDVT als Berufsverband hat sich mit der Qualifizierungsoffensive zum Ziel gesetzt, die Komplexität, Vielfalt und Dynamik der beruflichen Weiterbildung erfolgsorientiert zu begleiten.

P. Schmitt

Peter Schmitt
Verkaufstrainer
Präsident BDVT

Inhalt

Know-how

Trends
im Training

Eine Frage, die sich insbesondere zur Jahrtausendwende stellt: Worauf müssen sich Trainer und Weiterbildungsverantwortliche künftig einstellen? Sind traditionelle Trainingsmethoden längst „von gestern" angesichts des allumfassenden Customer Relationship Management (CRM) und Computer Based Training (CBT)? Welche Konsequenzen die aktuellen Entwicklungen auf das Management- und Verkaufstraining haben, wie sich die Tätigkeitsbilder von Trainern ändern und welche Inhalte und Qualitätsanforderungen zukünftig für das Training relevant sind, das beantworten Weiterbildungsexperten hier ausführlich und fundiert. Die Vielfalt der Blickwinkel — von der BDVT-Verbandsebene zu den Themen Ethik und Qualifizierung über computergestützte Instrumente bis zu neuartigen Lernmethoden — bietet interessante Einsichten in diesen vielschichtigen Markt. Die folgenden Trends erleichtern den Unternehmen die Weiterbildungsplanung und die Auswahl der Trainer. Und Trainern geben sie entscheidende Impulse für ihre Tätigkeit.

Vorsprung für Profis durch ein engagiertes Netzwerk

Der BDVT Berufsverband Deutscher Verkaufsförderer und Trainer e.V. ist mit derzeit knapp 1 300 Mitgliedern – Tendenz steigend – der größte Berufsverband für angestellte und selbstständige Trainer, Berater und Absatzförderer im deutschsprachigen Raum. Der Verband unterstützt in Wirtschaft, Öffentlichkeit und Politik die ideellen und wirtschaftlichen Interessen seiner Mitglieder. Für den problemlosen Erfahrungsaustausch und die aktive Einbindung seiner Mitglieder hat der BDVT elektronische, fachliche und regionale Netzwerkstrukturen geschaffen. Die für den wirtschaftlichen Unternehmenserfolg erforderliche synergistische Verknüpfung von Training/Personalentwicklung mit Absatzförderung/Trademarketing ist das grundlegende Verbandsprinzip unseres Verbandes und unserer Mitglieder. Lesen Sie hier, wie das Leistungsspektrum des BDVT im Detail aussieht.

Am 3. Oktober 1964 gründeten engagierte Praktiker den Berufsverband BDVT, damals unter der Verbandsbezeichnung „Bund Deutscher Verkaufsförderer und Trainer e.V." Seit dieser Zeit setzt sich der Verband aktiv für die Qualität in Training, Personalentwicklung, Beratung und Verkaufsförderung ein – als Partner der Wirtschaft und Wissenschaft und als fachkompetenter Interessenvertreter im politischen Bereich. Kooperationen mit anderen Verbänden, internationalen Austauschpartnern, Netzwerken und Fachverlagen verdeutlichen die Kompetenz des Berufsverbandes und seiner Mitglieder.

Als Verband stellen wir exklusiv für unsere Mitglieder moderne Netzwerkmedien zur Verfügung, die den praxisbezogenen Erfahrungsaustausch tagesaktuell sicherstellen. Trends, Meinungen und Sachthemen zu allen Fragen der Berufspraxis werden in einer verbandseigenen Mail-List diskutiert, zu der nur BDVT-Mitglieder Zugang haben, und die intensiv genutzt wird. Hier kann jedes Mitglied auf Knopfdruck bei einer Vielzahl von Kolleginnen und Kollegen Erfahrungen abfragen und aktuelle Problemlösungen anfordern.

16 BDVT-Regionalclubs bieten für Mitglieder und Gäste in mehr als einhundert Veranstaltungen pro Jahr deutschlandweit Neues und Erprobtes aus dem Trainer-, Berater- und Verkaufsförderungsgeschäft. Gemeinsame, auf den Bedarf der Mitglieder abgestimmte Projekte der Fach- und Berufsgruppen sind die beste Gewähr für ein breites, aktuelles Angebot kontinuierlicher Weiterbildung. Die Veranstaltungen der Regionalclubs sowie der Fach- und Berufsgruppen sind gleichzeitig Foren persönlicher Begegnung und beruflicher Kontakte. Ein lebendiger Verband also – ganz im Sinne unserer Philosophie: „Komm. Wir bewegen was!"

Umfassendes Aufgabenspektrum

Der BDVT setzt sich aktiv für den Markt und das Berufsfeld seiner Mitglieder ein, indem er
1. Berufsbilder für Verkaufsförderer und Trainer/Berater definiert und für aktuelle sowie künftige Erfordernisse weiterentwickelt;
2. dem Beruf des Verkaufsförderers und Trainers durch entsprechende Darstellung die Bedeutung verschafft, die ihm in der Wirtschaft und der Öffentlichkeit zukommt;
3. gegenüber Politik, Institutionen und anderen Berufs- und Fachverbänden für die Wahrung der berufsständischen und fachlichen Interessen seiner Mitglieder eintritt;
4. die berufliche Arbeit von Verkaufsförderern und Trainern, insbesondere seiner Mitglieder, durch Erfahrungs- und Informationsaustausch unterstützt und fördert;
5. sich für die Ausbildung des beruflichen Nachwuchses einsetzt und mit Forschungs- und Lehreinrichtungen zusammenarbeitet;
6. durch Kongresse, Seminare, Arbeitskreise und Veröffentlichungen eine berufliche und fachliche Weiterbildung der Mitglieder und des Nachwuchses ermöglicht und interessierte Kreise informiert;
7. die Erarbeitung, Sammlung, Prüfung, Weitergabe von Erkenntnissen in Verkaufsförderung und Training und auf allen Gebieten durchführt, die damit zusammenhängen;
8. Verbindung mit Verbänden ähnlicher Art im In- und Ausland herstellt, hält und zum Vorteil der Berufsstän-

de der Verkaufsförderer und Trainer, insbesondere seiner Mitglieder, nutzt; 10. seine Mitglieder auf fachgerechte und ehrenhafte Berufsausübung im Sinne der jeweiligen Berufsbilder verpflichtet.

BDVT-Gütesiegel für Qualität

Aufbauend auf den Anforderungen der Berufsbilder wird in einem dreistufigen Aufnahmeverfahren die Qualifikation neuer Mitglieder eingehend geprüft. Für BDVT-Mitglieder und die berufliche Öffentlichkeit ist das BDVT-Zeichen ein Gütesiegel. Es steht für die Prüfung der fachlichen Qualifikation vor der Aufnahme in den Verband und ist gleichzeitig Verpflichtung zur kontinuierlichen Weiterbildung. Der BDVT nimmt aktuell zu Entwicklungen im Markt Stellung und setzt sich ständig für Verbesserungen des beruflichen Umfeldes in Training und Verkaufsförderung ein. In Kooperation mit Medien und Ex-

perten werden die Berufsinteressen wirkungsvoll vertreten. Aufbauend auf jahrelangen Erfahrungen entwickelt der BDVT Leistungen, die nur Mitgliedern zur Verfügung stehen – und die teilweise durch das hohe Engagement von BDVT-Mitgliedern für ihre Verbandskollegen entstehen. Das sind unter anderem:
➡ Kontinuierliche Weiterbildung,
➡ Allgemeine Geschäftsbedingungen für Trainer und Berater BDVT,
➡ Vermittlung von Hospitationen und Partnerschaften,
➡ Vermittlung von qualifizierten Gesprächspartnern zu beruflichen und rechtlichen Fragen,
➡ Datenbankverknüpfungen der BDVT-Website mit E-Mail und Homepage der Mitglieder als Grundlage für Akquisitionsnachfragen.
Mit Unterstützung der Berufs- und Fachgruppen arbeitet der Verband permanent und aktiv an leistungsfähigen Serviceprojekten. Im Rahmen der qualifizierenden Bildungsangebote bestehen Kooperationen mit Trainingsinstituten, die nach den Richtlinien des Berufsbildes „TrainerIn und BeraterIn BDVT" ausbilden. Eine kompetente Kommission hat eine einheitliche, verbindliche Prüfungsordnung erstellt. Der Absolvent kann den Ausbildungshinweis „BDVTgeprüfter Trainer und Berater" verwenden.

Profilierung mit starken Projekten

■ **Auszeichnungen/Preise.** Der in Training und Verkaufsförderung erreichte Qualitätsstandard wird seit 1991 durch die jährliche Auszeichnung hervorragender, innovativer Konzepte mit dem Deutschen Trainings-Preis und dem Deutschen Verkaufsförderungs-Preis dokumentiert. Damit bietet der BDVT Transparenz der Leistungen in Training, Beratung, Personalentwicklung und Verkaufsförderung, setzt Leistungsstandards und gibt Anreize zur Leistungssteigerung. Die Wertungen einer neutralen Fachjury finden in Medien und Fachöffentlichkeit hohe Resonanz und positionieren den BDVT und seine Mitglieder als qualitätsorientierte und vertrauenswürdige Partner.

■ **ProSales.** Der BDVT ist Veranstalter der alljährlich stattfindenden ProSales, ein Kongress, der ein leistungsstarkes Programm bietet. In Seminaren, Foren, Workshops, Podiumsdiskussionen und großflächigen Messeaktivitäten entsteht ein Marktplatz für neue Trends und innovative Methoden in Training, Personalentwicklung, Beratung und Verkauf. Die ProSales ist der Fachkongress für alle Entscheidungsträger in Training, Beratung, Personalentwicklung, Vertrieb und Verkaufsförderung.

■ **Komm. Wir bewegen was!** So heißt die Philosophie unseres Berufsverbandes. Unsere engagierten Aktivitäten machen dies deutlich. Sowohl die Kompetenz als auch die Qualifizierungsoffensive unseres Berufsverbandes haben eine starke positive Resonanz in der Öffentlichkeit. Unsere Mitglieder profitieren in hohem Maß persönlich und beruflich von den umfassenden Netzwerkstrukturen.

Serviceleistungen des BDVT

Der BDVT bietet eine Vielzahl von Serviceleistungen und nutzenorientierten Arbeits- und Akquisitionshilfen.

■ **Berufsbild „TrainerIn und BeraterIn BDVT".** In dem vom BDVT entwickelten Berufsbild „TrainerIn und BeraterIn BDVT" sind fachliche Anforderungen, berufliche Qualitätsmerkmale, ethische Richtlinien und Qualifizierungsanforderungen definiert. Dieses Berufsbild ist eine seit langem in der Wirtschaft anerkannte Orientierungshilfe in einem Markt, in dem es keinen staatlichen Titelschutz gibt. Für Qualitätssicherung sorgt hier der Berufsverband BDVT, der Mitglieder vor Aufnahme in den Verband in einem dreistufigen Verfahren prüft; das BDVT-Berufsbild ist auch hierfür richtungweisend.

■ **Homepage http://www.bdvt.de.** Sie finden auf unserer Homepage viele wichtige Informationen für Ihre Arbeit und alles über den BDVT, zum Beispiel
➡ aktuelle fachspezifische Informationen zu Verkaufsförderungs- und Trainerthemen,

Management
Institut

GABLER

M A S T E R

OF BUSINESS PRACTICE

D A S   M O D U L A R E   K O N Z E P T   F Ü R   I H R E   W E I T E R B I L D U N G

JA ICH WILL MEHR WISSEN, BITTE INFORMIEREN SIE MICH AUSFÜHRLICH ÜBER DAS MBP KONZEPT.

Gabler Management Institut
Heidi Mathias
Abraham-Lincoln-Straße 46
65173 Wiesbaden

Tel. (06 11) 78 78-2 91
Fax. (06 11) 78 78-4 01
heidi.mathias@bertelsmann.de
www.gabler-seminare.de

Name	Vorname
Firma	Abteilung
Straße/Postfach	
PLZ/Ort	

→ neueste Nachrichten und Infos,

→ einen Veranstaltungskalender.

■ **Zeitschrift „BDVT-INTERN".** Unsere Verbandszeitschrift erscheint mehrfach im Jahr und wird Ihnen nach Erscheinen automatisch zugestellt. Die Redaktion bietet Ihnen neben aktuellen Informationen aus dem aktiven Verbandsgeschehen auch neueste Nachrichten über Trends und Methoden. Natürlich können Sie die Verbandszeitschrift auch für eigene Anfragen nutzen. Die Mediadaten informieren Sie über die Konditionen.

■ **BDVT-Maillist.** Die BDVT-Maillist ist ein Projekt der „Berufsgruppe Selbstständige" und dient dem elektronischen Erfahrungsaustausch unter Kollegen. Die Maillist ist ein geschlossenes System nur für BDVT-Mitglieder, die dort praxisnahe Tipps zum beruflichen Alltag austauschen. Zunehmend werden Anfragen aus dem Markt in die Maillist gestellt.

■ **BDVT-Akquisitionshilfen/Sie werden gesucht und gefunden.** Für die BDVT-Mitglieder haben wir als kostenlosen Akquisitionsservice ganz aktuell eine qualifizierte Internet-Datenbank mit über vierzig Leistungsbereichen entwickelt, die in der Öffentlichkeit beworben wird.

■ **Jahrbuch.** In Kooperation mit dem Gabler Verlag, Wiesbaden, geben wir im 2-Jahres-Rhythmus das „Jahrbuch Verkaufstraining" heraus, das ebenfalls die Leistungsbereiche unserer Mitglieder transparent macht.

■ **Links zu E-Mail- und Internetadressen.** Als BDVT-Mitglied können Sie unser kostengünstiges Angebot nutzen, auf der BDVT-Homepage mit Ihrer E-Mail-Adresse und/oder Homepage-Adresse verknüpft zu werden.

■ **Fachzeitschrift „wirtschaft und weiterbildung".** BDVT-Mitglieder erhalten kostenlos die Fachzeitschrift „wirtschaft und weiterbildung".

Weiterbildung im BDVT

■ **Regionalclub-Veranstaltungen.** Die Veranstaltungskalender der jeweiligen Regionalclubs und die Veranstaltungsberichte finden Sie auf der Homepage „http://www.bdvt.de/veranstaltungen". Auf den Regionalclub-Veranstaltungen können Sie sich qualifiziert weiterbilden und den persönlichen Erfahrungsaustausch mit Mitgliedern und Gästen nutzen. Als BDVT-Mitglied und als Gast können Sie das gesamte Angebot nutzen.

■ **ProSales: Kongress und Fachmesse für Training, Beratung und Absatzförderung.** Einmal jährlich veranstaltet der BDVT als Branchen-Highlight einen Kongress mit angeschlossener Fachausstellung – die „Pro Sales". Namhafte Referenten informieren über aktuelle Trends auf dem Markt der beruflichen Weiterbildung, Organisations- und Personalentwicklung, über innovatives Verkaufen und weitere fachspezifische Themen. Als BDVT-Mitglied können Sie kostengünstig an der Veranstaltung mit vielen aktuellen Workshops und Vortragsreihen teilnehmen.

■ **HerbstCamp.** Das HerbstCamp ist eine Veranstaltung der „Berufsgruppe Selbstständige", die mit einer Fülle von Themen und Referenten ein Informationsforum organisiert und durchführt. Diese Veranstaltung wird alljährlich im November über drei Tage angeboten. Die BDVT-Medien informieren rechtzeitig über den Termin, den Veranstaltungsort und den Themenkreis.

■ **Veranstaltungen der Fachgruppe Training und der Fachgruppe Verkaufsförderung.** Die Fachgruppen veranstalten jährliche Fachtagungen zur Diskussion und Vertiefung aktueller Trends und Methoden.

■ **Ausbildungsinstitute als Kooperationspartner des BDVT.** Im Rahmen der qualifizierenden Bildungsangebote ist der BDVT Kooperationen mit Trainingsinstituten eingegangen, die nach den Richtlinien des Berufsbildes „TrainerIn und BeraterIn BDVT" ausbilden (siehe Kasten Seite 11). Eine fachlich kompetente Kommission hat eine einheitliche, verbindliche Prüfungsordnung erstellt, und der Absolvent kann den Ausbildungsabschluss „BDVT-geprüfter Trainer und Berater" verwenden.

Weitere Serviceleistungen des BDVT

Zu den folgenden Themenbereichen erhalten Sie Hilfe, teilweise auch von erfahrenen externen Beratern:

■ **Vertragsempfehlungen.** Der BDVT hat für seine Mitglieder Hinweise zur Ausgestaltung der Verträge mit ihren Auftragspartnern erarbeitet. Nur BDVT-Mitglieder erhalten diesen kostenlosen Service.

■ **Steuerberatung.** Bei individuellen steuerrechtlichen Fragen steht Ihnen für telefonische Auskünfte unser branchenerfahrenes Steuerbüro kostenpflichtig zur Verfügung.

■ **Rechtsauskunft.** Auch in rechtlichen Fragen hilft der BDVT. Ein Rechtsanwalt, der den BDVT berät, wird Ihnen bei Bedarf genannt. Individuelle Vereinbarungen sprechen Sie direkt mit ihm ab.

■ **Hospitationen.** Im Rahmen der Qualifizierungsoffensive hat der BDVT eine Umfrage an langjährige Mitglieder gerichtet und eine Liste von Anbietern erstellt, die sich für Hospitationen von BDVT-Mitgliedern zur Verfügung stellen. Hier sind die Trainingsschwerpunkte und die individuellen Bedingungen mit den Anbietern abzuklären.

■ **Deutscher Verkaufsförderungs-Preis und Deutscher Trainings-Preis.** Alljährlich schreibt der BDVT den „Deutschen Trainings-Preis" und den „Deutschen Verkaufsförderungs-Preis" aus. Diese Wettbewerbe stellen besonders gut geplante, kreativ umgesetzte und erfolgreiche Kampagnen aus Verkaufsförderung und Training durch Auszeichnung heraus. Eine anerkannte Fachjury bewertet die eingereichten Projekte. Die prämierten und zertifizierten Konzepte haben in den Fachmedien eine hohe öffentlichkeitswirksame Resonanz.

Auftrag: Werte entwickeln

Warum ist Ethik in der beruflichen Weiterbildung heute so wichtig? Weiterbildung ist gekennzeichnet durch zunehmendes Wissen über Möglichkeiten der Persönlichkeitsveränderung und die grundsätzliche Möglichkeit des Missbrauchs dieses Wissens. Hier gilt es, sich eindeutig von ethisch nicht akzeptablem Verhalten zu distanzieren und Stellung zu beziehen.

Gefordert ist eine Ethik in der beruflichen Weiterbildung, die von einem Menschenbild ausgeht, das in der Werteordnung der Menschenrechte wurzelt, die eine besondere Verantwortung für die Entwicklung der Gesellschaft hat, sich in einer besonderen persönlichen und sozialen Fürsorgepflicht gegenüber Trainingsteilnehmern äußert und in der die Weiterbildenden sich gegenüber Nachfragern ihrer Angebote zu den Prinzipien Wahrheit, Klarheit und Vertraulichkeit verpflichten. Im Berufsbild „TrainerIn und BeraterIn BDVT" hat der Verband früh Grundwerte und Verpflichtungen formuliert. „Der Trainer und Berater BDVT bekennt sich zu einem konstruktiven Menschenbild eigenständiger, unverwechselbarer Persönlichkeiten, zu Gleichberechtigung, Selbst- und Mitbestimmung und zentriert sich auf die Stärkung der Fähigkeiten und Selbstverantwortung der Teilnehmer", fasst BDVT-Präsident Peter Schmitt zusammen.

Projektgruppe, Berufskodex und Forum

Federführend hat der BDVT im Kooperationstreffen der Weiterbildungsorganisationen die Projektgruppe „Ethik in der Weiterbildung" geleitet und den „Berufskodex für die Weiterbildung" entwickelt. Das Treffen hat einen politischen Auftrag der Enquetekommission so genannte „Sekten- und Psychogruppen" im Zusammenhang mit dem Gesetzentwurf zur gewerblichen Lebensbewältigungshilfe wahrgenommen. Im vorgesehenen Sondergesetz sah die Enquetekommission ein untaugliches Instrument und schlug vor, dass „Verbände beziehungsweise Standesorganisationen selbsttätig Qualitätsstandards entwickeln und sich über Ethikkonventionen verständigen".

Der BDVT und das Kooperationstreffen der Weiterbildungsorganisationen haben die politische Forderung angenommen und unter der Projektleitung von Renate Richter, BDVT, Berufsverband Deutscher Verkaufsförderer und Trainer e.V., Köln, die Voraussetzungen für die Gründung einer Ethikkommission unter dem Namen „Forum: Werteorientierung in der Weiterbildung" geschaffen. Zu diesem Markt gibt es keine staatlich geregelten Zugangsvoraussetzungen und keinen staatlichen Titelschutz für Trainer. Daher war es wichtig, eigene Maßnahmen zu entwickeln, die den Markt transparent machen und ethisches Verhalten der Handelnden fordern und kontrollieren. Der „Berufskodex für die Weiterbildung" ist eine solche Maßnah-

---

Kooperationspartner „Ethik in der Weiterbildung"

Der „Berufskodex für die Weiterbildung" wurde erarbeitet vom Arbeitskreis „Ethik in der Weiterbildung" unter der Projektleitung von Renate Richter, BDVT, Köln, im Auftrag des Kooperationstreffens der Weiterbildungsorganisationen. Dem Kooperationstreffen gehören an:

AGP Arbeitsgemeinschaft Partnerschaft in der Wirtschaft e.V.

BDVT Berufsverband Deutscher Verkaufsförderer und Trainer e.V.

DGAK Deutsche Gesellschaft für Angewandte Kinesiologie

DGPP Deutsche Gesellschaft für praktische Pädagogik e.V.

DGSL Deutsche Gesellschaft für Suggestopädisches Lehren und Lernen e.V.

DVNLP Deutscher Verband für NeuroLinguistisches Programmieren e.V.

GABAL Gesellschaft zur Förderung anwendungsorientierter Betriebswirtschaft und aktiver Lehrmethoden in Fachhochschule und Praxis e.V.

GfA Gesellschaft für Arbeitsmethodik e.V.

KAL Kommunikation und aktives Lernen e.V.

Strategie Forum e.V.

Trainertreffen Deutschland

Maßgeblich mitgewirkt haben:

Dr. Thorsten Jacobi, Ev. Akademie Iserlohn/Institut für Kirche und Gesellschaft

Brigitte Wettengel, Akademie des DRK

Ra Lindow, Telekanzlei Lindow & Partner

Dr. Jürgen Keltsch, Bayerisches Staatsministerium

---

me, mit der der organisierte Berufsstand eine berufständische Ethik im Sinne freiwilliger Selbstkontrolle gibt.

Berufskodex für die Weiterbildung

Ethische Richtlinien des Kooperationstreffens der Weiterbildungsorganisationen zur Fortschreibung in der Ethikkommission „Forum: Werteorientierung in der Weiterbildung".

■ **Artikel I (Erklärung zum Menschenbild)**
Die Weiterbildenden gehen in ihrer Tätigkeit von einem Menschenbild aus, das in der Werteordnung der Menschenrechte wurzelt. Das heißt:
1.1 Die Weiterbildenden bekennen sich zu dem im Grundgesetz verankerten Schutz der Menschenwürde. Sie erkennen jedem Menschen dessen unantastbare Würde zu, unabhängig davon, wie seine persönlichen Fähigkeiten einzuschätzen sind.
1.2 Die Weiterbildenden begreifen den Menschen als eine in sozialen Beziehungen lebende und auf deren lebensdienliche Gestaltung angewiesene Existenz.
1.3 Jeder Mensch wird als eigenständiges Subjekt ernst genommen. Ihm wird das Recht auf mündige Selbstbestimmung zuerkannt und die Möglichkeit, es wahrzunehmen, jeder Zeit zugestanden.
1.4 Die Weiterbildenden unterstützen die Teilnehmer in der Wahrnehmung ihrer Eigenverantwortung, sind sich aber des Spannungsfelds der Eigenverantwortung des Teilnehmers und der Schutzpflicht des Weiterbildenden bewusst.
1.5 Jeder Mensch wird in seiner unverwechselbaren Persönlichkeit und soziobiographischen Einmaligkeit anerkannt.
1.6 Jeder Mensch wird für wert gehalten, zu einem produktiven Umgang mit seinen Begrenztheiten sowie zur Entwicklung seiner Potenziale befähigt zu werden.
1.7 Die Weiterbildenden bevorzugen ganzheitlich ausgerichtete Trainingsmethoden, das heißt Methoden, die dem Menschen als Wesen gerecht werden, das Körper, Seele und Geist integriert.

Seriösität, Qualität und Image

„Einer der Grundgedanken bei der Gründung des BDVT 1964 war, Grundwerte und eine Ethik für den damals noch jungen Beruf des Trainers zu formulieren. Diese Aufgabe hatte im BDVT immer einen sehr hohen Stellenwert.

Früher im Mitgliedsausweis und in der Berufsrolle, später in den Berufsbildern des Verbandes, wurde die BDVT-Ethik, die Regeln des Umgangs und die Qualitätsanforderungen, den Mitgliedern mitgeteilt. Diese verpflichteten sich, nach diesen Regeln zu arbeiten. Die Einhaltung wird bis heute noch von einem Ehrenrat, der auch Schlichtungsfunktion hat, überwacht. Ein wichtiger Schritt in diese Richtung ist die schriftliche Verpflichtung aller BDVT-Mitglieder, keine Verbindung zu Scientology zu haben, noch deren Gedankengut zu vertreten.

Der BDVT hat durch seine Arbeit wesentlich dazu beigetragen, dem Beruf des Trainers Seriösität, Qualität und ein positives Image zu verschaffen. Wie gut diese Grundwerte in der Praxis umgesetzt werden, beweist besonders die Arbeit der Berufsgruppe Selbstständige. Hier arbeiten seit Jahrzehnten freiberufliche Trainerinnen und Trainer, die eigentlich Wettbewerber sind, kollegial und partnerschaftlich zusammen. Im BDVT wird die Ethik des Trainingsberufs nicht nur formuliert, sie wird gelebt – zum Nutzen des gesamten Berufsstandes."

Hans A. Hey
Ehrenpräsident BDVT
Verkaufstrainer

■ **Artikel 2 (Zum Selbstverständnis der Weiterbildenden)**
Die Weiterbildenden beteiligen sich an der Entwicklung der Gesellschaft und unserer Welt. Sie sehen sich dabei in eine besondere Verantwortung gestellt.
2.1 Die Weiterbildenden sind sich bewusst, dass sie auf die Meinungsbildung und Persönlichkeitsentwicklung vieler Menschen Einfluss nehmen. Sie regen im Rahmen ihrer beruflichen Praxis zum Überdenken von Haltungen und Standpunkten an, verhelfen zu anderen Sichtweisen und bewirken Veränderungen im Verhalten.
2.2 Die Weiterbildenden werden sich über Versprechen, Informationen des Auftraggebers zu Trainingsteilnehmern vertraulich zu behandeln, nicht hinwegsetzen.
2.3 Die Weiterbildenden nehmen gesellschaftliche Entwicklungen wahr. Ihnen tragen sie Rechnung, indem sie sich hinsichtlich ihrer Fachkenntnisse und Methodenkompetenz stets auf aktuellen Stand zu bringen suchen und sich zum Gewährleisten bestmöglicher Standards verpflichten. Sie sorgen für die eigene Fortbildung und pflegen den Erfahrungsaustausch unter Kollegen.
2.4 Die Weiterbildenden sehen ihre

Arbeit in größere Zusammenhänge gestellt. Durch ihre Tätigkeit versuchen sie zur Entwicklung einer zukunftsfähigen Gesellschaft beizutragen. Dazu gehört, in globaler Perspektive

➡ zu lebenslangem Lernen und bewusster Lebensführung anzuregen sowie Prozesse zur persönlichen und gesellschaftlichen Werteorientierung zu unterstützen,
➡ Macht- und Ohnmachtsbeziehungen zwischen Männern und Frauen, Kindern und Erwachsenen, Alten und Jungen zu bedenken und sich für die Rechte wirtschaftlich und sozial benachteiligter Menschen einzusetzen,
➡ bürgerschaftliches Engagement und Möglichkeiten zur politischen Bürgerbeteiligung zu fördern sowie für Formen friedensorientierter Konfliktregelungen einzutreten,
➡ kulturelle Identitätsbildung zu fördern und zugleich Offenheit für interkulturelle Begegnungen zu begrüßen,
➡ für ein Wirtschaften einzutreten, das die natürlichen Lebensgrundlagen dauerhaft sicherstellt.

■ **Artikel 3 (Zum Verhältnis Weiterbildner – Trainingsteilnehmer)**
Die Weiterbildenden kommen ihrer

besonderen persönlichen und sozialen Fürsorgepflicht gegenüber ihren Trainingsteilnehmern nach.

3.1 Die Weiterbildenden wenden Methoden an, die dem in Artikel 1 ausgeführten Menschenbild entsprechen.

3.2 Die Weiterbildenden gehören auch nicht Institutionen, Gruppierungen oder Glaubensbekenntnissen an, deren Methoden den Punkten des Artikel 1 widersprechen und arbeiten auch nicht nach diesen Methoden.

3.3 Die Weiterbildenden enthalten sich jeder Form von Repression gegenüber ihren Trainingsteilnehmern. Sie suchen das Vertrauen zu rechtfertigen, das ihnen entgegengebracht wird.

3.4 Die Weiterbildenden bringen ihren Trainingsteilnehmern Respekt entgegen und vermeiden es, sie in Verlegenheit zu bringen.

■ Artikel 4 (Zum Verhältnis Weiterbildungsanbieter – Nachfrager/ Auftraggeber)

Die Weiterbildenden sehen sich gegenüber Nachfragern ihrer Leistungsangebote zu den Prinzipien der Wahrheit, Klarheit und Vertraulichkeit verpflichtet. Das heißt:

4.1 Im Gespräch mit potenziellen Auftraggebern liefern die Weiterbildenden wahrheitsgemäße Informationen über ihr Unternehmen, insbesondere über die Art der Arbeit, die das Unternehmen durchführen kann und die bisher für Kunden tatsächlich erbracht wurde.

4.2 Die Weiterbildenden werden ihre Trainings- und Entwicklungsaktivitäten stets zutreffend darstellen. Dazu gehört, die eigene Methodenkompetenz offenzulegen und die im Training oder im Entwicklungsprozess tatsächlich eingesetzten Methoden anzugeben.

4.3 Jeder Weiterbildner/jede Weiterbildnerin weiß in selbstkritischer Einschätzung um die Grenzen der eigenen Kompetenzen. Er/Sie bietet keine Dienste an, die über die eigene berufliche Qualifikation hinausgehen.

4.4 Er/Sie ist Auftraggebern im Sinne der Qualitätssicherung behilflich, von anderer Seite professionelle Hilfe zu erhalten in Bereichen, die die eigenen Kompetenzen überschreiten.

4.5 Im Gespräch mit dem Auftraggeber werden die Erwartungen sorgfältig abgeklärt. Art und Umfang eines erteilten Auftrags werden von den Vertragspartnern genau festgelegt.

■ Artikel 5 (Zum Verhältnis der Weiterbildenden untereinander)

Das Verhältnis der Weiterbildenden untereinander soll gekennzeichnet sein von Respekt und Kollegialität, von Fairness und Kooperationsbereitschaft. Das heißt:

5.1 Die Weiterbildenden bringen ihren Kollegen Respekt entgegen und vermeiden es, ihre Kollegen in Verlegenheit zu bringen.

5.2 Kritik an der Berufsausübung von Kollegen muss sachlich-konstruktiv sein. Wird ein standeswidriges Verhalten beobachtet, so soll zunächst in einem kollegialen Gespräch vertraulich darauf hingewiesen werden.

5.3 Kollegen aus ihren Tätigkeitsfeldern mit unlauteren Handlungsweisen zu verdrängen, ist unstatthaft. Im Leistungswettbewerb sind die kaufmännischen Sitten zu wahren.

5.4 Wird ein Kollege als angestellter oder freier Mitarbeiter beschäftigt, so ist ihm eine dem Berufsstand angemessene Gegenleistung anzubieten.

5.5 Mit Angehörigen anderer Berufe ist eine loyale und hilfsbereite Zusammenarbeit zu pflegen. Kooperationen sind ohne standespolitische Grenzziehungen anzustreben.

■ Artikel 6 (Zum Verhältnis Weiterbildner und Berufsstand)

Die Weiterbildenden wahren und fördern durch ihr Auftreten und ihre Arbeitsweisen das Ansehen des Berufsstandes. Das heißt:

6.1 Die Weiterbildenden respektieren die Rechte und fördern den guten Ruf derjenigen Organisation, deren Mitglieder sie sind.

6.2 Sie beachten sorgfältig die sozialen Regeln und ethischen Grundlagen der Gemeinschaft, in der sie arbeiten.

6.3 Sie vermeiden irreführende Angaben über eigene berufliche Qualifikationen und Absichten sowie über Verbindungen und Zugehörigkeiten zu Organisationen.

6.4 Die Weiterbildenden anerkennen die berufsständisch organisierten Konfliktlösungsverfahren.

RENATE RICHTER
**Leiterin Bundesgeschäftsstelle BDVT
Erste Vorsitzende des „Forum
Werteorientierung in der
Weiterbildung Verein i. Gr."**

Wachstumsmarkt „Berufliche Bildung" braucht Standards

Wir stehen mitten in einer breiten Diskussion um die Qualitätsentwicklung und Qualitätssicherung in der beruflichen Weiterbildung. Professionalisierung in der Erwachsenenbildung ist berufshistorisch schon immer ein Ziel gewesen. In den 90er Jahren bekam diese Diskussion neue Dynamik durch die aus der Wirtschaft überschwappende Diskussion der DIN ISO 9000, sie traf die Weiterbildung überraschend.

Die polarisierenden Positionen neigten zu zwei extremen Reaktionen: Sie propagierten entweder die Übernahme der ISO-Norm als unverzichtbares, neues und auch Marketingvorteile versprechendes System, oder aber sie lehnten Qualitätssicherungssysteme ab mit dem Verweis, dass qualifiziertes Handeln der Erwachsenenbildung in Deutschland immanent ist. Die Spannung verschärfte sich in den 90er Jahren, als Planungen bekannt wurden, wonach die Beteiligung an EU-Programmen grundsätzlich und als EU-Auflage von einer Zertifizierung nach ISO 9000 abhängig gemacht werden sollte. Da zur selben Zeit die Anwendung der internationalen Normenreihe zur Qualitätssicherung DIN ISO 9000 ff. auf den Bildungsbereich erweitert wurde, schien nicht nur ein Instrument vorhanden, mit dem sich leicht arbeiten ließ, sondern es führte scheinbar auch kein Weg mehr an aufwendigen und meist teuren Qualitätsmanagementsystemen vorbei.

Im Laufe der Zeit haben sich die aufgeregten Diskussion entschärft. Dazu beigetragen hat die Stellungnahme der Kultusministerkonferenz, die in einem Positionspapier des Ausschusses für Fort- und Weiterbildung explizit in der Qualitätsdebatte darauf hinwies, dass die Bundesanstalt

für Arbeit eine ISO-Zertifizierung nicht zur Voraussetzung einer Förderung machen wollte und dass auch im Schul- oder Hochschulbereich keine Veranlassung gesehen werde, die Sicherung und Prüfung von Qualität im Bereich der Bildung durch ISO 9000 zu ergänzen oder gar zu ersetzen. Auch bei den EU-Programmen wurde eine Zertifizierung nicht zur Voraussetzung der Förderung gemacht. Positiv an dieser heftigen Diskussion war, dass Weiterbildungseinrichtungen und Organisationen verstärkt begannen, eigene Systeme zur höheren Effektivität der eingesetzten Ressourcen und zur verbesserten Darstellung der eigenen Leistung gegenüber der Öffentlichkeit zu entwickeln; es zeigte sich eine größere Offenheit für Qualitätsmanagementansätze aller Art.

Kundenorientierung in der Weiterbildung

Heute haben wir wesentliche Kernpunkte, die in der Diskussion zur Qualität beantwortet werden müssen. Der Begriff „Kundenorientierung" heißt für die Weiterbildungseinrichtungen, ihre Info-, Beratungs-, und Serviceangebote zu entwickeln und zu optimieren, um so die Kundenzufriedenheit zu steigern, denn im Dienstleistungsbereich wird Qualität in Bezug auf die Kundenzufriedenheit definiert. Allerdings kann es hier nicht nur allein darum gehen, denn die Teilnehmenden an Weiterbildungsangeboten schaffen durch ihr Lernen und ihre Auseinandersetzung erst die Qualität.

Peter Schmitt ist BDVT-Präsident und selbstständiger Verkaufstrainer. Der Dipl.-Betriebswirt war zuvor über 20 Jahre bei ESSO in folgenden Marketing-Funktionen tätig: Verkaufsförderung, Marketing-Studiengruppen, Verkaufsleiter im Außendienst, Trainer Aus- und Weiterbildung in Hamburg, London und in den USA, Kommunikations-, Kreativitäts- und Team-Trainer, Trainingsreferent sowie Abteilungsleiter für Partner-Training.

Peter Schmitt
Barghof 7
22850 Norderstedt
Tel. (0 40) 52 98 37 67
Fax (0 40) 52 98 37 69

Die Maßgabe des lebenslangen Lernens führt heute zum Verbraucherschutz, der selbstverständlich zur Qualitätssicherung der Weiterbildung gehört. Es ist notwendig, die Teilnehmer besser zu schützen und die Bildungsarbeit weiter zu professionalisieren.

Der BDVT als Berufsverband für Weiterbildung in der Wirtschaft setzt sich bereits seit seiner Gründung 1964 für die Qualitätsentwicklung und Qualitätssicherung in der Weiterbildung ein. Dazu gehört die Prüfung der Qualifikation vor Aufnahme in den Verband, die Verpflichtung der Mitglieder, sich kontinuierlich weiterzubilden, die Prüfung der Qualifizierung von Juniormitgliedern, die Sicherung der Ausbildungsqualität zum Trainer und Berater und das Sichtbarmachen der Transparenz der Weiterbildungsqualität – durch den Deutschen Trainings-Preis sowie die Zusammenarbeit mit Unis zur Absicherung von Transferergebnissen aus der Forschung.

Qualifikationsprüfung vorher und nachher

Die Aufnahmekommission des BDVT – in der das Präsidium in Abstimmung mit den zuständigen Berufs- und Fachgruppen, den Vorsitzenden der Regionalclubs arbeitet – prüft in einem dreistufigen Verfahren vor Aufnahme in den Verband die Berufsqualifikation durch Ausbildung und Praxis, überprüft Referenzen und stellt Zusatzanforderungen im Praxisnachweis. Das Berufsbild des BDVT für Trainer und Berater, dem sich die Mitglieder des BDVT verpflichten, fordert: „Im Rahmen der BDVT Mitgliedschaft verpflichten sich Trainer und Berater zur kontinuierlichen Weiterbildung. Sie arbeiten an der Fortentwicklung ihres Berufes und ihrer Qualifikation."

Die BDVT-Satzung schreibt vor, dass die BDVT-Einzelmitglieder eine mindestens zweijährige Berufspraxis in den Bereichen Verkaufsförderung oder Training nachweisen müssen. Juniormitglieder können für die Dauer ihrer Ausbildung aufgenommen werden. Unabhängig vom Alter kommen als Junioren Studenten (VWL, BWL, Psychologie, Pädagogik, Kommunikation, Rechtswissenschaften etc.) oder Umsteiger aus anderen Berufen (leitende Angestellte, Berater, Lehrer etc.) in Frage. Über die Aufnahme entscheidet die Aufnahmekommission, die sich aus dem Präsidium, den zuständigen Berufs-/Fachgruppen und dem Regionalclubleiter zusammensetzt.

Mit der Aufnahme erlangt der Junior eine maximal 24-monatige BDVT-Mitgliedschaft. Nach zwei Jahren muss das Juniormitglied seine zwischenzeitliche Weiterbildung belegen. Die Vollmitgliedschaft kann nur erlangt werden, wenn das Mitglied in dieser Zeit mindestens eine ProSales und ein HerbstCamp besucht hat und mindestens sechs Veranstaltungen des zuständigen Regionalclubs besucht und dort einen RC-Abend mit dem Teilgebiet seines Wissens gestaltet hat.

Qualitätssicherung in der Trainerausbildung

Ein wichtiges Thema ist die qualifizierte Ausbildung von Trainern und Beratern. In engagierter Zusammenarbeit mit Trainingsinstitutionen hat der BDVT Standards für die Ausbildung nach dem Berufsbild Trainer und Berater BDVT erarbeitet. Den Anforderungskatalog für Ausbil-

Qualifikationskriterien für Ausbildungsinstitute

Anforderungskatalog für Ausbildungsinstitute, die nach dem BDVT-Berufsbild und zum „BDVT-geprüften Trainer und Berater" ausbilden:

- Das Institut muss zusätzlich zur Trainerausbildung selbst Trainings oder vergleichbare Projekte am Markt durchführen.
- Das Institut muss mindestens drei Jahre Training durchgeführt haben.
- Voraussetzung ist die Durchführung von mindestens zwei offenen Kursen pro Jahr mit einer maximalen Teilnehmerzahl von 16 pro Kurs und einer Mindestteilnehmerzahl von vier.
- Die Ausbildung muss von mindestens zwei verantwortlichen Trainern durchgeführt werden.
- Während der gesamten Ausbildungszeit begleitet ein verantwortlicher Trainer die Ausbildung.
- Die Trainer, die die Veranstaltung verantwortlich durchführen, müssen eine Trainingserfahrung von mindestens drei Jahren und eine fundierte Trainerausbildung nachweisen.
- Die Institute verpflichten sich zur Weiterbildung der eigenen Trainer. Diese besuchen mindestens zwei Seminare pro Jahr. Der Kreis der zugelassenen Institute verpflichtet sich, einmal im Jahr eine Fortbildungsveranstaltung honorarfrei zu organisieren und durchzuführen. Die Teilnahme zumindest eines Trainers je Institut ist Pflicht.
- Trainerausbilder müssen die Erklärung, nicht der Scientology-Bewegung anzugehören, unterschreiben.
- Ein Institut, das sich um die Aufnahme in die Ausbildungsliste bewirbt und die Trainerausbildung neu anbietet, bekommt die Akkreditierung zur Probe und wird in den ersten drei Jahren jährlich überprüft.
- Für die Startphase (ein Jahr) gilt, dass Institute, die in die Ausbildungsphase aufgenommen werden wollen, über Trainer verfügen, die selbst bereits zehn Jahre Trainer ausgebildet haben.

dungsinstitute, die nach dem BDVT-Berufsbild und zum „BDVT-geprüften Trainer und Berater" ausbilden, finden Sie im Kasten auf der vorigen Seite). An die Trainerausbildung werden weitere Anforderungen gestellt: Die zugelassenen Trainingsunternehmen bilden auf der Grundlage des Berufsbildes aus. Basis-Tools der Ausbildung, die jedes Institut sicherzustellen hat, sind Trainingsmethoden, Trainingsmedien, Bedarfsanalyse, Trainingskonzeption (Ablaufplanung), Trainerleitfaden, Trainingsdurchführung, Evaluierung), Transfersicherung. Der Mindesteinsatz für die Trainerausbildung beträgt 130 Ausbildungsstunden, verteilt über mindestens 15 Tage. Es erfolgt eine Abschlussprüfung.

Jedes Ausbildungsinstitut, das Mitglied im BDVT ist und die im Vertrag fixierten Voraussetzungen erfüllt, kann eine Lizenz vom BDVT erwerben. Bereits vier renommierte Ausbildungsinstitute haben mit dem BDVT einen Kooperationsvertrag unterzeichnet (Adressen auf Seite 11):
→ Agentur für Kommunikation und Marketing, Magdeburg,
→ GMW, Berlin,
→ INtem-Institut Trainingergruppe Seßler & Partner, Mannheim,
→ Sonnenholzer Beratung/Plus Seminare, Kirchheim/München.

Berufsbild „TrainerIn und BeraterIn BDVT"

Wie ermittle ich den Qualifizierungsbedarf meiner Mitarbeiter? Wie finde ich den kompetenten Trainer, der diesen Bedarf im Sinne der Unternehmensziele deckt und zur Zielgruppe und zu unserer Ethik passt? Das Branchenverzeichnis oder Werbeanzeigen mit ihrer unüberschaubaren Vielfalt von Berufsbezeichnungen für Trainer- und Berater-Dienstleistungen sind da wohl wenig hilfreich. Kann aber ein „Berufsfeld" alle genannten Qualifikationsanforderungen beschreiben? Ja! Das BDVT-Team unter Leitung von Peter Schmitt recherchierte in der Trainer- und Beraterpraxis, in Unternehmensbereichen, in denen Organisationsentwicklung und Personalentwick-

lung konzipiert und umgesetzt wird, diskutierte mit Hochschullehrern, die Andragogik (Erwachsenenbildung) und die Ausbildung von Berufs- und Handelsschullehrern lehren, besuchte Weiterbildungsmessen, um Inhaltliches und Methodisches zusammenzutragen und von oberflächlich Trendischem zu unterscheiden. Heraus kam das einzige BDVT-Berufsbild für Trainer und Berater im deutschsprachigen Raum, das bereits Leitfunktion in der Wirtschaft hat. Das Institut der deutschen Wirtschaft (Köln) sieht das neue Berufsbild „TrainerIn und BeraterIn BDVT" als einen „wichtigen Beitrag, um das Profil der beruflichen

Tätigkeiten sowie Anforderungen und Qualifikationen zu schärfen".

In der Diskussion um Verbraucherschutz für Teilnehmer an Weiterbildungsmaßnahmen hat der BDVT bereits früh die Grundwerte definiert. Zur Verdeutlichung bietet sich hier an, einmal einige Inhalte des Berufsbilds aus dem Bereich „Grundwerte und Ethik" des Trainers und Beraters BDVT zu zitieren:

„Der intern oder extern arbeitende Trainer und Berater ist mit seiner Tätigkeit zwischen Auftraggeber und Teilnehmer angesiedelt. Er analysiert und koordiniert die Erwartungen von beiden Gruppen und übernimmt als

Ziele und Inhalte des BDVT-Berufsbildes

■ Es will die Lücke schließen zwischen Weiterbildungsnachfragern (Organisationsentwicklern, Personalentwicklern, Einkäufern) und Anbietern (Trainer und Berater BDVT, selbstständige und angestellte Trainer).

■ Es beschreibt Wirkungsfelder und Schnittstellen zwischen angestellten und selbstständigen Trainern bei gemeinsamer Projektarbeit im Betrieb.

■ Es definiert die aus Praxis und Wissenschaft abgeleiteten Qualifikationsmerkmale: Methoden-, Fach- und Sozialkompetenz des Trainers/Beraters.

■ Es gibt Prozessanleitung für Trainingskonzepte und deren Adaptierung in die berufliche Praxis: Bedarfsermittlung, Trainerbriefing, Aufbau von Trainerleitfäden und Medieneinsatz, beschreibt und empfiehlt teilnehmerorientierte Didaktik und Methodik, gibt Transferhilfen und setzt sich mit Evaluierung (Erfolgskontrollen im Training) auseinander.

■ Es erleichtert für Nachfrager die TrainerInnen-Auswahl durch die Bereitstellung von Qualifikationsprofilen, Auswahlkriterien und Beschreibung der unterschiedlichen Trainingsmethoden sowie deren jeweiligen Grenzen und Möglichkeiten.

■ Es will berufliche Orientierungshilfe für Trainer und Berater sein: Omnipotenz oder „unique selling proposition" (USP).

■ Es zeigt die heutigen Aufgabenfelder von Trainern und Beratern sowie deren Vernetzung auf – vom Organisations- und Personalentwickler, Management-/Verkaufs-Trainer/Berater, Supervisor bis zum Coach oder Produzenten von Trainingsmedien (Multimedia) und bietet akademischem Nachwuchs Entscheidungshilfe.

■ Es grenzt Tätigkeitsfelder und Anforderungen zwischen selbstständigen und angestellten Trainern ab, gibt Ratschläge für Existenzgründer, trifft Aussagen zu Investitionen und Honoraren.

■ Es stellt Grundwerte und Ethik eines Trainers/Beraters als unabdingbare Voraussetzung für Erfolg vor.

■ Es zeigt Weiterbildungsprogramme und Chancen auf, die der BDVT für Trainer und Berater bereithält (von Workshop, Coaching, Lernpatenschaft bis zur ehrenamtlichen Mitarbeit).

■ Es unterstützt das Profil des Trainers und dessen Image im Markt und Gesellschaft gewissermaßen als „Gütesiegel".

eigenverantwortlich handelnde Persönlichkeit die Prozessverantwortung."

„TrainerInnen und BeraterInnen BDVT" führen ihre Arbeit zielgerichtet, unternehmensspezifisch, handlungs- und teilnehmerorientiert durch. Kaum ein betrieblich-organisatorisches Problem kann allein durch Training gelöst werden; erfolgreiches Training ist immer ein Teil des betrieblichen Gesamtkonzepts. Die BDVT-Berufsbild-Ethik verpflichtet zur Offenheit und Ehrlichkeit genüber dem Auftraggeber. BDVT-TrainerInnen und BeraterInnen bekennen sich

→ zu einem konstruktiven Menschenbild und konzentrieren sich auf die Stärkung der Fähigkeiten und Selbstverantwortung der Teilnehmer (ein ganz wichtiges Kriterium für Trainingseinkäufer und deren Teilnehmer!),

→ nicht Mitglied der Scientology-Church zu sein und/oder nach deren Methoden zu trainieren,

→ zum ganzheitlichen Trainingsansatz (Körper-Geist-Seele, Notwendigkeit des lateralen, vernetzten und systemischen Denkens),

→ zur Einhaltung der vereinbarten Qualität (Übernahme nur solcher Aufträge, für die die erforderliche Kompetenz da ist, ansonsten empfiehlt er entsprechend qualifizierte BDVT-Trainer und Berater),

→ zur kontinuierlichen Weiterbildung (eine wesentliche Basis für „Qualität der Dienstleistung").

Transparenz durch den Trainings-Preis

Seit zehn Jahren gibt der BDVT den Deutschen Trainings-Preis heraus. Weiterbildung ist heute mehr denn je das Gebot der Stunde – hierbei geht es nicht mehr nur um fachliche Weiterbildung. Für den Unternehmenserfolg ausschlaggebend sind bei vergleichbarer Sachkompetenz ebenso Motivation und Kommunikationsfähigkeit der Mitarbeiter. Die Fähigkeit zur Selbstmotivation und zum konstruktiven Umgang mit sich selbst (Persönlichkeitskompetenz), die Fähigkeit zum gekonnten Umgang mit

Menschen (Sozialkompetenz) sind Weiterbildungsschwerpunkte der Trainer und Berater des BDVT. Der Deutsche Trainings-Preis soll Training und Personalentwicklung noch stärker ins Bewusstsein unserer Gesellschaft rücken. Der Wettbewerb will besonders gut geplante, innovative, kreativ umgesetzte und erfolgreiche Trainingsmaßnahmen durch Auszeichnung herausstellen. Prämiert werden beispielgebende Leistungen, um die Qualitätsentwicklung im Training weiter voranzutreiben. Der BDVT praktiziert hier Benchmarking: „Von den Besten lernen."

Sensibilisierung für Qualitätsentwicklung

Der BDVT als Berufsverband für Weiterbildung in der Wirtschaft setzt sich mit den oben genannten Maßnahmen in entscheidendem Maß für die Qualitätsentwicklung und Qualitätssicherung in der beruflichen Weiterbildung mit einem breiten Aktions- und Maßnahmenkatalog ein. Qualitätsmanagement ist dabei konsequentes und prinzipielles Anliegen – ein Prozess des Bewusstmachens, um die Zieldefinitionen und Vereinbarungen unter allen Beteiligten zu klären. Wenn die „lernende Weiterbildungsorganisation" die strukturelle Antwort auf den sich beschleunigenden Veränderungsdruck ist, so gilt es, die Lernfähigkeit der Beteiligten zu erhalten und weiterzuentwickeln. Die BDVT-Mitglieder können die vorhandenen Kompetenzen der Mitarbeitenden mobilisieren, qualifizierten Sachverstand einbringen und Veränderungsprozesse der Organisation glaubhaft moderieren. Sie wirken mit, eine Balance zwischen pädagogischen Zielen und der qualitätsgerechten Veränderung interner Ablaufstrukturen zu entwickeln. Der BDVT wird den systematischen Prozess der Qualitätsentwicklung fördern, Angebotsqualitäten aus professioneller Sicht kommentieren, Qualitätsentwicklung als systematisches Denken und Handeln in Systemen unterstützen und weiterhin die Verantwortung zur Selbstevaluation fördern.

PETER SCHMITT

Alarm für Trainer: Babyboomer trifft Net Kid

Wissen Sie auf Anhieb, wer hier auf wen trifft? Völlig verschiedene Welten sind es, die da aufeinander prallen. Und wo, wann und wie passiert das? Immer mehr und immer öfter – in Firmen und Seminaren, im Kundengespräch und im Unternehmensalltag. Jetzt bleibt nur noch die Frage, wie Sie als Trainer, Personalentwickler, Führungskraft mit diesem Zusammenprall der Welten umgehen. Persönliche Beobachtung: Bisher noch gar nicht. Das muss sich ändern, meint Ursula Widmann-Rapp.

Babyboomer und Net Kids – das sind zwei Generationen, die soviel voneinander verstehen wie die Eltern-Generation der 50er Jahre vom Rock 'n' Roll. Ein Generationswechsel, der kaum mit wenigen Worten zu beschreiben und zu verstehen ist. Nur: Sprach- und Tatenlosigkeit helfen wenig weiter. Und darum geht es: Während die Babyboomer – die Generation der zwischen 1945 und 1965 Geborenen – mit Frontalunterricht und passiver, konsumtiver Berieselung durch das Fernsehen (und klare Vorgaben, Ziele und Verhaltensweisen erwarten) aufgewachsen sind, zeigen die Net Kids (Kinder der 70er und 80er Jahre) aktive Neugier im interaktiven Dialog mit elektronischer Kommunikation aller Art und schier endlose Geduld, mit „Trial and Error" den Weg zum Ziel zu finden. Das birgt hohes Konfliktpotenzial.

Training muss Generationen vernetzen

Training kann dieses Konfliktpotenzial entschärfen. Es gilt, Fähigkeiten zu entwickeln, um eine Vernetzung der beiden Generationen im Lernen, in der Zusammenarbeit im Unternehmensalltag und beim Kunden zu erreichen. Und wer sonst, wenn nicht der BDVT und seine Trainer und Trainerinnen, sollen das leisten? Eine spannende Herausforderung!

Wissensvermittlung wird im Training oft mit der Devise verabreicht: „Lernen muss den Lernenden einbeziehen, Lernen soll anregend sein", „Lust auf Lernen – Lernen darf Spaß machen". Das Gleiche gilt, wenn es um Verhaltensänderung geht, beispielsweise im Verkaufs- oder Füh-

rungstraining. Folgt die Frage: Was macht Babyboomern, was macht Net Kids Spaß? Welches Seminarkonzept eignet sich mit hoher Erfolgswahrscheinlichkeit für beide? Die Antwort: „Computergestützte Lernmethoden einsetzen!" zeigt in die richtige Richtung, reicht aber noch lange nicht aus.

Frontalunterricht via Internet?

Viele Experten und Freaks der elektronischen Kommunikation aus dem Trainerlager nutzen (leider) noch nicht die technologischen Möglichkeiten, um das geforderte „Spaß haben" im Sinne der Net Kids zu bedienen. Kein Wunder, gehören Trainer ja überwiegend selbst der Babyboomer-Generation an. Viele Lehrmethoden, auch und gerade bei computergestützten Lernprogrammen, bauen weitgehend auf dem „TV-Prinzip"

Ursula Widmann-Rapp, Vorsitzende der Berufsgruppe Selbstständige im BDVT, Mitglied TrainerGruppe 8, ist seit über 15 Jahren selbstständige Trainerin und seit sieben Jahren auch in der Trainerausbildung aktiv. Spezialität: Grundlagen des Verkaufens (Gesprächsführung, Kaufsignale, Einwandbehandlung, Preis- und Abschlusssicherheit), Verkaufen am Telefon, Kundenkontakt und Verkaufspsychologie, Coaching-on-the-job. Kunden-Schwerpunkte: Handwerk, Sparkassen und Versicherungen. Sie ist gleichzeitig Gründungsgesellschafterin der Internet Vertriebstraining.de GmbH, Olching.

Ursula Widmann-Rapp
Verkaufstraining Team München
Hollerstraße 12
80995 München
Tel. (0 89) I 50 I7 79, Fax (0 89) I 50 I7 99
E-Mail: UrsulaWidmannRapp@compuserve.com

auf: Die Lernprogramme werden nicht individuell maßgeschneidert für den Einzelnen, sondern für eine Seminargruppe – alle werden über einen Kamm geschoren – eben wie im Fernsehen. Im Kern haben wir es mit einer Trainer(Lehrer-)zentrierten Methode zu tun – also mit nichts anderem als dem Frontalunterricht aus den 50er Jahren.

Machen wir uns nichts vor: Allein der Einsatz neuer Technologien wie CBT, WBT, DVD, Business-TV, Internet bedeutet noch lange nicht den Wechsel vom Frontalunterricht zum neugierig-geduldigen und für die Net Kids offensichtlich lustvollen Trial-and-Error-Prinzip des Lernens – den Wechsel von der Trainer- zur Teilnehmerzentrierten Methode der Wissensvermittlung. Dabei geht es gar nicht um einen Methodenstreit, sondern darum, nicht nur technisch, sondern auch psychologisch umzuschalten auf Wünsche und Befindlichkeiten einer neuen, anders arbeitenden und denkenden Generation.

Impulse aus der Net Kid-Generation sind da: Net Kids unterstützen sich gegenseitig beim Lernen – durch ihre Online-Diskussionen, durch ihre textorientierte Kommunikation. Sie lassen sich viel Zeit, um eine Antwort zu geben (per Mail oder im Chat-Room). Das beinhaltet Lesen, Analysieren, Recherchieren, Hinterfragen, Reflektieren und Formulieren. Das sind intensive Kommunikationsaktivitäten, die ja durchaus auch in das Bild einer humanistischen, klassischen und zugleich verständnisorientierten Gesellschaft passen, sie sogar weiterentwickeln. Net Kids tolerieren Andersartigkeit und Abweichungen – und sind trotzdem mehr als kritisch. Anders ist allenfalls der Weg dorthin: Es geht nicht darum, Ziele zu formulieren, bevor Mittel und Methoden gewählt sind. Das mag so manchen der älteren Generation irritieren.

Methoden bewirken neue Ergebnisse

Das ist die eigentliche Umkehrung: Die Methoden selbst bewirken neue Lernergebnisse, da es sich um intensive Kommunikationsaktivitäten handelt. Der Wandel in Einstellung und Verhalten wird durch die gesammelten Erfahrungen der Teilnehmer in Zusammenarbeit mit ihren Trainern, mit den Verantwortlichen in den Unternehmen, erst entwickelt. Veränderung, Prozess und Neuorientierung können nicht von oben nach unten diktiert werden. Da spielen die Net Kids einfach nicht mehr mit.

Net Kids diskutieren nicht über Ziele – sie erreichen sie. Erst wenn wir als Trainer uns auch selbst auf diesem Weg befinden – sind wir wirklich der Prozessbegleiter in unserem Beruf. Digitale Medien sind notwendig, genügen jedoch allein für sich nicht. Computer und Internet sind nur Voraussetzungen für den Übergang zu einem neuen Lernparadigma. Computertechnologie und Internet-Einführung können als Stimulus für einen weiteren Wandel in unserer Lern- und Wissensgesellschaft gesehen werden, da sie Neugierde und Experimentierfreudigkeit fördern. Vorausgesetzt es gelingt, die Babyboomer dafür zu begeistern.

Buchtipp

Don Tapscott:
„Net Kids. Die digitale Generation erobert Wirtschaft und Gesellschaft", Gabler Verlag, Wiesbaden 1998, 405 Seiten, ISBN 3-409-19287-5, 48 Mark

---

Und das wird bleiben: Lernen ist und bleibt ein soziales Konstrukt. Durch Gespräche und Dialoge, durch eigenständige Verarbeitung einer bestimmten Erfahrung lernen wir. Wir haben Computer weiterentwickelt – vom Verarbeiten von Informationen hin zum Kommunikationswerkzeug. Jeder, der seine Erfahrungen mit dem Internet gesammelt hat, weiß, was gemeint ist: E-Mail, Chat-Sessions, Mail-Foren nach Art der schwarzen Bretter, Online-Konferenzen bis hin zu Web-Sites und gemeinsame digitale Arbeitsräume – all das sind Kommunikationswerkzeuge. Und die Trainer sind aufgefordert, dazu mit ihrem methodisch-didakti-schen Know-how praxisnahe Wege für den Unternehmensalltag und den Auftraggeber zu entwickeln.

Mit Veränderungen offensiv umgehen

Kann dieses interaktive Vorgehen den Trainer ersetzen? Nein. Es gilt vielmehr, die an uns gestellte Aufgabe anzunehmen und Wege zum interaktiven Lernen erst einmal selbst zu beschreiten, damit wir sie als Trainer guten Gewissens und mit dem nötigen Know-how in deutschen Unternehmen implementieren können. Dazu benötigen Trainer neben Wissen um technische Möglichkeiten und Methodenkompetenz vor allem Mut, sich neuen Einsichten zu öffnen und alte Rituale über Bord zu werfen.

Wer ist der Trainertyp der Zukunft: Babyboomer- oder der Net Kid-Trainer? Keiner von beiden! Trainer, die heute auf dem Markt sind, müssen sowohl die Babyboomer als auch Net Kids verstehen und zusammenführen können. Folgende Trends kommen unweigerlich auf die Unternehmen zu, wenn die Net Kid-Generation an Einfluss gewinnt:

➡ Wandlungsprozesse in Unternehmensstrukturen,
➡ erhebliche Veränderungen im Zusammenspiel zwischen Führung und Mitarbeitern,
➡ das Sich-Wohlfühlen-Können in einem Klima der Zusammenarbeit,
➡ Orientierung an Netzwerken,
➡ Innovation und Erwartung rascher Ergebnisse,
➡ keine Null-Bock-Mentalität mehr: Arbeit und Spiel gehen ineinander über,
➡ selbstständige Tätigkeit,
➡ fehlende digitale Ausstattung wird als unzumutbar erlebt,
➡ Hierarchien werden nicht akzeptiert.

Es geht immer wieder um das Gleiche: um Veränderungen und um die Angst vor Veränderungen, um das Erkennen, Akzeptieren und Zulassen von Veränderungen in den Märkten, in den Unternehmen, in den Teams und bei den Mitarbeitern. Das ist ein Thema, dem wir als Trainer einen Großteil unserer Existenz verdanken, dem wir uns aber gleichwohl selbst stellen müssen: Was bringt mich als Trainer zu meinen eigenen Veränderungen, die notwendig sind, um auf diesem Markt zu bestehen? Die – zugegeben – platte Antwort: ständig weiter lernen, offen sein und sich selbst einbringen in neue Formen der Dienstleistung Training. Das bedeutet konkret: Trainingsmethoden zu entwickeln, die das „Spaß haben wollen" der Net Kids und ihre Art zu lernen inhaltlich voll befriedigt und dafür passgenau alle zur Verfügung stehenden Kommunikationsmittel einsetzen (nicht umgekehrt). Das bedeutet aber gleichzeitig, nicht unreflektiert alle eigenen Erfahrungen und Kompetenzen über Bord zu werfen und gedankenlos neuen Verpackungen ohne Inhalt hinterher zu rennen. Denn – bei allem Respekt vor der Net Kid-Generation – es gibt einige Werte und Grundlagen des menschlichen Verhaltens, die einige hundert Generationswechsel überlebt haben und die sich vermutlich auch nicht so schnell ändern werden.

Trainer-Aufgabe: Experimentieren

Unternehmen sollten bei der Trainer-Auswahl sorgfältig und selbstkritisch prüfen, welche Kolleginnen und Kollegen willens und in der Lage sind, die neuen und akuten Herausforderungen anzunehmen und welche Weiterbildungsprodukte nicht nur der Form nach, sondern auch inhaltlich geeignet sind, Net Kids zu begeistern. Kollegen und Kolleginnen im Trainerlager fordere ich auf, sich zu engagieren, zu entwickeln und zu experimentieren, um technologische Möglichkeiten für ein inhaltlich-methodisches Konzept zu nutzen, das diesen akuten Herausforderungen gerecht wird und uns Trainer in unserer Tagesarbeit nachhaltig unterstützt – die Arbeit und das Engagement innerhalb des BDVT bieten dafür eine ausgezeichnete Basis. Einige Arbeitsgruppen unseres Verbandes haben sich dieses Themas bereits mit tiefem Sachverstand und hoher Dynamik angenommen.

URSULA WIDMANN-RAPP

Die erste Generation, die „digital aufwächst"

Als Net Kids werden von Don Tapscott (siehe Buchtipp) all jene Menschen umschrieben, die im Jahr 1999 zwischen 2 und 22 Jahre alt waren. Diese Generation wächst in einer Umwelt auf, in der Computer und Internet so alltäglich sind, wie in der Generation zuvor die Benutzung des Fernsehers.

Der interessante Aspekt liegt darin, dass diese Generation damit groß wird. Spiel- und Lernprogramme für Vorschulkinder sind nur ein Beispiel dafür. Sie müssen nicht mühsam den Gebrauch dieser Technik erlernen – wie es vielen Erwachsenen heute ergeht. Genau so, wie sie den Gebrauch von Messer und Gabel nebenbei erfahren, eignen sie sich spielerisch und ohne Scheu die Fähigkeit an, dieses Medium und die Kontaktmöglichkeiten mit der ganzen Welt zu benutzen. Beobachten Sie einmal ein vierjähriges Kind, wie es ganz ungehemmt den PC seines Vaters einschaltet und sich sein Spieleprogramm auswählt, dann wissen Sie, was ich damit sagen möchte.

Durch die Möglichkeit, schon als Schulkind im Internet zu surfen, lernt diese Generation spielerisch, auf mehreren Ebenen gleichzeitig, sich zu informieren, aber auch zu kommunizieren. Kontakte werden geknüpft, weit über den örtlichen Raum hinaus. Vorurteile bezüglich Hautfarbe, Aussehen usw., die schnell bei einer ersten persönlichen Begegnung aufgebaut werden, sind erst mal nicht vorhanden. Es zählt allein das geschriebene Wort. Aber auch der Ausdruck von Gefühlen durch Gestik, Mimik, „leise Untertöne" ist nicht möglich. Hier behilft sich der Internetsurfer durch eine Vielzahl von Netiquetten – die aber auch verlangen, dass man sich selbst seiner Gefühle bewusst ist, damit sie dann in Form von geschriebenen Zeichen versandt werden können.

Durch das Internet hat sich auch das Kommunikationsverhalten entscheidend verändert. Zum Teil im rasendem Tempo laufen die Textzeilen über den Bildschirm. 10, 30, 100 Leute und mehr tummeln sich gleichzeitig auf einer Seite. Als Teilnehmer müssen sie mit höchster Konzentration verfolgen, wer gerade mit wem spricht – ob Sie gemeint sind oder jemand anderes. Die Sätze sind oft nur noch Wortbrocken. Abkürzungen und Zeichen sind eine gängige Ausdrucksweise. Für einen „Nichteingeweihten" nicht mehr nachvollziehbar, da die Kommunikationselemente unbekannt sind.

Das Aufwachsen mit einer solchen Kommunikationsform wird auch die zukünftige Gestaltung von Kommunikation und Arbeitsweise dieser Generation wesentlich beeinflussen. Die Net Kids werden kurze, klare und vor allem schnelle Fragen stellen und genau solche Antworten auch erwarten. Sie bestimmen, worüber und wie lange gesprochen wird. Ihnen kann nichts vorgesetzt werden – sie sind aktive Gestalter von Kommunikation und Information.

Welche Auswirkungen dies auf die künftige Arbeitswelt und die Unternehmen haben wird, ist zu erahnen. Ein zukünftiger Mitarbeiter der Net Kid-Generation verlangt ein intensives Miteinbeziehen seiner Fähigkeiten. Entscheidungen müssen schnell und präzise getroffen werden und er will daran beteiligt sein. Teamarbeit ist für ihn selbstverständlich. Hierarchien werden nicht automatisch akzeptiert.

Gerade diese Aspekte werden die Trainingspraxis in naher Zukunft beeinflussen. Net Kids werden Teilnehmer sein, die in ganz besonderer Weise ein teilnehmerorientiertes, gruppenarbeitsintensives und praxisnahes Training verlangen. Sie sind nicht die still sitzenden Konsumenten im Seminarraum.

Sie sind sowohl von der technischen Ausstattung, als auch von den persönlichen Fähigkeiten her in der Lage, nicht nur im Seminarraum, sondern auch nach einem Training mit ihren Seminarkollegen sich auszutauschen und Gehörtes zu vertiefen und weiterzuentwickeln.

Ursula Widmann-Rapp

	Net Kids	Babyboomer
Worin sich Net Kids und Babyboomer unterscheiden		
Persönlichkeit	Geboren zwischen 1977 und 1997 (schon 30 Prozent der Bevölkerung) Praktizierte Mobilität	Geboren zwischen 1946 und 1964 Stärker verwurzelt
Umgang mit Fernsehen	Verlangen Eingriffsmöglichkeiten, wollen aktive Nutzer sein	Akzeptieren den Einweg-Kanal, sind konsumtive Zuschauer
Umgang mit neuen Medien	Selbstverständlicher, selbstsicherer Umgang, sind Akteure Akzeptieren neue Medien Assimilieren instinktiv Arbeiten unbeirrt nach dem „Trial-and-Error-Prinzip" bis zum Erfolg	Zurückhaltend Fühlen sich durch digitale Technik beeinträchtigt und unbehaglich Mühsamer und widerwilliger Gewöhnungsprozess Erleben aufwendigen Lernprozess Geben bei Problemen schnell auf
Kommunikation, Sprache	Aufbau von Freundschaften auch (vor allem?) über elektronische Kommunikationsmittel Kontrolle über soziale Kommunikation Sehr persönliche Kommunikation Ausdrucksweise knapp, keine subtilen Ausdrucksmöglichkeiten, deshalb „Netiquette" (Formeln für Befindlich-keit, z. B. in E-Mails)	Freundschaften entstehen durch persönliche Begegnungen Distanz im persönlichen Kontakt wird stärker beachtet Umfangreichere Sprache, subtile Ausdrucksmöglichkeiten durch Gestik und Mimik
Denken und Handeln	Unternehmenskulturen werden in Frage gestellt Akzeptanz der Andersartigkeit Starke Neugier, Selbstbewusstsein und Eigenständigkeit – Mut zum Widerspruch Emotionale und soziale Intelligenz Teamwork Denken auf mehreren Ebenen Räumliches Orientierungsvermögen	Hierarchien werden akzeptiert Beeinflussung durch Vorurteile bei persönlichem Kontakt
Lernen	Aktives Fragen, Forschen Einflussnahme, Spielen Kinder belehren Eltern Information durch Dialog	Informationen werden über-nommen Eltern belehren Kinder Information durch Diktat
Werte und Normen	Neues Bewusstsein über Demokratie Bedürfnis nach Unabhängigkeit und Autonomie Geben selbst die Richtung vor, bezweifeln Fähigkeiten von Institutionen	Gewohnter Umgang mit Macht-verhältnissen Anpassung und Unterordnung ist möglich Akzeptanz von Institutionen
Soziales Verhalten	Vernachlässigen (Flucht?) direkter menschlicher Kontakte und fester Beziehungen	Persönliche Kontaktfreude, ausgeprägte Sozialkompetenz

nach: Don Tapscott, „Net Kids"

Neue Chancen für Trainer durch CBT und WBT

Welche Auswirkungen haben die neuen Realitäten für die Zunft der Trainer und Berater und wie kann CBT und WBT mit bestehenden Konzepten integrativ zu einer höheren Wertschöpfung beitragen? Jürgen Hollstein schätzt hier die Perspektive für die nächsten Jahre ein.

Großunternehmen – mit einer Vielzahl von Mitarbeitern oder mehreren Filialen – oder Außendienstorganisationen profitieren besonders von den neuen Medien. Neben Standardprogrammen zu verschiedenen Themen, die von der Stange gegen Lizenzgebühren für Ein- oder Mehrfachnutzung erworben werden können, spielen individuelle maßgeschneiderte Lern- und Informationsprogramme für die Unternehmensentwicklung eine große Rolle. Neben der Verkaufstechnik im Kundengespräch oder der Anwendung bestimmter Software kann CBT und WBT auch als Expertensystem vor Ort im Kundengespräch genutzt werden. Über Handy und Notebook kann der Vertriebsmitarbeiter im Kundengespräch vor Ort auf die Expertendatenbank zurückgreifen und die Informationen zum erfolgreichen Gesprächsabschluss nutzen. In der Verbindung zwischen den Lernmöglichkeiten am Arbeitsplatz, dem heimischen PC und den Kommunikationsmöglichkeiten im Unternehmen über Intranet und Internet liegen Potenziale für alle Beteiligten.

Die Vorteile von CBT und WBT

Einer der wichtigsten Vorteile beim Lernen mit CBT und WBT ist die zeitliche und räumliche Unabhängigkeit. Der Lerner selbst bestimmt die Lern-geschwindigkeit. Er kann den Lernstoff beliebig oft wiederholen. Wissen nach Bedarf ist in.

■ **Zukunftstrend:** Die Lernprogramme werden intelligent und stellen sich auf das Lernverhalten des Benutzers ein. So erkennt das Programm die Dauer und die Geschwindigkeit des Lernprozesses und errechnet daraus optimale Lernsequenzen mit Erholungspausen. Bei der Abnahme der Lerngeschwindigkeit können automatisch Motivationssequenzen eingespielt oder Entspannungsinseln mit Musik und Bildern angeboten werden. Virtuelle Lernräume organisieren die verschiedenen Bildungs- und Informationsbedürfnisse. Der Computer ist Lernpartner und präsentiert die Themen immer in der gleichen motivierenden Form. Er ist geduldig und kann mit Bildern, Videosequenzen und animierten Grafiken den Lernstoff für alle Sinneskanäle optimal präsentieren.

Was bedeutet multimediales Lernen?

Intelligentes Lernen am Computer revolutioniert die Aus- und Weiterbildungslandschaft. Die Veränderungen im Umfeld der Unternehmen erfordern immer schnellere und umfangreichere Lernzyklen für die Beschäftigten. Die Kosten für Präsenzschulungen steigen unaufhörlich. Der Abzug der Mitarbeiter aus der Fläche in den Seminarraum schwächt die Marktpräsenz und kostet Abschlüsse und Servicequalität.

■ **Welche Alternativen bietet CBT und WBT?** Computerunterstütztes Lernen gibt dem Unternehmen die Möglichkeit, das Lernen und die In-

Jürgen Hollstein ist Geschäftsführer von Hollstein & Partner, Training und Management sowie Inhaber einer Agentur für intelligente Medienkonzepte im Training und im Bereich Unternehmenskommunikation. Seit 1991 arbeitet er selbstständig mit einem Spezialistenteam. Jürgen Hollstein ist NLP-Master (DGNLP), Qualitätsmanagementberater, Auditor und Assessor für Business Excellence (E.F.Q.M). Mit der Firma DATKOM, Softwareentwicklung, realisiert er erfolgreich Lernkonzepte auf Basis des Lernsystems „CBT/WBT intelligent learning".

Jürgen Hollstein **BDVT**
Rosenstraße 20
47906 Kempen
Tel. (0 21 52) 51 03 62
Fax (0 21 52) 55 93 65
Internet: www.hollstein-training.de

formation der Mitarbeiter zeit- und kosteneffizienter zu gestalten. Vor allem ergibt sich mit speziellen Strategien die Möglichkeit, große Mitarbeitergruppen gleichzeitig mit dem benötigten Wissen zu versorgen. Eine beliebige Anzahl von Mitarbeitern lernt gleichzeitig und kann das erworbene Wissen gleich in Markterfolge umsetzen. Komplexe Lern- und Informationsprozesse können gezielt gesteuert werden. Der Lernstoff wird zentral in die Netze gespeist. Der Lernerfolg wird unmittelbar gemessen und die knappe Zeit optimal genutzt.

Die Voraussetzung für diese Form des selbstverantwortlichen Lernens ist die richtige Vorbereitung und Motivation der Mitarbeiter. Hier liegt eine der wichtigsten Zukunftsaufgaben für Trainer und Berater. Zusätzliche Anreize für das individuelle Lernen mit dem Computer am heimischen PC – zum Beispiel eine finanzielle Unterstützung der Mitarbeiter für den Erwerb eines privaten PCs, der auch zum Lernen in der Freizeit benutzt wird – zahlen sich aus.

■ **Primäre Anwendungsfelder von CBT und WBT.** Alle Lerninhalte lassen sich als CBT oder WBT aufbereiten. Das kann zum Beispiel die Einführung einer neuen Telefonanlage genauso unterstützen wie die Vermittlung der fachlichen Grundlagen für eine neue Produktserie. Insbesondere Unternehmen, deren Mitarbeiter in der Fläche tätig sind und für zentrale Schulungen weite Distanzen überwinden müssen, wie in einer Außendienstorganisation oder in verschiedenen Filialen, profitieren von den Vorteilen. Entscheidend für den Einsatz von interaktiven Lernprogrammen ist die sorgfältige Analyse der verschiedenen Lernmöglichkeiten und die strategische Einführung.

Die zukünftige Rolle des Trainers

Die Rolle des Trainers in der multimedialen Trainingswelt erfordert neue und bisher wenig gepflegte Fähigkeiten unserer Berufsgruppe. Viele Trainer, die sich auf den Verhaltenstrainingsbereich spezialisiert

---

Was heißt CBT/WBT?

CBT: Computer based Training
WBT: Web based Training

Beide Abkürzungen stehen für interaktive Lernprogramme, die am Computer mit Hilfe von CD-ROM oder Anschluss an das Internet/Intranet abgespielt werden können. Unterschiede ergeben sich vor allem auf der technischen Seite. Während auf der CD-ROM Videosequenzen in hoher Qualität abgespielt werden können, zeigt das Internet bei diesem Punkt noch deutliche Schwächen. Die Leitungskapazitäten reichen oft nicht aus, die bewegten Bilder in einer ausreichenden Qualität und in einer kurzen Zeit zu übermitteln. Für die Übertragung von Texten und einfachen Grafiken bestehen kaum Unterschiede.

Zukunftstrend DVD: Die Daten und Videos für interaktive Lernprogramme werden zunehmend auf DVD (Digital Video Disc) produziert. Die Speicherkapazität einer DVD ist siebenmal höher als die einer normalen CD-ROM. DVD gilt als das Speichermedium der Zukunft. Virtuelle Akademien entstehen im Internet und bieten den Mitarbeitern und Kunden Lern- und Informationsmöglichkeiten, Meinungsaustausch und Kontakt über Videokonferenzsysteme zu Fachleuten des Unternehmens weltweit.

---

haben, empfinden häufig für die von Technik geprägten Alternativen Telecoaching oder Cybertraining wenig Sympathie. Trainer, die bisher im DV-Umfeld tätig sind, tun sich schwer mit der Erarbeitung ganzheitlicher Lernkonzepte für das Management großflächiger Lernprozesse. Ihnen fehlt oftmals die Ausbildung und die Erfahrung bei Organisationsentwicklungsprojekten.

In der medialen Trainingswelt der Zukunft ergeben sich eine Reihe von Lern- und Entwicklungsfeldern für Trainer. Oder vielleicht doch schon heute in der Gegenwart? Der Trainer hat in der Zukunft die Rolle der Integrationsfigur und des Mittlers zwischen dem technik-dominierten IT-

---

Bereich und einem ganzheitlichen Bildungsmanagement im Unternehmen. Bevor die ersten Trainingsmodule online über die Bildschirme flimmern und der Trainer seine Teilnehmer im Online-Chat begrüßt, müssen die Voraussetzungen für diese Trainingsform im jeweiligen Unternehmen geschaffen werden. Dabei spielt die Analyse der technischen Umgebung und die Erarbeitung von realistischen Zukunftsszenarien eine wichtige Rolle. Zu den vielen neuen Aufgabenfeldern für Trainer und Berater gehören vor allem folgende:

■ **Phase I: Durchführung einer technischen Analyse.** Das technische Umfeld bestimmt die Möglichkeiten, die sich beim Einsatz von CBT- und WBT-Lernprogrammen umsetzen lassen. Dazu gilt es unter anderem folgende Fragen zu klären:

➡ Wie viele PCs können für das Lernprojekt genutzt werden?
➡ Wie ist die Ausstattung der Geräte zum Beispiel mit Video- und Soundkarten?
➡ Welche Speicherkapazität steht auf den Festplatten zur Verfügung?
➡ Wie sehen die Leistungskapazitäten im Netzwerk aus?
➡ Welche Sicherheitsstandards müssen berücksichtigt werden?

Praxistipp: Für die Ausstattung der Hardware empfehle ich
➡ mindestens 486/66 Mhz, besser 586/133 Mhz,
➡ 16 MB Arbeitsspeicher,
➡ CD-ROM-Laufwerk oder mindestens 30 MB freier Festplattenspeicher,
➡ Bildschirm mit 800 x 600 Auflösung und 256 Farben,
➡ Betriebssystem Windows/NT oder OS/2.

■ **Phase II: Die Erarbeitung eines strategischen Lernkonzeptes.** Bevor die Entscheidung für die Entwicklung eines CBT- oder WBT-Lernprogramms fällt, gilt es, die Lernkultur und die möglichen Einflussfaktoren für den Lernerfolg im Unternehmen zu untersuchen:

➡ Wie ist die Einstellung der Mitarbeiter zum selbstverantwortlichen Lernen vor Ort?
➡ Wie denken die Führungskräfte über Ihre Rolle als Unterstützer und Koordinatoren für den Lernprozess?

→ Wie können die Mitarbeiter im Arbeitsprozess für Lerneinheiten freigestellt werden?

→ Soll vorwiegend in Teams oder alleine gelernt werden?

→ Wie viel Zeit kann sich das Unternehmen für den Prozess nehmen?

→ Werden auswertbare Lernkontrollen gewünscht?

→ Wie werden Präsenzmaßnahmen mit dem CBT-/WBT-Lernprogramm vernetzt?

Praxistipp: Binden Sie von Anfang an alle betroffenen Mitarbeitergruppen in Form einer Projektgruppe ein. Vergessen Sie nicht die Personalvertretung an der Gestaltung des Lernkonzeptes zu beteiligen!

■ **Phase III: Das Gestalten und Steuern des komplexen Lernprojektes.** Für die erfolgreiche Gestaltung eines CBT-/WBT-Lernprojektes ist die Begleitung aller Aktivitäten durch ein Projektmanagement hilfreich. Die Projektgruppe kann unter anderem folgende Entscheidungen vorbereiten:

→ Welche Lerninhalte sollen in das CBT-/WBT-Lernprogramm einbezogen werden?

→ Wieviel Lernzeit muss für das Lernprojekt kalkuliert werden?

→ Wer kann als Multiplikator, Administrator, Koordinator eingebunden werden?

→ Welche Lernorte sollen für den Lernprozess genutzt werden?

→ Wer gestaltet die Inhalte des Lernprogramms mit?

→ Wer unterstützt die Erstellung des Drehbuchs für das Programm?

→ Welche Motivationselemente und Lernhilfen soll es geben?

→ Welcher Dienstleister soll das CBT-/WBT-Programm umsetzen?

■ **Phase IV:** Der Trainer fördert die Entwicklung einer neuen Lernkultur Das Lernen mit CBT-/WBT-Programmen erfordert von den Mitarbeitern ein hohes Maß an Selbstverantwortung. Bei vielen Unternehmen werden die Mitarbeiter nur als Konsumenten in Lern- und Informationsprozesse einbezogen. In einem modernen Verständnis von Lernen in Organisationen ist das individuelle Lernen ein selbstverständlicher Teil der Problemlösung.

■ **Phase V:** Während des Lernprozesses sollte eine verantwortliche Be-

gleitung der Lerner vor Ort ermöglicht werden. Im Rahmen der Führungsaufgaben übernehmen die Vorgesetzen die Koordination und Steuerung der Lernaktivitäten. Eine Erfolgskontrolle kann über ein Lernlogbuch ermöglicht werden.

Beispiel: CBT und WBT im Außendienst

Die Muster GmbH stellt spezielle Messgeräte für das Elektrohandwerk her. 150 Außendienstler betreuen die Kunden europaweit. Die Ausstattung der Mitarbeiter mit leistungsfähigen Notebooks wird genutzt, um die Lern- und Informationskultur nachhaltig zu entwickeln. Über den PC im Home Office oder über Handy können sich alle Mitarbeiter an den betriebsinternen Informationsfluss koppeln. Regelmäßig erhalten alle Verkäufer ein Update oder eine CD-ROM mit den neusten Produktmodellen und deren speziellen Anwendungsvorteilen. Die Beispiele sind multimedial aufbereitet und bieten eine hervorragende Möglichkeit, im Kundengespräch den Nutzen zu präsentieren. Außerdem befindet sich auf der CD-ROM eine Lernsektion, in der alle Informationen und spezifischen Produktmerkmale für den Verkäufer interaktiv er-

fahrbar sind. Automatisch kann der Mitarbeiter aus dem Lernprogramm heraus ins Internet wechseln, um seine Verkaufserfahrungen in einem Diskussionsforum auszutauschen. Gleichzeitig erhält er Tipps und Anregungen auf seine Festplatte geladen, die inzwischen im zentralen Schulungsserver der Muster GmbH als Think Tank aufbereitet wurden. In speziellen Datenbanken lassen sich zudem alle Ersatz- und Zubehörteile abrufen und auf Mausklick bestellen. Beim Kunden kann der Mitarbeiter im Verkaufsgespräch notwendige Unterlagen wie Grafiken oder Bestellungen ausdrucken.

Über sein Handy (Mail to SMS) meldet sich der Schulungsserver, sobald es Neuigkeiten zum Herunterladen gibt. So ist der Außendienst europaweit immer auf dem neusten Informationsstand. Zum Nachweis seiner Kenntnisse beantwortet der Mitarbeiter im Lernprogramm Fragen, die automatisch zur Auswertung online verschickt werden. Beim nächsten Kontakt mit dem Schulungsserver wird das Ergebnis automatisch heruntergeladen und der Mitarbeiter erhält Bonuspunkte für den erfolgreichen Lernschritt auf seinem „Wissenskonto" gutgeschrieben. Regelmäßig stehen Experten aus der Produktentwicklung im Internet Rede und Anwort, um die Phase der Produkteinführung reibungslos zu gestalten.

Trainer als virtueller Transfercoach

Die Möglichkeiten der Bürokommunikation eröffnen dem Trainer neue Wege zur Kontaktaufnahme mit seinen Teilnehmern. In den Datennetzen des Unternehmens oder im Internet treffen sich Lerner mit ihren Trainern, auch Tutoren oder Teleteacher genannt. Transferunterstützung heißt das Stichwort. Von der einfachen Verständigung über E-Mail bis hin zur Videokonferenz sind viele Varianten denkbar. Aufgrund der technischen Entwicklung sollte besonders dem Internet Aufmerksamkeit geschenkt werden. Aus einer Reihe von Projekterfahrungen mit Kunden lässt sich ableiten, dass in Unternehmen mit anspruchsvoller technischer Arbeitsplatzumgebung und Zutritt zum Internet oder Anschluss an das Intranet diese Transfermöglichkeit genutzt wird.

Für den Trainer bedeutet diese Form der Lerntransferunterstützung einen ständigen Zugang und einen sicheren Umgang mit dem Medium Internet. Die Bereitstellung von Lernerforen und die Kommentierung von Teilnehmerbeiträgen stellt neue Anforderungen an den Trainer, bietet aber auch neue Chancen. Er kann unabhängig von Raum und Zeit die Umsetzungsschritte seiner Teilnehmer begleiten oder die Diskussion der Teilnehmer über Hindernisse und Probleme bei der Umsetzung der Trainingsinhalte in die Praxis beobachten und auswerten. Zeitgleich kann er beim Chatten Gedanken austauschen und Fragen diskutieren.

Die Erkenntnisse nutzt er für die Abstimmung mit seinem Auftraggeber über die Maßnahmen zur Verbesserung der Transferleistung. Mit Hilfe der Videotechnik und des Internets kann auch die visuelle Kontaktaufnahme ermöglicht werden. Teilnehmer und Trainer treffen sich in einem virtuellen Erfahrungsaustausch und können ortsunabhängig miteinander Themen und Erfahrungen reflektieren. Das eröffnet auch viele neue Chancen in kleinen und mittleren Unternehmen, bei denen eine Trainingskonzeption mit hohen Präsenzanteilen an der dünnen Personaldecke scheitern würde. Intelligentes Lernen mit dem Computer ermöglicht dem Trainer hier die Zusammenstellung virtueller Lernergruppen. Die Schulung von Fach- und Methodenwissen lässt sich im virtuellen Klassenzimmer gestalten und der Transfer über das Internet sichern. Coaching vor Ort oder kurze Workshopsequenzen passen besser zur fragmentierten Arbeitsrealität als lange Präsenzschulungen mit enormen Wege- und Ausfallzeiten.

■ **Der Trainer als Medienstar im Bildungs-TV.** Mit geringem Aufwand lassen sich Inhalte vom Trainer via Bildschirm vermitteln. Führungskräfte als „Co-Trainer" vor Ort können mit ihren Mitarbeitern auch verhaltensorientierte Modelle im Rahmen der Bildungssendung nachvollziehbar trainieren. Durch die Rückkoppelung der Erfahrungen im Internet können Meinungen zeitgleich von einer großen Anzahl von Lernern gebündelt und in der nächsten Lernsequenz vom Trainer kommentiert und vertieft werden. Die Verbreitung des Mediums TV legt die Entwicklung von kombinierten Bildungskonzepten nahe. Präsenzworkshops, CBT, WBT und Bildungsfernsehen werden miteinander vernetzt und bilden ein stabiles Gerüst für anspruchsvolle Lernprozesse im Unternehmen. Der Trainer übernimmt die Rolle des Moderators oder er konzentriert sich auf die Erarbeitung der Dramaturgie für die Sendung.

Eine kurze Reise in die Zukunft ...

Wie sieht die Zukunft des Trainings aus in einer Zeit, in der die Technik des 20. Jahrhunderts längst ein alter Hut ist? Die Begrenzungen des Internets, wie man sie noch am Ende der 90er Jahre des vorherigen Jahrhunderts kannte, sind seit vielen Jahren durch neue satellitengestützte Breitbandtechnologien überwunden. Die langsam arbeitenden Pentium-Chips sind Hochleistungs-Bio-Chemischen Speichermodulen gewichen. Die neue Rechnergeneration produziert in Echtzeit jede beliebige Umgebung in supraleichte Kontaktlinsen und verschafft dem Anwender eine perfekte räumliche Illusion. Telekommunikationsimplantate, wie sie in den ersten Jahren des 21. Jahrhundert zunächst für den medizinischen Bereich entwickelt worden sind, dienen nun auch der Vertonung der virtuellen Umgebung.

Besuchen Sie eine Trainerin bei ihrem Cybercoaching. Ihr Kunde lebt als Vermögensberater einer global operierenden europäischen Bank seit vielen Jahren in der florierenden vom Wirtschaftwunder geprägten chinesischen Hauptstadt Peking. Mensch-zu-Mensch-Beziehungen spielen auch jetzt im 21. Jahrhundert noch eine wichtige Rolle – die allerdings haben ihren Preis. Nur gut Betuchte leisten sich aus Prestige eine persönliche Beratung in den eigenen vier Wänden.

Nach der Modulation der Kundenprofile, der Generierung der Trainingsumgebung und dem Anschluss an das Biodatenkontrollsystem geht die Trainerin mit Ihrem Kunden wichtige Gesprächspassagen Phase für Phase durch. In Ihrer virtuellen Trainingsumgebung haben beide schnell vergessen, dass sie viele tausend Kilometer voneinander entfernt sind. Nach einer kurzen Anwärmphase erleben beide in der Cybertrance das Kundengespräch, während die Reaktionen des Beraters detailliert aufgezeichnet werden. Nach dem ersten Durchlauf werten sie die Daten aus, schauen sich die entscheidenden Sequenzen aus der Kundenperspektive an und arbeiten Alternativen aus, bevor sie in einen neuen Durchlauf starten. Nach der letzten Trainingssequenz lädt der virtuelle Gastgeber im Cybertrainingszentrum zu einem erholsamen Spaziergang über die saftigen Hügel des irischen Hochlandes ein – die Biodatenkontrolle ergab einen Grenzwert im Entspannungsfaktor. Nun amüsieren sich beide über die gute alte Zeit, als man noch mit Autos zu Kongressen und Meetings fuhr. Schöne, heile Trainerwelt ...

JÜRGEN HOLLSTEIN

DVD und Business TV: Richtiger Mix hat Zukunft

Klassisches Training – unterstützt durch interaktive DVD-Trainingsprogramme – und der gezielte Einsatz von professionellem Business TV bringen Unternehmen im neuen Millennium auf Erfolgskurs. Trainer und Beratern bieten sich neue Chancen. Aber: Nur wer den richtigen Mix anbietet, hat in den nächsten Jahren die Nase vorn!

Viele Menschen spielen oder lernen am Computer, wir alle schauen Videos, Fernsehprogramme oder gehen hin und wieder ins Kino – Standards, mit denen unsere Bilder konkurrieren und mit denen unsere Medien zusehens verglichen werden. „Star Wars" oder „Mission impossible 2" ist die Kost, die unsere Trainingsteilnehmer kennen und gewohnt sind. Für sie wird der Umgang mit Technik und das Surfen im Netz immer normaler – beides muss nur einfach genug gehen. Aber: Die Menschen, mit denen wir arbeiten, wollen nicht nur berieselt werden, sie wollen selbst etwas tun; sie spielen ja auch aktiv am eigenen Computer.

Overhead-Folien, Flipcharts und Pinwände sind durchaus brauchbare Medien im Bereich Training und Personalentwicklung – aber der Unterschied zu den eben beschriebenen „Freizeitmedien" ist gigantisch. Daraus ergeben sich drei Kernfragen für Trainer und Berater:

➡ Wie können sich die rasant entwickelnden technischen Möglichkeiten die Arbeit des Trainers sinnvoll unterstützen und ergänzen?
➡ Welche Chancen und Zukunftsperspektiven ergeben sich daraus?
➡ Was ist konkret zu tun, um Auftraggebern entsprechende Angebote machen zu können?

Die neuen Medien unterstützen unsere Arbeit! Die Technik wird nicht zur Konkurrenz oder die Trainer sogar verdrängen, sondern zu einer unverzichtbaren Hilfe und zum Schlüssel für mehr Kundenzufriedenheit – und sie führt somit auch zu mehr Geschäft. Angesagt ist ein bunter, fein auf den Kunden abgestimmter Mix.

Interaktives Lernprogramm auf DVD

Angenommen, wir haben in einer vorgegebenen kurzen Zeitspanne eine größere Anzahl Verkaufsmitarbeiter zu trainieren. Den Auftrag alleine durchzuführen übersteigt unsere Kapazität. Also: Wie viele Kollegen können wir vorschlagen? Haben sie Zeit? Sind sie ausreichend für diese Aufgabe qualifiziert? Können sie sich schnell ausreichend einarbeiten? Werden sie die Maßnahme in meinem und im Sinne des Kunden durchführen? Und hole ich mir damit Konkurrenz ins Haus?

Eine nahezu ideale Lösung für das Problem ist die Erstellung eines interaktiven Lernprogrammes, das auf einer DVD (Digital Versatile Disc, eine doppelseitig bespielbare CD, siehe auch Seite 26) programmiert, Folgendes ermöglicht:

◼ **Die Teilnehmer lernen am realen Beispiel.** Tatsächliche Verkaufssituationen werden nicht nur als Rollenspiel, sondern als „echtes" Szenario am Originalschauplatz mit professionellen Schauspielern inszeniert.

◼ **Sofortige Fehleranalyse.** Ausgehend von der Idealsituation kann das Programm firmenspezifische Möglichkeiten, Situationen oder Fehler, die im Verkaufsgespräch oft gemacht werden, bearbeiten.

Christoph Niederberger, Jahrgang 1958, ist seit 1992 selbstständiger Berater. Seine Themen: Verkauf und Kundenorientierung, Motivation, Teamtraining, Kommunikation, Rhetorik und Präsentation. Seit 1995 arbeitet er intensiv mit interaktiven Lernprogrammen und Business TV, dazu gehört das Success-Media Filmstudio in Hamburg. Seine Firma Sucess-Concept hat Niederlassungen in Hamburg und Tönisvorst bei Krefeld.

Success-Concept
Hecke 23
47918 Tönisvorst
Tel. (0 21 56) 97 21 80, Fax (0 21 56) 97 21 81
E-Mail: success-concept@t-online.de oder
Christoph.Niederberger@t-online.de

■ **Die Teilnehmer sind selbst aktiv.** Sie können interaktiv mit dem Programm arbeiten und den Gesprächsverlauf ändern, Fragen beantworten, Wissen testen, unterschiedliche Situationen durchspielen. Führungskräfte können individuell mit ihren Mitarbeitern weiter arbeiten. Diese erleben dann eine Verbindung von Wissens- und Verhaltenstraining.

■ **Hoher Level.** Das Programm sichert eine gleichbleibende Qualität.

■ **Der Auftraggeber behält den Überblick.** Er ist bei der Erstellung der DVD (Planung, Konzeptionierung, Dreharbeiten und Programmierung) in allen Phasen entscheidend eingebunden.

■ **Die Führungskräfte bringen sich ebenfalls ein.** Es wird ihr Programm, sie sorgen für den Einsatz.

■ **Training mittels DVD.** Ein Trainerleitfaden und ein abgestimmtes Train-the-trainer–Seminar hilft.

■ **Die Teilnehmer haben „Durchblick".** Sie erleben Fernsehqualität oder über Beamer Kinoqualität und kein verkleinertes, unscharfes CD-ROM-Bild.

■ **Keine PC-Struktur nötig.** Auch ein Abspielen über einen DVD-Player, an ein TV-Gerät angeschlossen, ist möglich.

■ **Absturz passé.** (Versehentliches) Löschen von Daten oder Dateien und ein Rechnerabsturz sind unmöglich.

■ **Hohes Volumen.** Eine Speicherkapazität von rund 17 Gigabyte pro DVD setzt herkömmliche Grenzen (CD-ROM: 650 MB) außer Kraft.

■ **Weniger Aufand und Kosten:**
➡ Wegfall von An- und Abreise, Hotelübernachtung und Verpflegung,
➡ kein (ohne DVD) zusätzlich zu beauftragender Kollege,
➡ Lippensynchronisation macht auch einen rentablen internationalen Einsatz möglich,
➡ wenig Aufwand für Erweiterungen (neue Produkte) und Up-dates.

■ **Kosten.** Der Preis wird beeinflusst durch personelle und technische Leistungen bis zur Erstellung eines interaktiven, digitalen sende- und vervielfältigungsfähigen Masters, durch Übertragungs- und Kopierkosten, Interimsabstimmungen mit dem Auftraggeber, Production-Controlling und Begleitung, Casting (Abstim-

mung, Beratung), Honorare, Gagen und Lizenzen plus entsprechende Trainings- und Informationsveranstaltungen zur Einführung und zum professionellen Umgang. Die Aufgabe besteht nicht nur in der Erstellung einer interaktiven Hilfe, sondern auch darin, sicherzustellen, dass die Mitarbeiter des Auftraggebers sie richtig einsetzen. Alle Leistungen sind bereits für knapp 10 000 Mark pro Minute zu bekommen. Selbstverständlich sollte im Vorfeld eine Rentabilitätsberechnung durchgeführt werden. Was investiere ich? Was spare ich in welchem Zeitraum? Meist tritt der Break-even-Point in kürzerer Zeit ein als erwartet. Gründe:
➡ mehrjährige Einsetzbarkeit,
➡ kostengünstige Erweiterungen und Up-dates (das Grundgerüst steht),
➡ internationale Anwendung durch mehrsprachige Produktion,
➡ Erlöse durch Weiterverkauf an Tochterunternehmen und Partner.

■ **Finanzierung.** Ein solches interaktives Programm muss nicht immer aus dem Budget der Personalentwicklung finanziert werden. Häufig wird in den Topf Marketing und Werbung gegriffen, weil man in den Unternehmen schnell erkennt, welche weiteren Chancen und Möglichkeiten sich in diesem Bereich eröffnen.

Zusätzliche Chance: Business TV

Business TV – der professionelle Einsatz von Filmen, Spots oder Trailern – bietet für Trainer neben dem Einsatz der DVT vielfältige Möglichkeiten:
➡ Firmenpräsentation (Image),
➡ Informationen für neue, alle oder bestimmte Mitarbeiter,
➡ Messepräsentation,
➡ Event-Dokumentation,
➡ Mitarbeitermotivation,
➡ Vorspann zur DVD,
➡ Opener zu Trainingsveranstaltungen oder anderen Meetings,
➡ Information an die Mitarbeiter,
➡ Vorstellung neuer Führungskräfte,
➡ Kino- und Fernsehwerbung,
➡ Kundeninformationen,
➡ Fachinformationen für Kunden und Mitarbeiter,

➡ Infos zur Trainingsvor- und -nachbereitung,
➡ Seminarskripte und Protokolle, per Video, CD-ROM, CD-i, DVD, Inter- und Intranet.

■ **Kosten:** Die Investitionen für professionelle Videoproduktionen der Premiumklasse liegen bei unter 3 000 Mark pro Minute. Die Mitwirkung prominenter Stars oder der Dreh an außergewöhnlichen Locations müssen freilich zusätzlich berechnet werden. Verglichen mit einer herkömmlichen Werbeagentur sind diese Preise recht günstig. Das liegt daran, dass häufig mehrere Dienstleistungen vereinbart werden (andere Infomercials, DVDs oder Trainings/Coachings) und so anders kalkuliert werden kann. Oft liegt zudem Bildmaterial aus anderen Produktionen vor. So ist es zum Beispiel kein Problem, aus einer Firmenpräsentation von vier Minuten 30 Sekunden für einen TV- oder Kinospot neu zu schneiden.

Wie passt das zum klassischen Training?

Trainer brauchen immer mehr eine ganzheitlich verknüpfte Gesamtkonzeption. Also ein maßgeschneidertes Netz, kundenorientierte Zusammenarbeit von:
➡ Trainern und Beratern,
➡ Fachleuten zur professionellen Erstellung von Videos, Business TV und Vorlagen für interaktive Lernprogramme,
➡ Profis für die Programmierung interaktiver Tools auf CD-ROM, CD-i, DVD, Inter- und Intranet.
Fazit: Der Begriff „Netzwerk" erhält durch Business TV und DVD eine andere Dimension. Wir brauchen nicht nur ein Netzwerk von Trainern, sondern ein Netzwerk von Spezialisten. Dieses Netzwerk muss den Kunden die komplexen Lösungen aus einer Hand bieten. Jede interne Einzelarbeit wird von Spezialisten auf ihrem Gebiet geleistet. Der Einzelne braucht keine Angst zu haben, dass ihm jemand seinen Job streitig macht. Da jeder vom Gewinn des Anderen mit profitiert, stimmt auch die Kasse am Ende wieder.

CHRISTOPH NIEDERBERGER

„Spieltrieb" entfachen und gleichzeitig Kosten senken

E-Mail taugt längst nicht nur zum bloßen Austauschen von mehr oder weniger wichtigen Mitteilungen. Diese Technik kann durchaus zum ernsthaften Instrument in der Weiterbildung eingesetzt werden. Beispiel: Trainer schicken den Teilnehmern einige Zeit vor Seminarbeginn Aufgaben zu, lassen Fallstudien oder Selbstanalysen erarbeiten. Neben Texten können problemlos auch Bilder, Sprache, Musik und Videos verschickt werden. Das Seminar selbst wird so interessanter und die Präsenzzeit verkürzt.

Welche Folgen hat das Internet auf die Wirtschaft? Andy Grove, Chef der Chip-Firma Intel ist der festen Überzeugung: „In fünf Jahren gibt es keine Internet-Firmen mehr. Dann muss jedes Unternehmen eine Internet-Firma sein, um überhaupt überleben zu können. Der Erfolg wird nicht mehr von der Anzahl der Fabriken und Lagerhallen abhängen, sondern davon, wie ein Unternehmen seinen Informationsfluss organisiert und seine Daten auswertet. Nur wenn ich schneller bin und mehr weiß als mein Konkurrent, habe ich einen Vorteil im Wettbewerb."

Auch die Weiterbildungsbranche ist betroffen: Egal, ob Seminarveranstalter, Trainer, Führungskräfte, Personalentwickler, Seminarteilnehmer: Alle müssen sich auf die veränderten Rahmenbedingungen einstellen, ob sie wollen oder nicht. Der Markt verändert sich schneller als je zuvor.

Entscheider in Unternehmen sind oft nicht mehr bereit, ihre Mitarbeiter zwei oder mehr Tage aus dem Unternehmen zu Weiterbildungsveranstaltungen zu schicken. Am besten, das Wissen oder die geplante Verhaltensänderung lässt sich an einem Wochenende vermitteln. Dann fehlt kein Mitarbeiter im Tagesgeschäft, und oftmals werden die Teilnehmer auch an der Finanzierung der Trainingsmaßnahme beteiligt: Die vom Teilnehmer eingebrachte Zeit wird nicht vergütet. In vielen Branchen ist auf Grund des Markttempos auch keine andere Lösung denkbar.

Seminare vor- und nachbereiten

Wie ist eine solche Straffung von Weiterbildungsmaßnahmen nun praktisch zu realisieren? Die Antwort liegt in der Nutzung der neuen Medien wie E-Mail. Einige Beispiele aus der Trainerpraxis zu verschiedenen Seminarthemen sollen im Folgenden zeigen, wie Präsenszeiten der Teilnehmer in Seminaren zu verkürzen sind, aber auch, wie der Traingstransfer in der Praxis deutlich zu erhöhen ist.

■ **Fallstudien per E-Mail.** Vor einem Seminar werden den Teilnehmern Fallstudien per E-Mail zugesendet. Diese sind dann vor dem Seminar zu bearbeiten. Hier haben sich verschiedene Varianten bewährt: Einzelarbeiten und Lösungsansatz können vor dem Seminar an den Trainer zurückgeschickt werden (als zusätzliches Analyseinstrument für den Trainer) oder beides wird zum Seminar mitgebracht. Gruppenarbeiten und Partnerarbeiten sind möglich.

■ **Selbstanalysen.** In Zeit- und Selbstmanagementseminaren protokollieren die Teilnehmer im Vorfeld ihren Tagesablauf (Zeit-Tagebuch). Sachbearbeiter notieren zwei Tage lang ihren gesamten Tagesablauf in Zehn-

Dirk Kreuter, gelernter Groß- und Außenhandelskaufmann, hat langjährige Verkaufs- und Vertriebserfahrung in Handel und Industrie. Der Absolvent der neunmonatigen Trainerfachqualifizierung des BDVT trainiert und berät Unternehmen branchenübergreifend in allen Verkaufsthemen. Schwerpunkte: Telefon- und Messetraining, DISG-Verkaufsstrategie sowie Internet- und E-Mail-Einsatz in der Weiterbildung.

Dirk Kreuter
Hamburger Straße 11
22083 Hamburg
Tel. (0 40) 5 59 52 21, Fax 5 50 36 12
E-Mail: DirkKreuter@compuserve.com
Internet: www.verkaufstrainer.de

Minuten-Abschnitten. Außendienstler und Führungskräfte protokollieren ihren Tagesverlauf fünf Tage lang alle 30 Minuten. Diese Form der Selbstanalyse wird ergänzt durch gezielte Hintergrundfragen. Nach dieser intensiven Vorbereitungsphase sind die Teilnehmer viel schneller und tiefer ins Seminarthema eingebunden. So sind verkürzte Präsenzzeiten möglich, ohne die Effektivität solcher Maßnahmen zu verringern.

■ **Persönliche Fallstudien.** Noch besser funktioniert die Vorbereitung mit einer zu bearbeitenden Fallstudie, die auf die Situation des Mitarbeiters zugeschnitten ist. Sie wird in etwa vier Wochen vor dem Seminar via E-Mail zugeschickt. Für die Aufgabenlösung ist eine Woche Zeit. Seine Selbstanalyseaufgabe erhält der Mitarbeiter zwei Wochen vor dem Seminar. Die Aufgabenlösung ist dann im Seminar zu präsentieren. Auch hier ist Mehrstufigkeit ein Erfolgsverstärker.

■ **Beispiel Telefontraining.** In der ersten Vorbereitungsstufe erhalten die Teilnehmer als E-Mail zur Analyse mehrere Mitschnitte von Telefongesprächen, die ihrer Arbeitspraxis entsprechen. Auch hier liegt ein strukturierter Fragenkatalog zur Aufgabenlösung bei.

■ **Beispiel Präsentationsseminar.** Hier erhalten die Teilnehmer komplette Power-Point-Präsentationen auf ihre entsprechenden Aufgabengebiete zugeschnitten zur Analyse.

■ **Beispiel Verkaufstraining.** Die Teilnehmer erhalten hierbei vorab mehrere Videosequenzen von Verkaufsgesprächen, die dann zu analysieren sind. Denkbar: unter anderem Körpersprache, Bedarfsermittlung, Einwandbehandlung und Kaufsignale.

Durch E-Mail-Aufgaben längere „Haltbarkeit"

Ähnliche Maßnahmen haben sich auch für den Einsatz nach den Seminaren bewährt. Um den Trainingstransfer in die Tagespraxis zu gewährleisten, bearbeiten die Teilnehmer auch später noch mehrstufige Fallbeispiele und Selbstanalysen. Weiterer Vorteil: Lernpartnerschaften, die im Seminar gebildet werden,

bleiben über E-Mail länger aktiv. Seminarprotokolle, Fotoprotokolle, Teilnehmerunterlagen, erfolgreiche Rollenspiele aus dem Seminar als Videomitschnitt oder als Tonbandaufnahme (natürlich immer nur mit dem Einverständnis der betroffenen Teilnehmer) werden erfahrungsgemäß intensiv wahrgenommen und anschließend bearbeitet – auch noch Wochen nach dem Seminar! Hier ist der entscheidende Unterschied zu herkömmlichem Lernen: Bei E-Mails setzt der „Spieltrieb" der Teilnehmer ein. Jetzt macht Lernen, Seminar und Training wieder neuen Spaß.

Vorteil: Unabhängigkeit von Raum und Zeit

Die Teilnehmer bearbeiten die gestellten Aufgaben zumeist an ihrem Arbeitsplatz. Das kann je nach Position und Aufgabenbereich der Schreibtisch im Unternehmen sein oder im Homeoffice, im Auto, Zug, auf dem Flughafen, im Flugzeug oder auch im Wohnzimmer. Die Teilnehmer entscheiden individuell, wo und wann sie lernen wollen; räumliche und zeitliche Unabhängigkeit ist der ausschlaggebende Punkt.

Einsatzbereich von E-Mail-Unterstützung erstreckt sich über alle Trainingsbereiche von Wissensvermittlung bis Verhaltenstraining. Das Instrument eignet sich für alle Unternehmen oder Teilnehmer, die bereits über eine entsprechende IT-Infrastruktur verfügen: Multimedia-PC mit Internetzugang und gängige Softwareprogramme. Probleme tauchen freilich auf, wenn mit unterschiedlichen Softwareprodukten gearbeitet wird. Die einheitlichen Programme und ein schneller Internetzugang (ISDN, ADSL etc.) sind Voraussetzung für die reibungslose Umsetzung.

Fazit: Menschen wollen nicht nur belehrt, sondern auch unterhalten werden. E-Mail bietet die Möglichkeit, neben Texten auch Bilder, Sprache, Musik und Videos zu verschicken. Vorbei sind die Zeiten der dicken Seminarordner, die in Regalen verstauben. Die digitale Zeit hat auch in der Weiterbildung Einzug gehalten.

DIRK KREUTER

Verantwortung geht über die bloße Maßnahme hinaus

Nur wenige Unternehmen sehen in der strategisch angelegten Personalentwicklung eine der Kernaufgaben für den Unternehmenserfolg. Entwickelt wird nur, wer entwickelt werden muss. Wer aber zukunftsorientiert handelt, belässt es nicht bei bloßen Maßnahmen, sondern befasst sich auch mit Folgewirkungen, die über den Rahmen des direkten Einflusses der Personalentwicklung hinaus gehen, sagt Dr. Werner Ruß.

Ist Personalentwicklung reine Mitarbeiterentwicklung? Natürlich ist sie weitaus mehr als das – so sollte man jedenfalls meinen. Befragt man Personalentwickler aber genau nach ihren Arbeitsschwerpunkten, dann geben sie zur Antwort, meist Programme für bestimmte Mitarbeitergruppen – wie neue Mitarbeiter und Führungsnachwuchskräfte – ins Leben zu rufen beziehungsweise in schöner Regelmäßigkeit durchzuführen. In diesen Programmen sind Mitarbeiter nach zuvor definierten Kriterien zu Gruppen zusammengefasst. Und in diesen Gruppen erfolgt letztlich nichts anderes, als die einzelnen Mitarbeiter zu entwickeln.

Selbstverständlich geschieht in den Unternehmen unter der Überschrift Personalentwicklung deutlich mehr als die bloße Entwicklung der Mitarbeiter. Personalmarketing, Führungsfeedback, Mitarbeiterbefragungen und Potenzialanalysen – das sind nur einige der gewichtigen Themen, die in das Arbeitsgebiet der Personalentwickler fallen und von diesen auch durchaus ernsthaft wahrgenommen werden. Ganzheitliche Personalentwicklungskonzepte aber, die – eingebettet in eine ganzheitliche Unternehmensstrategie – das Thema der Entwicklung des Personals als Schlüsselaufgabe für den Erfolg des Unternehmens verstehen und umsetzen, sind leider äußerst rar gesät.

Personalmarketing: punktgenaue Akquise

Personalmarketing muss mehr sein, als die imagebildende Präsenz eines Unternehmens in den Hörsälen der Universitäten und Fachhochschulen. Das klassische Marketing ist zielgruppengerichtet. Je genauer die Zielgruppe definiert ist, um so effektiver die Maßnahme. Gleiches muss für das Personalmarketing gelten. Aufgabe der Personalentwickler ist es

also, gemeinsam mit der Unternehmensführung den zukünftigen Personalbedarf zu definieren. Erst wenn dieser feststeht, kann das Personalmarketing effektive Maßnahmen entwickeln und einsetzen. Hierzu ein Beispiel:

Die Märkte sind in Bewegung geraten. Kernkompetenzen, die gestern den Unternehmenserfolg garantierten, sind heute nicht mehr ausreichend und müssen ergänzt werden. So war Kundenbindung für die Elektrizitätswirtschaft in der Vergangenheit ein fester Parameter, der sich aus der Versorgungsstruktur automatisch ergab. Priorität hatte die funktionierende Technik. Inzwischen hat sich der Markt vollkommen gedreht. Die Technik bildet eine notwendige Voraussetzung. Über den Erfolg dieser Unternehmen wird zukünftig die Güte des Marketings und Vertriebs entscheiden – und nicht die Technik.

Aufgabe des Personalmarketings hätte es in diesem Beispiel sein müssen, schon vor der Veränderung des Marktes qualifizierte Kandidaten mit Studienschwerpunkt Marketing für

Dr. Werner Ruß ist Vizepräsident Training des BDVT. Nach seiner Assistentenzeit an der Universität Hamburg begann der Diplomvolkswirt in der Presseabteilung eines großen Handelskonzerns. Weitere Schwerpunkte seines Berufsweges: Kundengruppenmarketing, Verkaufstraining, Steuerung und Controlling, Kundenbindungssysteme.

Dr. Werner Ruß
Wiesenweg 30a
22393 Hamburg
Tel. (0 40) 64 61-83 82
Fax (0 40) 64 61-14 39

die Unternehmen zu gewinnen. Dies setzt allerdings, wie bereits beschrieben, eine zukunftsgerichtete Analyse des Personalbedarfs voraus. Eine Aufgabe der Personalentwicklung, die eindeutig über das Aufgabenspektrum der reinen Mitarbeiterentwicklung hinaus geht.

Personalauswahl versus Personalentwicklung

Industrieunternehmen betreiben einen hohen Aufwand, um eine möglichst fehlerfreie Produktion zu gewährleisten. Sie wissen, dass Nachbesserungen fehlerhafter Produkte erheblich höhere Kosten verursachen als Investitionen in die Qualitätssicherung des Produktionsprozesses. Diese Erkenntnis scheint sich beim Produktionsfaktor Arbeit noch nicht generell durchgesetzt zu haben. Systematische, einheitliche Personalauswahlverfahren sind eher die Seltenheit. Häufig entscheidet die Meinung des Fachvorgesetzten über die Einstellung oder Nichtberücksichtigung eines Kandidaten. Ergebnis dieses Auswahlprozesses ist, dass einige Abteilungen mit hervorragenden Mitarbeitern besetzt sind, während andere eher ein schwaches Mitarbeiterpotenzial aufweisen. Die Güte des Vorgesetzten entscheidet über die Qualität der Mitarbeiter.

Hier muss es Aufgabe der Personalentwickler sein, ein Korrektiv zu schaffen. Erhebliche Kosten für Maßnahmen der Mitarbeiterentwicklung können eingespart werden, wenn schon bei der Mitarbeiterrekrutierung ein höheres Qualitätsniveau realisiert wird. Lösungen müssen nicht kompliziert sein. Regelmäßige Potenzialanalysen zeigen die Schwachstellen schnell auf, und ein entsprechendes Controlling durch die Personalabteilung oder den nächsthöheren Vorgesetzten wirkt Wunder.

Grenzen der Personalentwicklung

Marktveränderungen stellen Unternehmen vor Herausforderungen, denen sie bis dahin nicht ausgesetzt wa-

ren. Ehemals staatliche Betriebe werden privatisiert. Monopole zerbrechen, die Unternehmen sind dem Wettbewerb ausgesetzt. Marketing, Vertrieb, Service sind die entscheidenden Erfolgsparameter für die Zukunft. Eine Aufgabe für die Personalentwickler, die sich diesen neuen Herausforderungen stellen und nun das Personal durch Assessment-Center schleusen. Da wird erkannt, ob die Sachbearbeiterin Vertriebspotenzial hat und der Techniker Marketingfeeling. Die erwählten Mitarbeiter erhalten, da eigenes Know-how nicht vorhanden ist, von externen Trainern eine Verkaufsausbildung, natürlich eingebettet in ein umfassendes Konzept mit Bedarfsermittlung, Einbindung der Beteiligten, praxisorientierten Seminarbausteinen und Nachfasselementen. Und siehe da, das vertriebsorientierte Unternehmen steht – oder nicht?

Assessments sind kein Allheilmittel

Diese überzogene (?) Beschreibung zeigt, dass eine Änderung der Unternehmenskultur – und genau darum geht es bei diesen Prozessen – nicht durch Assessment-Center und Trainingsbausteine alleine herbeigeführt werden kann. Entscheidend ist nämlich, dass sich Arbeitsabläufe und Arbeitsinhalte verändern – von erforderlichen Einstellungsveränderungen einmal ganz abgesehen. Das kann aber kaum geschehen, wenn die alte Belegschaft in neuer Teambildung wieder zusammen sitzt. Dabei ist ernsthaft zu fragen:

➡ Wer zeigt dem Chef, dass Service und Personaleinsatzplanung eng zusammengehören?
➡ Wer sagt ihm, dass die Lösung bei Engpässen nicht darin besteht, die Arbeit der Mitarbeiter zu übernehmen, sondern Planungs-, Organisations- und Führungsaufgaben zu übernehmen?
➡ Wer soll den neuen Geist an die Arbeitsplätze bringen, wer helfen und coachen?

Die Personalentwicklung hat Grenzen. Bei derartigen Veränderungen reichen Personalentwicklungsmaß-

nahmen nicht aus. Neueinstellungen vom Markt sind erforderlich.

Entwickelt wird nur, wer entwickelt werden muss

Es ist schon toll, was einzelne Unternehmen ihren Mitarbeitern bieten. Da wird der neue Mitarbeiter durch ein Seminarprogramm begleitet, das kaum Wünsche offenlässt. Der als Führungsnachwuchskraft erkannte Kollege hat ebenfalls die Auswahl aus einer Vielzahl von Seminaren. Entwickelt wird, wer entwickelt werden muss. Die sogenannten Säulen der Organisation aber – Mitarbeiter, die seit vielen Jahren einen guten Job machen, die ihr Metier beherrschen und die wesentlich zum Erfolg des Unternehmens beitragen – gehen leer aus. Sie machen weder Probleme, noch sind sie für die nächsthöhere Position vorgesehen. Sie machen ihre Arbeit, und die machen sie gut. Diese Zielgruppe steht selten im Blickpunkt der Personalentwickler – und das ist falsch!

Externe Trainer für „Alteingesessene"

Gerade diese für das Unternehmen wichtigen Mitarbeiter müssen gezielt eingebunden werden. Die jahrelange Erfahrung bremst innovativen Geist. Die Erkenntnis, selbst an keinen Seminaren teilzunehmen, während die jungen Kollegen ganze Programme absolvieren, fördert nicht die Motivation. Hier sind keine großartigen Personalentwicklungsprogramme gefragt, sondern Maßnahmen, die diesen Mitarbeitern verdeutlichen, dass ihr Wert für das Unternehmen anerkannt wird. Frühzeitige Einbindung in Neuerungen, institutionalisierter Erfahrungsaustausch mit Kollegen über Abteilungsgrenzen hinaus, Gesprächsrunden mit dem direkten und dem nächsthöheren Vorgesetzten sind geeignete Instrumente. Aufgabe der Personalentwicklung ist es, diese Prozesse anzustoßen. Für diese Mitarbeitergruppe bietet sich ganz besonders der Einsatz externer Trainer an, die in unterschiedlichsten Firmen trainiert haben und somit ihren Teilnehmern den Blick über den Tellerrand ermöglichen können. Auch offene Seminare mit fachbezogenen Inhalten dienen diesem Ziel.

Folgewirkungen berücksichtigen

Die Personalentwickler sind mit sensiblen Themenbereichen befasst. Ob ein Führungsnachwuchsprogramm aufgesetzt oder eine Mitarbeiterbefragung initiiert wird – Maßnahmen der Personalentwicklung erzeugen bei den Mitarbeitern eine hohe Erwartungshaltung. Wie schnell ist der Kredit der Personalentwickler verspielt, wenn aus dem Führungsnachwuchsprogramm kein Teilnehmer eine Führungsaufgabe übernimmt. Wie groß ist die Enttäuschung der Mitarbeiter, wenn nach Auswertung einer Mitarbeiterbefragung alles beim Alten bleibt. Dies ist übrigens nicht allein ein Problem der Personalentwickler. Der Frust der Mitarbeiter

richtet sich schnell gegen das Unternehmen und nicht nur gegen den zuständigen Bereich.

Nun werden Personalentwickler darauf verweisen, dass sie ja nicht dafür verantwortlich gemacht werden können, wenn ihre Maßnahmen keine Ergebnisse zeigen. Schließlich bestimmen die operativen Bereiche nach Abschluss eines Führungsnachwuchsprogramms, wer zur Führungskraft ernannt wird und nicht die Personalentwickler. Und was können die Personalentwickler dafür, wenn sie nach einer Mitarbeiterbefragung Veränderungen fordern, diese von der Unternehmensleitung aber nicht zugelassen werden?

Die Personalentwickler können wirklich nichts dafür. Aber sie sind verantwortlich für den Prozess, ja sie sind häufig sogar diejenigen, die diesen Prozess initiiert haben. Und hier liegt ihre Verantwortung. Das Konzept für Maßnahmen der Personalentwicklung darf nicht mit der Maßnahme enden, sondern muss auch die nachgelagerten Prozesse beinhalten. So ist zum Beispiel bei dem Instrument Mitarbeiterbefragung schon in der Konzeption die Frage einzubinden, wie die Ergebnisse kommuniziert und aufgearbeitet werden sollen. Eine Mitarbeiterbefragung macht nur Sinn, wenn die Unternehmensführung bereit ist, Änderungen vorzunehmen. Das muss von den Personalentwicklern im Vorwege abgeklärt werden.

Die Personalentwickler sind für ihre Maßnahmen verantwortlich. Wenn Konzepte nicht bis zum Ende durchdacht sind, ist es die Pflicht der Personalentwickler, nachdrücklich auf die Gefahren hinzuweisen und von der Realisierung der Maßnahme abzuraten. Um so besser gelingt dies, je stärker die Personalentwicklung in die Unternehmensabläufe integriert ist und je intensiver die späteren Entscheider bereits in die Konzeption eingebunden sind. Sicher arbeiten viele Personalentwickler so, wie es hier gefordert wird. Wichtig ist aber, dass wirklich jede Maßnahme auf ihre Folgewirkungen untersucht

wird, denn nichts ist schneller verspielt als Vertrauen.

Personalentwicklung ist Chefsache

Personalentwicklungsmaßnahmen verleiten dazu, die Weiterentwicklung von Mitarbeitern einem ausgefeilten Seminarprogramm zu überlassen. Doch derartige Maßnahmen können nur begleitenden Charakter haben. Schwerpunkt der Mitarbeiterentwicklung ist die Betreuung des Mitarbeiters am Arbeitsplatz.

→ Wer kann besser die fachliche Leistung des Mitarbeiters beurteilen als sein eigener Chef?

→ Wer weiß besser, wo der Mitarbeiter Unterstützung benötigt und wo er schon perfekt ist?

→ Wer hat mehr Gelegenheit, das Verhalten des Mitarbeiters Kollegen und Vorgesetzten gegenüber zu beobachten, als die Führungskraft?

Der wichtigste Personalentwickler ist die Führungskraft. Ihr Feedback, ihre Tipps und Hinweise sind durch nichts zu ersetzen. Natürlich muss Feedback erlernt werden. Wer Rückmeldungen unklar und oberflächlich abgibt, der darf sich nicht wundern, wenn seine Hinweise ignoriert werden. Hier ergibt sich ein Aufgabenfeld für die Personalentwicklung. Die Führungskräfte dürfen nicht allein über Fachkenntnisse auf ihrem Arbeitsgebiet verfügen. Sie müssen auch ihre Führungsinstrumente kennen, beherrschen und anwenden. Wichtig ist es, mit der Vermittlung derartiger Kenntnisse an der Hierarchiespitze zu beginnen. Nur wenn dieser Prozess von oben nach unten getragen wird, besteht Aussicht auf Erfolg.

Und wer entwickelt die Personalentwickler?

Die Personalentwicklung ist integraler Bestandteil der Unternehmenspolitik. Personalentwickler, die nicht in anderen Bereichen des Unternehmens gearbeitet haben, die nicht wissen, wie das Normalgeschäft abläuft, werden nur schwer Akzeptanz finden. Wer hingegen die Erfordernisse des Tagesgeschäfts kennt, der wird eher in der Lage sein, Lösungen aufzuzeigen, die nicht nur auf dem Papier stehen, sondern die auch umgesetzt werden. Drei Schritte können den Personalentwickler bei seinen anspruchsvollen Aufgaben entscheidend unterstützen.

■ **Praxiserfahrung.** Im ersten Schritt gilt es für Personalentwickler, als Moderatoren ausreichend Praxis zu sammeln. Durch die Moderation von Fachtagungen lernen sie die verschiedenen Seiten des Geschäfts kennen. Sie erleben die Bearbeitung von Zielkonflikten und können so gleichzeitig Bedarf für Personalentwicklungsmaßnahmen ermitteln.

■ **Bereichsübergreifende Projektgruppen.** Im zweiten Schritt ist der Einbezug von Personalentwicklern in bereichsübergreifende Projektgruppen zu empfehlen. Hier können sie ihren Schwerpunkt auf die Themen Einbindung der Mitarbeiter und Kommunikation legen und damit den Umsetzungserfolg des Projekts deutlich erhöhen.

■ **Jobrotation.** Der dritte Schritt. Personalentwickler – das gleiche gilt im übrigen für Trainer – sollten sich nach spätestens sechs Jahren „frei machen" und weitere Praxiserfahrung in einer anderen Aufgabe sammeln.

Gefragt ist mehr Selbstbewusstsein

Fazit: Personalentwicklung ist in der Tat mehr als ein bloßes Maßnahmenprogramm für bestimmte Mitarbeitergruppen, wie hier dargelegt wurde. Personalenwickler bekleiden wichtige Managementfunktionen – dementsprechend sollten sie sich ihre Bedeutung für das ganze Unternehmen bewusst machen und sich eindeutig positionieren.

DR. WERNER RUß

Acht Kernthesen in Sachen Personalentwicklung

■ Das Aufgabenspektrum der Personalentwicklung geht weit über die Entwicklung von Mitarbeitern hinaus.

■ Basis der Personalentwicklung ist die Personalbedarfsanalyse. Erst wenn bekannt ist, wie viele Mitarbeiter mit welchen Qualifikationen kurz-, mittel- und langfristig benötigt werden, können die Instrumente der Personalentwicklung gezielt eingesetzt werden.

■ Eine qualifizierte Personalarbeit bei der Auswahl von Bewerbern ist deutlich kostengünstiger als eine Nachqualifizierung durch Personalentwicklungsmaßnahmen.

■ Ändern sich Schlüsselprozesse in Unternehmen, können Neueinstellungen und damit Know-how-Transfer vom Markt effektiver sein als die ausschließliche Qualifizierung des vorhandenen Personals.

■ Langjährige Leistungsträger sind Säulen, die den Erfolg tragen. Spezielle Personalentwicklungsmaßnahmen für diesen Personenkreis sind unabdingbar.

■ Personalentwicklungsmaßnahmen sind in Gesamtkonzepte einzubinden. Sie umfassen nicht nur die Maßnahme an sich, sondern auch Folgewirkungen, die über den Rahmen des direkten Einflusses der Personalentwicklung hinausgehen.

■ Der wichtigste Personalentwickler ist die Führungskraft. Deshalb sind mit Priorität die Führungskräfte zu qualifizieren. Und dieser Prozess muß stets an der Spitze der Hierarchie beginnen.

■ Personalentwickler übernehmen wichtige Managementfunktionen. Die Grundanforderungen an Personalentwickler sind demnach die gleichen wie an die Inhaber anderer Managementpositionen.

Training am Arbeitsplatz fördert Selbstverantwortung

Verändern heißt verantworten" – so ist die Konzeption des Personalentwicklungsprozesses bei der Sparkasse Heilbronn überschrieben. Im Mittelpunkt des ganzheitlichen innovativen Ansatzes steht das Training am Arbeitsplatz mit dem Prinzip der Selbstverantwortung des einzelnen Mitarbeiters. Eine Aufgabe, die über die herkömmlichen Grenzen des Trainings hinaus geht. Lesen Sie, wie die Trainer in den Prozess eingebunden sind und wie die Mitarbeiter mit der Herausforderung umgehen.

Ziel der Sparkasse Heilbronn war es, private finanzielle Vorsorge je nach persönlicher Lebenssituation, finanzieller Leistungsfähigkeit und Risikopräferenz für breite Kundengruppen finanzierbar zu machen und gemeinsam mit dem Kunden individuelle Problemlösungen zu entwickeln. Die Sparkasse sollte als kompetenter Ansprechpartner und Problemlöser Nummer 1 positioniert werden. Der Auftrag für die Personalentwicklung: Entwicklung einer PE-Konzeption zur Implementierung des ganzheitlichen, lebensphasenorientierten Beratungs- und Verkaufsansatzes für die über 250 Berater.

Geschäftseinheiten und externe Partner

Von Anfang an bewährte sich die Arbeit eines Projektteams aus dem Kundengruppenmangement Privatkunden, Marketing und Personalentwicklung sowie den in den Gesamtprozess eingebundenen externen Trainern. Das Kundengruppenmanagement entwickelte die Produktpalette und die Vertriebssteuerung weiter. Das Marketing organisierte das Telefonteam und gestaltete die gesamte Werbelinie. Verkaufsinstrumente wie das Beratungsheft, entstanden in bereichsübergreifender Projektarbeit.

Kundenbetreuung auf dem „Marktplatz"

Unter der Bezeichnung „Marktplatz Privat-Vorsorge" wurde eine große Mitarbeiterveranstaltung entwickelt. Einziges Thema: ganzheitliche Kundenbetreuung. Dabei stand die Selbstverantwortung jedes Einzelnen im Mittelpunkt: Jeder der 250 Berater hatte sich zuvor über die Einladung seinen individuellen Tagesablauf nach seinen Beratungserfahrungen zusammengestellt. Die hausinternen und externen Trainer setzten in ihren Workshops differenzierte teilnehmeraktivierende Methoden ein (wie Strategiepuzzle, haptische Elemente, Reiz-Reaktionspiele, emotionaler Verkauf). Am Abend starteten alle mit einer Vorsorgetasche in ihr neues Beratungs- und Verkaufszeitalter (Sporttasche mit Fotoprotokollen der besuchten Workshops, Vorsorgeordner mit umfassendem Informationsmaterial wie Hinweise zur Einwandbehandlung oder zur telefonischen Terminvereinbarung, Gesprächsleitfaden und Hilfsmittel zur Gesprächsführung).

Informationsworkshops Privat-Vorsorge

Nächster PE-Schritt war die Transfersicherung: Das Kundengruppen-

Sparkasse Heilbronn
Personalentwicklung
Am Wollhaus 14
74072 Heilbronn
Tel. (0 71 31) 6 38-15 54
Fax (0 71 31) 6 38-16 37

Werner Krahl
(oben) Sparkassenbetriebswirt, Trainer und Berater (BDVT), Personalentwickler

Markus Rößler
(links) Diplom-Betriebswirt, Verkaufstrainer und Personalentwickler

Heike Dreißigacker
Diplom-Betriebswirtin, IT-Trainerin und Personalentwicklerin

Peter Dreher
(rechts) Sparkassenbetriebswirt, Verkaufstrainer, Prozessberater und Personalentwickler

management Privatkunden sammelte zunächst über einen längeren Zeitraum die Erfahrungen der Berater im Umgang mit schwierigen Kundensituationen (beispielsweise Kunden mit „negativem Einkommen"). Diese Erkenntnisse wurden in Zusammenarbeit mit Privatkundenberatern zu drei repräsentativen Praxisfällen verdichtet. Diese Fälle bildeten die inhaltliche Grundlage für zehn Workshops, die zentral von der PE als Schritt zur Transfersicherung angeboten wurden. Mit der Einladung hatten die Teilnehmer die Praxisfälle mit der Aufforderung erhalten, sich damit im Vorfeld auseinander zu setzen. In den Workshops präsentierten die Teilnehmer denkbare Lösungen und optimierten die Ergebnisse.

Kernstück: Training am Arbeitsplatz

Workshops und Trainings waren nur erste Schritte – darüber hinaus war bei jedem Berater eine Analyse des eigenen Verkäuferverhaltens notwendig, auf die eine nachhaltige Verhaltensänderung erfolgen musste. Durch die starke Konzentration auf die jeweilige Kundensituation war es den Beratern nach dem Gespräch nur bedingt möglich, ihr eigenes Verhalten in den einzelnen Phasen des zurückliegenden Beratungsgesprächs zu reflektieren und detailliert auf den Prüfstand zu stellen. Und hier setzte das Training am Arbeitsplatz an. Es bot dem Berater eine kooperative und unterstützende Begleitung in der Echtsituation, um anschließend in der gemeinsamen Analyse mit dem Trainer wichtige und fördernde Erkenntnisse für zukünftige Gespräche zu erhalten. Im Training am Arbeitsplatz gab es klar definierte Lernziele und strukturierte Vorgehensweisen zur Förderung der einzelnen Kompetenzfelder. Der Übergang zum Coaching war fließend.

Das Training am Arbeitsplatz bedeutete in diesem Fall einen Prozess und keine einmalige Intervention. Die Aufmerksamkeit wurde dabei nicht nur auf die Problemlösung gerichtet, sondern vielmehr darauf, dass der Berater Wege und Möglichkeiten erkennt, seine Potenziale freizusetzen, um seine Leistung zu optimieren.

Die Information der Mitarbeiter

Zunächst wurden regionale Trainerteams aus internen und externen Trainern gebildet, die Berater und Führungskräfte in mehreren Auftaktveranstaltungen umfassend über die Einzelheiten des Trainings am Arbeitsplatz informierten und später in möglichst identischer Zusammensetzung das Training im jeweiligen Teilmarkt übernahmen. Gemeinsam erarbeiteten die Trainerteams mit den Beratern Sinn und Nutzen des Trainings, diskutierten mögliche Problemfelder, stellten die Intention im Hause der Sparkasse Heilbronn und den organisatorischen Rahmen vor.

In den einzelnen Trainingsphasen stellten die Trainer vorab Terminfenster zur Verfügung. Die Belegung koordinierten die Führungskräfte der Teilmarktbereiche. Damit war die

enge Zusammenarbeit zwischen Personalentwicklung, Führungskräften und Trainern gewährleistet.

Das Anfordern der Trainer lag auch hier in der Selbstverantwortung der Mitarbeiter. Wie und in welchem Umfang sich die Berater auf das Training einließen, war entscheidend für den Nutzen des Einzelnen. In den Tagen danach standen die Trainer allen Beratern in den Filialen für Gespräche zur Verfügung. Ehrgeiziges Ziel war es, dass jeder Berater innerhalb der ersten sechs Trainingsphasen, die von März 1999 bis Februar 2000 dauerten, mindestens drei mit einem Trainer begleitete Gespräche wahrnehmen sollte.

Die Begleitung des Kundengesprächs

Nach der Anforderung eines Trainers durch den Berater rief eine dezentra-le Koordinierungsstelle den Trainer zu diesem Termin ab. Der Trainer führte mit ihm ein Vorgespräch, das neben der Information auch die Vertrauensbildung zum Ziel hatte. Beide redeten über die Vorbereitung, die aufbereiteten Unterlagen und die persönliche Zielsetzung des Beraters im Kundengespräch. Und: Bei entsprechend sinnvoller Vorstellung des Trainers durch den Berater zu Beginn eines Kundengesprächs reagierten die Kunden im allgemeinen positiv und zeigten sich nur selten befangen oder ablehnend. Der Trainer beteiligte sich nur dann am Gespräch, wenn es der Atmosphäre diente.

Der Feedback-Bogen

In den zurückliegenden Jahren hatte die Sparkasse Heilbronn einen intensiven Kommunikationsprozess initi-iert. Die Mitarbeiter entwickelten sukzessive Kommunikationsleitlinien als Teil der Unternehmenskultur. Dieses Kapital sollte nun im Rahmen des umfangreichen aktuellen PE-Prozesses in das Trainer-Feedback eingebracht und genutzt werden. Dafür wurde im Vorfeld gemeinsam mit einer Psychologin ein Feedback-Bogen entwickelt. Dieser Bogen enthielt

→ konkrete Beobachtungen zu den einzelnen Phasen des Kundengesprächs,

→ die Möglichkeit zur Selbsteinschätzung und

→ Rückschlüsse auf das Kommunikationsverhalten der einzelnen Mitarbeiter.

Die Feedback-Bogen verblieben anschließend bei den einzelnen Beratern; gemeinsam mit den Trainern konnten Ziele vereinbart werden, auf die ein Trainer bei der nächsten Gesprächsbegleitung ver-

PE-Prozess bei der Sparkasse Heilbronn

8 Blick in die Zukunft:
... das Begonnene fortführen! Selbstverantwortung als zentrale Herausforderung für die PE

7 Verändern erfordert Geduld:
Auftretende Problemfelder

6 Training am Arbeitsplatz:
• Begleitung Kundengespräche
• Entwicklung Feedbackbogen

Sparkasse Heilbronn

1 Auftrag für die PE:
Entwicklung einer PE-Konzeption zur Implementierung des ganzheitlichen, lebensphasenorientierten Beratungs- und Verkaufsansatzes in der Sparkasse Heilbronn

2 Bildung eines Netzwerks
aus strategischen Geschäftseinheiten und externen Partnern

3 Auftaktveranstaltung und Marktplatz PrivatVorsorge
Selbstverantwortung der Berater fördern & fordern

4 Transfersicherung:
Durchführung von Informations-Workshops PrivatVorsorge

5 Training am Arbeitsplatz:
• langfristige Positionierung
• Information Mitarbeiter

stärkt zu achten hatte. Der Trainer erstellte später einen weiteren Ergebnisbogen, der in anonymisierter Form der Evaluierung für das Gesamthaus diente und somit Erkenntnisse für weitere Handlungsfelder liefern konnte.

Auftretende Problemfelder

Der Prozess „Verändern heißt Verantworten" stellt bis heute einen hohen Anspruch an jeden einzelnen Berater der Sparkasse Heilbronn. Logisch, dass nicht alles ohne Reibungsverluste verlaufen konnte. Probleme bereitet dabei vor allem die Verinnerlichung des ganzheitlichen Beratungsansatzes als Garant für den langfristigen Markterfolg des Unternehmens. Bewusst – oder unbewusst – konzentrieren sich viele Berater auch weiterhin auf den reinen Produktverkauf. Das Training am Arbeitsplatz erfährt eine sehr differenzierte Akzeptanz und wird nicht von allen Beratern mitgetragen. Ein nicht unerheblicher Teil ruft keinen Trainer ab, führt dadurch keine begleiteten Beratungsgespräche und verschließt sich somit diesem innovativen Weg. Hier ist also noch sehr viel Überzeugungsarbeit zu leisten.

Im Umfeld des Trainings am Arbeitsplatz wurde der Selbstverantwortung des Mitarbeiters eine zentrale Rolle zuerkannt. In den Workshops und im Training am Arbeitsplatz wurden neue Wege beschritten. Da jedoch längst nicht alle die Selbstverantwortung entsprechend leben, ist die Frage zu stellen: Wo liegen die Grenzen der Selbstverantwortung eines Mitarbeiters für das Unternehmen, das schließlich die Pflicht und das Recht hat, die bestmögliche Entwicklung seines Verkäuferpotenzials nicht nur zu fördern, sondern auch zu fordern?

Ein weiteres zentrales Thema war die Positionierung der internen und externen Trainer im Spannungsfeld der formulierten Auftragslage. Die Trainer wurden und werden von Seiten der Mitarbeiter mit den unterschiedlichen Erwartungen konfrontiert und sollen oft Rollen übernehmen, die die Grenzen des üblichen Trainings am Arbeitsplatz überschreiten.

Ausblick in die Zukunft

Das im Umfeld der privaten finanziellen Vorsorge eingeführte zukunftsweisende Training am Arbeitsplatz wird von der Sparkasse Heilbronn. fortgeführt. Verändern erfordert Geduld, bedeutet aber auch weiterhin verantworten: Die Selbstverantwortung der Mitarbeiter bleibt zentraler Dreh- und Angelpunkt der Personalentwicklung. Um jedoch gleichzeitig die Vertriebsziele zu berücksichtigen, vereinbaren die Führungskräfte in ihren Ziel- und Entwicklungsgesprächen die Nutzung des Trainings am Arbeitsplatz mit jedem Berater. Selbstverantwortung lebt der Berater durch eigenständiges Abrufen der Trainer. Schwerpunkt wird dabei weiterhin das Begleiten von Vorsorgegesprächen sein. Jedoch wird den Mitarbeitern auch die Möglichkeit eingeräumt, Trainer zu Gesprächen aus anderen Themenfeldern anzufordern. Der Berater entscheidet über die Anzahl und das Kundenpotenzial seiner zu begleitenden Gespräche.

Die Führungskraft ist der Personalentwickler Nummer 1; regelmäßig findet daher mit den Mitarbeitern ein Reflexionsgespräch statt. Zu hoffen ist, dass auch die Skeptischen künftig durch positive Erlebnisse verstärkt Trainer für Kundengespräche anfordern. Nicht zuletzt fördert der Mitarbeiter damit effektiv seine eigene Persönlichkeitsentwicklung. Der Prozesserfolg ist stark von den in den Feedback- und Reflexionsgesprächen vermittelten Eindrücken zum Training am Arbeitsplatz abhängig.

Das Training am Arbeitsplatz soll in Zukunft verstärkt durch interne Trainer abgedeckt werden. Neben den Trainern der PE-Abteilung werden Trainer aus dem Kreis der Kundenberater herangebildet. Die Kombination aus Erfahrung und Praxis stärkt die Authentizität und Akzeptanz der Mitarbeiterbegleitung.

WERNER KRAHL/PETER DREHER/ HEIKE DREIßIGACKER/MARKUS RÖßLER

Customer Relationship Management

Ängste vor CRM fordern von Trainern Konsequenzen

Customer-Relationship-Management-Systeme (CRM) unterstützen Unternehmen, ihre Kundenstrukturen transparent zu machen. Damit zerstören sie aber gleichzeitig eine traditionelle Domäne, wenn nicht sogar einen Teil der Existenzgrundlage des klassischen Außendienst-Mitarbeiters im Vertrieb. Das sollte Verkaufstrainer eigentlich alarmieren: Sie müssen sich schleunigst intellektuell mit dieser Situation auseinander setzen, selbst neue Fähigkeiten entwickeln und andere Schwerpunkte oder Methoden in ihren Trainings bilden.

Thesen: Die Einführung von CRM-Systemen
- absorbiert einen hohen Teil der Aufmerksamkeit und Konzentrationsfähigkeit der Vertriebsleitung und der Außendienstmitarbeiter,
- zwingt deshalb auch Trainer, sich mit diesen Systemen auseinander zu setzen und ihren Einsatz im Rahmen der strategischen Unternehmensführung zu begreifen,
- setzt das strategische und operative Trägheitsmoment von Unternehmen herab mit der Folge immer häufigerer Richtungswechsel, Neustrukturierungen und vermehrt angebotener operativer Kundenbindungsmaßnahmen,
- bedeutet insgesamt schließlich einen erheblichen Unruhefaktor für den Außendienst und reduziert seine (bislang „ungestörte") Verkaufszeit und gleichzeitig die Zeit für Verkaufstrainings,
- beschert Verkaufstrainern zunehmend Moderations- und Troubleshooter-Aufgaben, für die im Unternehmen keine Zeit und kaum noch Know-how vorhanden ist.
Und darum geht es: Customer Relationship Management Systeme (oder auch -Software) integrieren die Vertriebs-, Marketing- und Service-Softwarelösungen innerhalb eines ganzheitlichen Datenverarbeitungssystems des Unternehmens. CRM-Systeme sind eine Weiterentwicklung der Softwarelösungen, die unter diesen Kürzeln bekannt sind:
- CAS (Computer Aided Selling),
- VIS (Vertriebssteuerungs- und Informationssysteme),
- SFA (Sales Force Automation; in USA gebräuchliche Beschreibung).

Während die Systeme in der Anfangszeit (CAS, VIS) meist nur innerhalb der Vertriebsabteilungen eingesetzt waren (Kundendatenbank, Außendienst-Notebooks, Berichtswesen und Analysen), geht der Trend mittlerweile im Rahmen umfassender Kundenbetreuungs- und -bindungsmaßnahmen (CRM) zu einer Integration von Vertriebs-, Marketing- und Servicelösungen in einem System. Der Vorteil hierbei: eine einheitliche und umfassende Informationsbasis in Sachen Kundenansprache und Kundenkontakt.

Vorteile für den Außendienst

■ **Besuchsvorbereitung:** Informationen über aktuelle Orders, Konditionen, Reklamationen und andere Interaktionen seines Kunden mit Mitarbeitern in der Zentrale.

Claus von Kutzschenbach, Jahrgang 49, Diplomvolkswirt, Gründer und Herausgeber von „SALES PROFI – das Magazin für Verkauf und Vertrieb". Seine Schwerpunkte als Unternehmensberater und Coach: Beratung in vertriebsorientierten Prozessen (Strategie, Führungs- und Vertriebsorganisation, Key-Account-Management, CRM-Implementation). Claus von Kutzschenbach ist Mitglied im BDVT, Associated with INSIGHTS International, Gründungsgesellschafter der Internet Vertriebstraining.de GmbH und Autor des Buchs „Souverän führen", Gabler Verlag, Wiesbaden 1999.

Coach-the-Coach!
Strategie und Kommunikationsberatung
Wilhelminenstraße 1
65193 Wiesbaden
Tel. (06 11) 52 37 20
Fax (06 11) 5 90 05 32
E-Mail: coach-the-coach@t-online.de
Internet: www.coach-the-coach.de

■ **Produkte, Preise, andere Infos:** elektronische Aktualisierung (Intranet) mit der Möglichkeit, aktuelle Präsentationen vor Ort bei den Kunden durchzuführen.

■ **Produktpräsentation:** interaktive Multimedia-Präsentationen auf dem Notebook.

■ **Auftragserfassung, Kalkulation, Produktverfügbarkeit, Lieferzeit:** direkt vor Ort beim Kunden möglich mit Zugriff auf die betriebsinterne Software.

■ **Besuchsberichte:** „Einspeisung" direkt ins System und anschließende Zugriffsmöglichkeit darauf von allen angeschlossenen Abteilungen (Call Center, Marketing, Service).

Vorteile für das Unternehmen

■ **Informationsvorsprung:** Mehr gesicherte Informationen in der strategischen Planung, aber auch bei operativen Maßnahmen (reicht vom Cash-flow bis hin zu Maßnahmen im Marketing und Produktdesign).

■ **Risikoabschätzung:** Möglichkeit zum besseren Abschätzen des Risikos bei strategischen Richtungsänderungen.

■ **Flexibilität:** Bessere Potenzialeinschätzung und somit mehr Möglichkeiten zur flexiblen Optimierung der Vertriebskonzeption und Vertriebsorganisation (Gebietsaufteilung, Einführung von Key-Account-Management).

■ **Kundenbindung:** Entwicklung von gezielten und kontrollierten Kundenbindungsprogrammen für über CRM-Arbeit klassifizierte Kunden.

■ **Leistungsbewertung:** Basis für individuelle Zielvorgaben und Leistungsbewertung für einzelne Außendienstmitarbeiter bis hin zur täglich aktuellen, detaillierten Gesprächsvorgabe und Routenplanung.

Mit zunehmender Transparenz der Kundenstrukturen wird also auch die Leistung des einzelnen Außendienstmitarbeiters transparent. Und das nicht nur für den Vertriebsleiter, sondern im äußersten Fall auch für alle, die an das jeweilige System angeschlossen sind. Zudem müssen Außendienstarbeiter damit rechnen, dass ihr Tagesablauf täglich neu vom Innendienst (Call Center) verplant wird, und zwar minutiös.

Eindeutig: CRM löst Ängste aus

Eigentlich klingt alles einleuchtend und erhöht, wenn es denn funktioniert, die Leistung des Außendienstes erheblich. Allerdings werden in diesem technokratisch perfekten Zusammenhang emotionale Befindlichkeiten bei den betroffenen Außendienstmitarbeitern – und möglicherweise beim Kunden – übersehen, beziehungsweise nicht berücksichtigt:

■ **Verlorenes Monopol tut weh:** Der Außendienstmitarbeiter verliert gegenüber dem Unternehmen einen Teil seiner Monopolstellung als Schnittstelle zum Kunden (vor allem dann, wenn parallel Internet und E-Commerce eingeführt werden). Die intime Kundenkenntnis, die Kundenkartei, war bislang eine Art Lebensversicherung des Außendiensts, das machte – neben dem Verkaufen-können – den eigentlichen Wert seiner Existenz für das Unternehmen aus. Die Offenlegung und Transparenz seiner Kundendaten empfindet er möglicherweise als herben Besitzstandsverlust.

■ **Verlust der Freiheit:** Der Außendienstmitarbeiter verliert Freiheitsgrade in der Planung seines Geschäfts bis hin zur freien Wahl von Terminen und der Routenplanung (und vielleicht ist er ja wegen dieser Freiheiten in den Außendienst gegangen).

■ **Hoher Erklärungsnotstand:** Der Außendienstmitarbeiter muss mehr strategisch denken und vorgehen. Waren bisher die gewachsenen und gepflegten Beziehungen zu seinen Stammkunden seine wichtigste Orientierungslinie, kann es nun sein, dass sich das Unternehmen aufgrund der größeren Transparenz über Kundenstrukturen zu neuen Strategien entschließt. Beispielsweise die exklusive Vertriebsschiene über Fachhändler aufzugeben und den Vertrieb zusätzlich für Verbrauchermärkte (und Internet) zu öffnen. Das bedeutet für den Außendienstler einen hohen Erklärungsnotstand gegenüber

seinen „treuen" Fachhandelskunden bis hin zu existenziellen Ängsten:

➡ Was tun, wenn mich meine treuen Fachhandelskunden fallen lassen und ich bei den neuen Kunden in der ersten Zeit zu wenig Umsatz generiere?

➡ Bisher war ich bei den Fachhandelskunden ein willkommener und durchaus hofierter Experte für exklusive Produkte; im Verbrauchermarkt will niemand etwas von meinem Know-how wissen; degeneriere ich zum Regalauffüller?

Mit diesen Ängsten und mit dieser Befindlichkeit schlagen sich derzeit viele Außendienstmitarbeiter herum – und das wächst sich zunehmend auch zu einem Problem der Vertriebsleiter aus. Akzeptanzbarrieren gegenüber den CRM-Systemen und Bedienungsfehler („ungewollte Sabotage"?) ließen nach Beobachtungen von Experten in den vergangenen Jahren weit mehr als die Hälfte aller CRM-Projekte noch vor der vollständigen Implementation scheitern!

Die Befürchtungen traditioneller Außendienstmitarbeiter vor CRM sind real. Gleichzeitig isolieren sich ängstliche Außendienstler immer mehr und mutieren zu einer aussterbenden Spezies. Um so mehr, da Innendienstler diese Ängste selten nachvollziehen können. Im Gegenteil: Sie werden durch CRM-Systeme in ihrer Tätigkeit und in ihrer Wichtigkeit für das Unternehmen eher aufgewertet.

Neue Aufgaben für Trainer

Die Konsequenzen für das Training sind evident: Es gilt vor allem, diese emotionale Schieflage aufzufangen und Angst zu nehmen. Durch massive Befürchtungen oder Akzeptanzbarrieren blockierte Mitarbeiter sind nicht aufnahmefähig – gefordert ist ein subtiler persönlicher Einsatz von Trainern, die um die Problematik wissen und sich gleichzeitig weder von der (ungeduldigen) Unternehmensführung noch von (beleidigten) Seminarteilnehmern emotional vereinnahmen lassen.

Während einerseits immer mehr klassische Trainingsleistungen auf

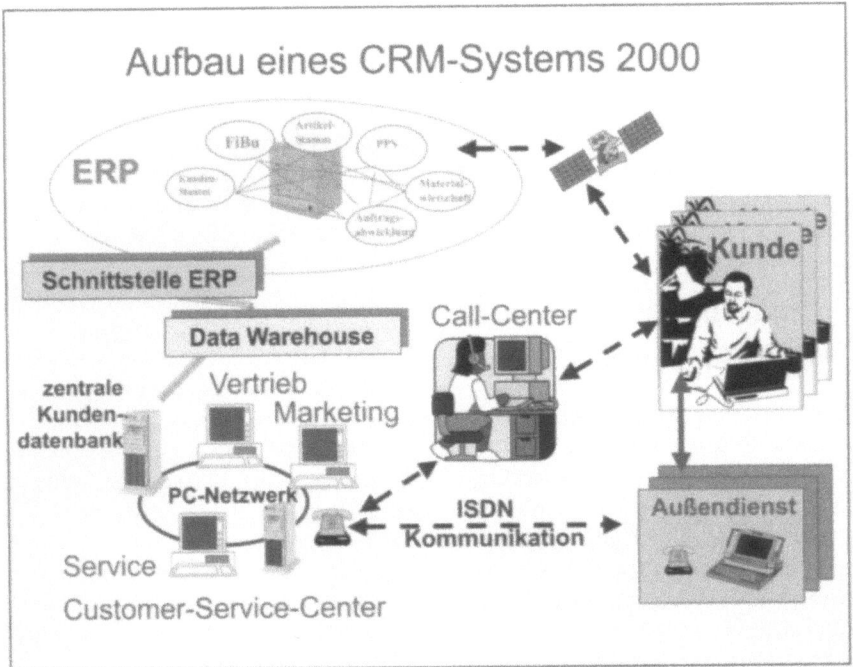

Aufbau eines CRM-Systems 2000

elektronische Medien und ihre schier unbegrenzten Möglichkeiten übertragen werden, entwickelt sich in Verbindung mit CRM-Implementationen ein immer größerer Bedarf an sensibler, aber auch zielführender Moderation durch externe Trainer und Coaches, um die neuen Aufgaben und die neue Rolle des Außendiensts zu vermitteln und parallel zur Unternehmens-/Vertriebsführung neue Orientierungslinien aufzuzeigen. Von Unternehmen werden danach Mitarbeiter im Außendienst gebraucht,

→ die nach wie vor verkaufen und sicher abschließen können,

→ die sich blitzschnell emotionslos auf neue Situationen einstellen, die vom Unternehmen selbst ausgelöst werden (neue Strategie), aus veränderten Situationen beim Kunden resultieren (geänderte Strategie dort) oder aus veränderten Rahmenbedingungen (neue Technologie, neue Gesetze etc.) entstehen,

→ die trotz emotional guter und lange gewachsener Beziehungen zum Kunden in der Lage sind, diese Beziehungen strategisch sauber zu analysieren, dabei zwischen gesicherten Fakten und persönlichen Einschätzungen und Hoffnungen unterscheiden und gegebenenfalls gute Beziehungen auch abbrechen oder auf ein anderes Niveau zurückstufen,

→ die über allem eine hohe Disziplin in den geforderten Abläufen einhalten und die neuen Technologien sicher anwenden und

→ die trotz allem emotional ausgeglichen, freundlich und mit hoher Fachkompetenz beim Kunden auftreten.

Die Rolle des Außendienstmitarbeiters wandelt sich von der des operativen Umsatzbringers mit hohen Freiheitsgraden in die eines disziplinierten und gleichzeitig flexibel einsetzbaren Erfüllungsgehilfens des Unternehmens, der wesentlich enger an das Unternehmen gebunden ist und neben der zwingenden Umsatzpflicht zusätzlich analytische Aufgaben kühl und distanziert wie ein Manager durchführen kann.

Training: Neues Selbstverständnis entwickeln

Zwischen der traditionell verstandenen Rolle des Außendienstlers und der neuen Funktion für das Unternehmen gibt es eine Anpassungslücke, in der Trainer eine gute und wirksame Hilfestellung anbieten können und müssen. Und was für die Vertriebsmitarbeiter gilt, das gilt in weit stärkerem Maß für die Trainer selbst. Um das zu verinnerlichen, müssen Trainer heute in der Lage

sein, die internen Abläufe im Unternehmen – gerade in Bezug auf die CRM-Einführung – zu begreifen, zu erkennen und dabei mit Ihrem Knowhow über psychologische Hürden auch der Unternehmensführung/Vertriebsleitung beratend zur Seite zu stehen. Das funktioniert allerdings nur dann, wenn Trainer heute über ihre Kernkompetenz – menschliches Verhalten zu erkennen und Veränderungsprozesse einleiten und trainieren zu können – auch intime Kenntnis über die strategischen und operativen Notwendigkeiten von Unternehmen in globalen Märkten haben. Und dann begreifen Trainer auch, warum Unternehmen heute weit weniger Zeit haben (und zur Verfügung stellen können), um ihre Außendienstmitarbeiter für den Einsatz beim Kunden fit zu machen.

Wenn vor wenigen Jahren Trainer noch ihre psychologisch und pädagogisch fein ausgeklügelten Konzepte anbieten konnten und am Jahresbeginn bereits ausgebucht waren mit Trainingsprogrammen über fünf, zehn oder gar zwanzig Tage pro Mitarbeiter, so reduziert sich das heute auf vielleicht drei – und in diesen drei Tagen muss das geleistet werden, was früher in einem Zehntageskonzept vermittelt worden ist. Die anderen Tage werden gebraucht für den Umgang mit neuen Medien, für immer häufigere Präsenz auf Messen, für Präsentationen und Kundenbindungsprogramme.

Klar: Der CRM-Einsatz (ver-)führt das Unternehmen zu wesentlich mehr strategisch und vom Unternehmen gesteuerten Aktionen beim Kunden, als es in der Zeit der Unwissenheit (vor CRM) der Fall war. Für das individuelle Verkaufen und entsprechend für das intensive und konzentrierte Training steht objektiv weniger Zeit zur Verfügung.

Schocktherapie statt Selbsterfahrung

Das heißt für Trainer oft, Abschied zu nehmen von umfangreichen Konzepten. Es bedeutet Reduktion auf Fragmente und erfordert – neben der nach wie vor unabdingbaren Methodenkompetenz – hohes Improvisationstalent ohne Schnörkel und Selbstverliebtheiten. War es früher noch möglich, Seminarteilnehmer behutsam auf eine kreative Gedankenreise mit zu nehmen und sie am Ende mit einem hohen Selbsterkenntniswert geläutert zu verabschieden, ist der Trainer – wenn er seine Aufgabe im Sinne des Unternehmens und der Teilnehmer ernst nimmt – heute oftmals gezwungen, in der Kürze der Zeit zur Schocktherapie mit der kalten Dusche zu greifen und als einzig versöhnliche Geste den Teilnehmern noch das Handtuch zu reichen, bevor es für sie wieder an die Kundenfront zurückgeht. Statt der freundlichen Win-win-Philosophie geht es heute zunehmend um die Situation „Friß Vogel – oder stirb". Man mag es bedauern, aber die Zeitläufte entwickeln sich so, auch in der oft noch abgeschlossenen „heilen" Trainingswelt.

Verschärft wird das Ganze durch Troubleshooting-Aufgaben, denen sich der Trainer plötzlich gegenüber sieht. Denn oft werden im Seminar plötzlich die Fragen gestellt, die die Seminarteilnehmer wirklich bedrücken: zur Unternehmenspolitik, zur CRM-Problematik. Der externe Trainer wird als Ventil, als Ansprechpartner und als Problemlöser angesprochen. Geht der Trainer nicht darauf ein, blockieren die Teilnehmer emotional im Seminar. Denn, so ihre trotzig-berechtigte Einstellung: „Was soll noch ein Verkaufstraining, wenn ich mit CRM sowieso meine besten Kunden verliere oder sie nicht mehr so betreuen kann, wie ich es für richtig halte?" Geht der Trainer jedoch auf die deutlich spürbare emotionale Schieflage ohne Hintergrund-Knowhow und eigenes Wissen um die CRM-Problematik ein, läuft er Gefahr, unabsichtlich für die eine oder andere Seite Partei zu ergreifen – und wird entweder unglaubwürdig oder zum Psycho-Mülleimer. Einziger Lösungsweg: Wenn der Trainer kompetent in Sachen CRM und strategischer Unternehmensführung neutral und glaubwürdig ohne Hilfestellung durch das Unternehmen vermitteln kann, worum es geht und exakt vor diesem Hintergrund und fokussiert auf diese Situation hin Training anbietet. Wer

dann allerdings an seinem fein ausgearbeiteten Trainerleitfaden hängenbleibt und nicht in der Lage ist, aus seinem Konzept fragmentarisch und mit hohem Improvisationsgeschick die wesentlichen Elemente herauszuarbeiten und anzubieten, kann als Trainer einpacken.

Problemlösend: Workshop und Training

Noch mehr als die Verkäufer müssen sich die Trainer umstellen können. Noch mehr als die Außendienstmitarbeiter müssen die Trainer Abschied nehmen können von lieb gewordenen und erprobten Konzepten, Abläufen und Spielen. Stattdessen sollten sie darauf zielen, ihre Schützlinge im Seminar schneller für die geänderten Anforderungen fit zu machen. Im direkten Zusammenhang mit der CRM-Einführung sind – das haben die Erfahrungen der letzten Jahre gezeigt – Mischformen und Variationen zwischen Vortrag, Workshop und Training eine ideale Vorgehensweise, um Unternehmen und ihre Mitarbeiter zu unterstützen, die neuen Systeme mit dem geringstmöglichen Reibungsverlust einzuführen. Ein solches Implementationskonzept aus Sicht des Verkaufstrainings besteht beispielsweise aus folgenden Elementen:

▪ **Vortrag** (in Zusammenarbeit mit Unternehmensführung): Zusammenhang zwischen Vision, Strategie und operativem Geschäft, Unterscheidungsmerkmale, Rahmenbedingungen und Aufgaben des Unternehmens, Strategie des Unternehmens, Übernahme der Unternehmensstrategie in ein Konzept des „strategischen Verkaufens".

▪ **Vortrag, Präsentation** (optimal in Kooperation mit einem CRM-Anbieter): Möglichkeiten und effektives Arbeiten mit CRM-Systemen (ohne Training im Handling der Systeme – das sollte dem CRM-Anbieter überlassen bleiben; eine Hospitanz des Trainers ist empfehlenswert).

▪ **Workshop:** Umsetzung der Vorgaben des Unternehmens in ein strategisches Verkaufskonzept, Klassifizieren der Kunden exakt nach gegenwärtigen und zukunftsorientierten

Erfordernissen der Unternehmensstrategie und -entwicklung (nicht mehr nach A-, B- oder C-Kunden – das ist im Zeitalter des CRM-Einsatzes ein Auslaufmodell), externe Kommunikationsstrategie gegenüber Kunden, Arbeitsteilung und Kommunikationsstrategie mit dem Innendienst, CRM-Nutzenargumentation.

▪ **Training:** Umsetzung der Workshop-Ergebnisse in die Alltags- und Verkaufspraxis, zusätzlich Vertiefungs- oder Auffrischungstraining in den Bereichen, wo aufgrund der technischen und strategischen Umstellung vermutlich der größte Engpass und die höchste persönliche Betroffenheit bestehen:

➡ Selbstmanagement: (Selbstbewusstsein, emotionale Balance, Ziel-Prioritäten finden und setzen),

➡ Entscheidungstechniken,

➡ Gesprächsführung unter besonderer Beachtung der Fragetechnik bei Themen, die nicht direkt etwas mit den angebotenen Produkten oder Leistungen zu tun haben (in betriebswirtschaftlichen und strategischen Bereichen).

Natürlich: Die klassischen Elemente des Verkaufstrainings werden bleiben und müssen bleiben. Denn nach wie vor brauchen Unternehmer Verkäufer, die im direkten Verhandeln mit Kunden Umsatz generieren und die Leistungen des Unternehmens im persönlichen Einsatz ihren Kunden verkaufen. Ändern wird sich vor dem Hintergrund des CRM-Einsatzes lediglich die Gewichtung (das reine Verkaufstraining allein genügt nicht mehr, gleichzeitig stehen dafür weniger Zeit und Geld zur Verfügung) und die im Training zu berücksichtigende Erkenntnis, dass der Verkäufer vor Ort via CRM und den damit verbundenen Möglichkeiten eine erhebliche Entlastung (positiv gesehen) oder eine massive Konkurrenz (defensiv aus altem Rollenverständnis heraus betrachtet) aus dem eigenen Haus erhalten hat. Und besonders hier hat der Trainer als Coach auch weit in die Zukunft hinein seine Aufgabe und Existenzberechtigung – trotz oder gerade wegen der Überführung der klassischen Verkaufstrainings auf die neuen Medien.

CLAUS VON KUTZSCHENBACH

Personalentwicklung am Point of Sale in drei Stufen

Markt- und kundenorientierte Personalentwicklung als Marketinginstrument am Point of Sale – für dieses Trainingskonzept wurde die TOP GmbH 1999 mit dem Deutschen Trainingspreis in Gold durch den Berufsverband Deutscher Verkaufsförderer und Trainer ausgezeichnet. Dahinter verbirgt sich eine umfangreiche Drei-Stufen-Strategie mit dem Fünf-Stufen-Modell eines Customer Focus-Prozesses. Führungskräfte wurden frühzeitig in die Steuerung des Prozesses einbezogen. Rolf Karges stellt hier vor, wie er sein Trainingskonzept in die Tat umsetzte.

Als Gründe für die Auszeichnung des Trainingskonzeptes der TOP GmbH nannte der BDVT seinerzeit vier Gründe:

1. Das Konzept wurde in drei Unternehmen gleichzeitig eingesetzt, um möglichst repräsentative Vergleichsdaten zu erhalten.

2. Die Kunden und Mitarbeiter wurden gleichermaßen durch verschiedene Evaluierungsmaßnahmen in den Change-Management-Prozess einbezogen.

3. Am Point of Sale wurde gezieltes Coaching praktiziert, so dass sich das Lernfeld aus dem klassischen Seminarraum auf die Verkaufsfläche verlegte (hagebaumärkte).

4. Es wurde systematisch eine kunden- und dienstleistungsorientierte Arbeitskultur aufgebaut.

Wissen über Kunden als Ausgangspunkt

Kunden werden heute noch weitgehend als anonyme Konsumenten behandelt. Ihre Ansprüche und ihr Konsumverhalten werden selten systematisch erforscht. Künftig muss es darum gehen, das Wissen über den Markt und den einzelnen Kunden zum Ausgangspunkt aller Aktivitäten werden zu lassen.

Wird ein Vertriebsmanager gefragt, was Personalentwicklung konkret bringt, so sind selten eindeutige Aussagen zu erhalten. Und manchmal dominiert sogar die äußerst kühne Einschätzung, dass Personalentwicklung keinerlei spürbare Verbesserungen bringe. Personalentwickler äußern ebenfalls sehr häufig, dass „man Bildung eigentlich nicht so ohne weiteres messen könne". Außerdem sei eher von einer langfristigen Wirkung auszugehen. Die meisten Unternehmen trennen aus unterschiedlichen Gründen nach wie vor sehr deutlich zwischen dem Bereich, in dem etwas für die Qualifikation der Mitarbeiter getan wird, und dem Bereich, in dem „das Geld verdient" wird. Die Personalentwicklung konzentriert sich im Wesentlichen auf die Bereiche Aus- und Weiterbildung, Fach- und Führungsseminare, Leistungsbeurteilung und Karriereplanung. Ort des Lernens ist in der Regel der Seminarraum. Die Quellen des Wissens sind Curricula, Fachliteratur, sogenannte „Schulen" und das Expertenwissen der Referenten und Trainer.

Auf der Ebene Marketing und Vertrieb, wo das operative Geschäft mit seiner Wertschöpfung stattfindet, werden Marketing-Konzepte und kommunikative Leitideen entwickelt und die Kultur des Unternehmens vorangebracht. Der Nachteil ist, dass Kunden und Mitarbeiter diese Konzepte aber oft erst am Point of Sale kennen lernen. Und die Folge davon

Rolf Karges ist Geschäftsführer der TOP GmbH und Certified Management Consultant (BDU). Der Diplom-Pädagoge und Master of Marketing (Universität Basel) ist aus- und fortgebildet in Gestalt, Transaktionsanalyse und NLP. Die Schwerpunkte der TOP GmbH in Saarbrücken sind unter anderem: externes und internes Marketingmanagement, Einkaufen und Verkaufen, Teamentwicklung sowie Coaching für Führungskräfte.

TOP Trainings-, Organisations- und
Personalentwicklungsgesellschaft mbH
Rolf Karges
Pestelstraße 2
66119 Saarbrücken
Tel. (06 81) 9 54 54-0, Fax 9 54 54-54
Internet: www.top-saarbruecken.de

ist: Die Mitarbeiter können und wollen die Konzepte nicht wirklich umsetzen – und auch die Kunden glauben nicht wirklich daran.

Drei Schritte, ein Ziel: „geld-werter" Nutzen

Eine markt- und kundenorientierte Personalentwicklung impliziert, dass der Input für Inhalte und Design von Qualifizierungsmaßnahmen zunehmend mehr von dem Markt und den Kunden selbst kommen muss. Dies wirft natürlich die Frage auf, wie die Nutzenerwartungen und Bedürfnisse der Kunden ermittelt und wie daraus Personalentwicklungsmaßnahmen abgeleitet werden können. Außerdem stellt sich die Frage, wie Mitarbeiter und Führungskräfte befähigt werden können, die Schlüsselkompetenzen für ein kundenorientiertes Leistungsprofil aufzubauen.

Externes Marketing und Personalentwicklung werden künftig gleichermaßen ein Ziel verfolgen müssen: einen Nutzen für den Kunden zu er-

zeugen, der dem Kunden „geld-wert" ist und damit eine Preisbereitschaft erzeugt. Realisiert wird dies im Rahmen eines dreistufigen Konzeptes, nämlich über die Erstellung
➡ eines Marketing-Konzeptes,
➡ eines Human-Resources-Konzeptes,
➡ eines Operations-Konzeptes.

Erste Stufe: Marketingkonzept

Die erste Stufe ist aufgegliedert in ein externes und ein internes Konzept. Bei der externen Variante werden die Erwartungen der Kunden ermittelt und daraus Leistungen für das ganze Unternehmen abgeleitet. Das langfristige Ziel dabei ist zum einen die Kundenbindung und zum anderen ein komparativer Konkurrenzvorteil mit den Attributen „wahrnehmbar", „wichtig" und „dauerhaft".

Dem externen Marketing steht das interne Marketing gegenüber. Internes Marketing umfasst die interne Kommunikation der externen Marketingstrategien und den Aufbau eines

internen Marketing-Spirits. Damit ist jedoch viel mehr gemeint, als nur ein „Marketingverständnis". Die Mitarbeiter sollen sich künftig mit der Marketingstrategie identifizieren. Die Personalentwicklung wird gebrieft und erhält so Inhalt und Schwerpunkte, die es zu vermitteln gilt.

Zweite Stufe: Human-Resources-Konzept

Diese Stufe umfasst die Faktoren
➡ Auswahl,
➡ Qualifikation,
➡ Motivation und
➡ Bindung der Mitarbeiter.
Als wichtigste Ziele sind deshalb zu nennen:
1. Steigerung des Wissens über den Kunden und die Entwicklungen im Markt.
2. Steigerung der Handlungskompetenz und der Problemlösungsfähigkeit von einzelnen Mitarbeitern und ganzen Teams.
3. Steigerung der Mitarbeiterzufriedenheit, um Motivation für Verände-

---

Integration von Marketing- und PE-Maßnahmen im Handel

1. Marketing-Konzept

Externes Marketing
❑ Die angebotenen Leistungen entsprechen den Erwartungen der Kunden
❑ Ziel: – Kundenbindung
   – Komparativer Konkurrenzvorteil (wahrnehmbar, wichtig, dauerhaft)

Internes Marketing
❑ Interne Kommunikation der externen Marketingstrategien
❑ Aufbau eines internen Marketing-Spirits
❑ Briefing der Personalentwicklung

2. Human Resources-Konzept

❑ Auswahl, Qualifikation, Motivation, Bindung von Führungskräften und Mitarbeitern
❑ Ziel: Kundenzufriedenheit und Unternehmenseffektivität

3. Operations-Konzept

❑ Entwicklung von Durchsetzungsstrategien und -techniken
❑ Ziel: Einhaltung von Qualitätsstandards
❑ Operations-Training für den Leistungserstellungsprozess (alle beteiligten Führungskräfte und Mitarbeiter)

Erfolg

---

rungen und exzellente Leistungen für den Kunden aufzubauen.

4. Hilfe zur Selbsthilfe.

5. Initiativkraftentwicklung und Selbstorganisation von Teams.

Die Zielorientierung liegt allerdings nicht alleine in der Kundenzufriedenheit, sondern auch in der Berücksichtigung ökonomischer Faktoren wie der Unternehmenseffektivität.

Dritte Stufe: Organisationskonzept

Das Ziel hierbei ist die Einhaltung von Qualitätsstandards. Über die Entwicklung von Durchsetzungsstrategien und -techniken und im Rahmen eines Operationstrainings der Führungskräfte und Mitarbeiter am Arbeitsplatz wirkt die Personalentwicklung unmittelbar bei der Umsetzung von Marketingkonzepten und kommunikativen Leitideen mit.

Führungskräfte und Mitarbeiter erarbeiten gemeinsam, wie vor Ort am jeweiligen Standort Kundenorientierung und Dienstleistungsbereitschaft aufgebaut werden. Dabei erfahren beide Seiten ein völlig neues Verständnis von Führen und Lernen. Einmal unter dem Aspekt, dass Lernen nicht eine Aktion für außerhalb oder später einmal, sondern Auftrag gegenüber dem Kunden ist und zum anderen, dass dieser Auftrag auch bedeutet, Mitarbeitern beim lebenslangen Lernen auch lebenslang zur Seite zu stehen.

Erst am Schluss dieses Integrationskonzeptes steht der Faktor Erfolg, der über die Prozessbegleitung und das Training der Personalentwicklung sowie durch den Einsatz und die Leistung der Mitarbeiter zustande gekommen ist.

Personalentwickler und Trainer inszenieren lernende Beziehungen zwischen Mitarbeitern und Kunden und übernehmen somit innerhalb des operativen Geschäfts eine wichtige Rolle im gesamten Wertschöpfungsprozess. Die Aktivitäten sollten dabei durchaus auf bewährten Methoden und Strategien basieren, wobei der Wechsel vom Seminarraum auf die Fläche – Operationstraining versus Classroom-Training – Voraussetzung

für den Erfolg des Kundenbindungsprozesses ist. Wenn das funktioniert, steht Kundenorientierung nicht mehr nur als Idee auf dem Papier, sondern wird zur gelebten Praxis.

Anforderung an alle Mitarbeiter

Kundenorientierung heißt, im gesamten Unternehmen und auf allen Ebenen aus der Perspektive der Kunden zu denken und zu handeln. Dies kann auch dazu führen, dass die gesamte Aufbau- und Ablauforganisation stärker auf den Kunden ausgerichtet werden muss. Für die Implementierung haben sich folgende Faktoren als hilfreich erwiesen:

➡ Das Management verpflichtet sich zu aktivem Vorleben und aktiver Mitwirkung an der Umsetzung.

➡ Es besteht eine klare Definition von Prozessinhalten, -beteiligten und -budgetierungen.

➡ Prozessverantwortliche sind teamfähige und abteilungsübergreifend denkende Führungkräfte, Trainer und unabhängige externe Berater.

➡ Es gibt eine professionelle Führung der Projekte mit klaren Zielen, fixen Terminen, eindeutigen Verantwortlichkeiten und klar definiertem Berichtswesen.

➡ Es wird eine aktive Einbindung aller interessierten Mitarbeiter in die Entwicklung und Umsetzung von Maßnahmenplänen verfolgt.

➡ Veränderungen müssen messbar und für alle Beteiligten transparent gemacht werden; die Entwicklung wird somit überschaubar und ermöglicht eine planvolle Steuerung.

Customer-Focus-Prozess in fünf Phasen

Um Kundenorientierung als dauerhaftes Differenzierungsmerkmal mit Hilfe von Personalentwicklungskonzepten zu implementieren, muss sie als permanenter Prozess im Unternehmen weiterentwickelt werden. Externe Trainer und Berater unterstützen das Management dabei, Traditionen, lieb gewordene Routinen und Gepflogenheiten der Führungskräfte und Mitarbeiter durch Change-Management-Prozesse hin zu mehr Kundenorientierung systematisch zu ersetzen. Sie bieten professionelle methodische Hilfen zur Selbsthilfe.

■ **Phase I:** Hier wird eine Kundenbefragung durchgeführt mit dem Ziel, Schwachstellen und Defizite bezüglich folgender Punkte herauszufinden:

➡ Verfügbarkeit von Ansprechpartnern,

5-Phasen-Modell des Customer-Focus-Prozesses

Das 5-Phasen-Modell des Customer-Focus-Prozesses

Prozessverantwortung

1. Kundenbefragung

2. Startworkshops
– Wie sehen uns unsere Kunden?
– Zieldefinition – Was wollen wir erreichen?

3. Interventionen am POS
– Training und Coaching am POS
– Der Trainer als Libero

4. Kundenbefragung

5. Qualitätssicherung und weitere Schritte

Trainer/Berater

Führungskräfte und Mitarbeiter

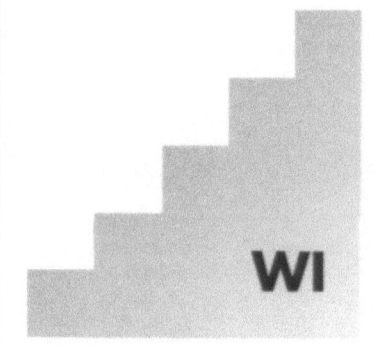
➥ Dienstleistungsbereitschaft der Verkaufsmitarbeiter,
➥ Freundlichkeit der Mitarbeiter,
➥ Beratungsqualität der Mitarbeiter,
➥ Preis-Leistungs-Verhältnis,
➥ Reklamationsbearbeitung und Beschwerdemanagement sowie
➥ einzelne Sortimentsbereiche.

■ **Phase II:** In Startworkshops wird den Führungskräften und Mitarbeitern das Ergebnis der Kundenbefragung präsentiert. Nach einer Analyse der Qualität der eigenen Leistungen im Sinne der Kundenwahrnehmung werden folgende Fragestellungen bearbeitet:

➥ In welchen Bereichen haben wir Verbesserungspotenziale?
➥ Welche Verbesserungen werden wir konkret umsetzen?
➥ Welche konkreten Maßnahmen ergreift wer bis wann?
➥ Wie werden wir uns gegenseitig unterstützen?
➥ Wie werden wir unseren Erfolg messen?

Ziel dieses Schrittes ist – neben einer konkreten Maßnahmenplanung –, alle Mitarbeiter in den Prozess zu integrieren und für Aufbruchstimmung und allgemeines Commitment zu sorgen. Zudem soll hier bereits aufgezeigt werden, dass die eigene Realität veränderbar ist.

■ **Phase III:** Hier folgen die konkreten Interventionen am Point of Sale. Lernfeld und Ort der Veränderungen sind die Verkaufsfläche selbst. Alle Trainings- und Coachingmaßnahmen finden im Berufsalltag auf der Verkaufsfläche statt. Der Trainer folgt dabei dem Modell „Vormachen, nachmachen lassen, Feedback geben". Die Mitarbeiter lernen so „on the job" die gewünschte Servicekultur kennen und können sie dadurch leichter in das eigene Verhaltensrepertoire integrieren. Im Coachinggespräch werden individuelle Verhaltensmuster reflektiert und ausgebaut sowie die persönliche Qualifikation verbessert.

Der Trainer und Berater arbeitet auch mit den Führungskräften an Themen wie Mitarbeiterführung, Personaleinsatzplanung, sinnvolle Aufgabenverteilung und Mitarbeiterentwicklung. Er übernimmt somit im Markt eine „Libero-Funktion", das heißt, er kennt und beherrscht alle Rollen (Verkäufer und Trainer, Coach und Führungskraft), entscheidet sich aber nur situativ für deren Übernahme. Voraussetzung dafür ist allerdings, dass der Trainer selbst kann, wovon er spricht! Der Trainer und Berater sorgt somit für Bewegung und Dynamik auf der Verkaufsfläche des Baumarktes und gewährleistet die Umsetzung der in den Startworkshops vereinbarten Aktivitäten. Das Thema Kundenorientierung wird dadurch über einen längeren Zeitraum im Markt penetriert und gerät somit nicht so leicht in den Hintergrund. Ziel dieser Phase ist, das Thema Kundenorientierung im Denken, Fühlen und Wollen der Mitarbeiter zu verankern und zur gelebten Realität werden zu lassen.

■ **Phase IV:** Hier stellt sich das Vertriebspersonal erneut einer Kundenbefragung und erhält konkrete Hinweise über Veränderungen bei der Erwartungserfüllung und Verbesserungen bei Beratungs- und Servicestandards.

■ **Phase V:** Im letzten Schritt entsteht ein Konzept zur Qualitätssicherung, und gegebenenfalls werden weitere Veränderungen erarbeitet, geplant und umgesetzt.

Emanzipation von externen Trainern

Prozessbegleitung und Coaching durch externe Trainer oder Berater darf keine „never ending story" werden. Coaching ist eine Begleitung auf Zeit und Hilfe zur Selbsthilfe. Das Prozessdesign muss deshalb so angelegt sein, dass in der ersten und zweiten Phase die Interventionen des externen Trainers und Beraters im Vordergrund stehen, aber im Verlaufe der dritten Phase die Steuerung des Prozesses zunehmend von den Führungskräften übernommen wird. Probleme sollen in erster Linie von den Führungskräften gelöst werden. Die externen Trainer beraten lediglich hinsichtlich der methodischen Vorgehensweise. So wird vermieden, dass die Notwendigkeit der Problemlösung auf die externen Trainer und Berater projiziert wird.

ROLF KARGES

TRENDS

Trainer als „Libero": Deutscher Trainings-Preis in Gold für die TOP GmbH

Kundenorientierung per Change-Management bei hagebau:

Kundenbefragung: Von Ende Juli 1997 bis Anfang August 1997 wurden in den hagebaumärkten in Iserlohn, Recklinghausen und Bergkamen jeweils Kundenbefragungen durchgeführt. Pro Durchgang wurden rund 100 Kunden befragt, die zufällig im Ausgangsbereich der Märkte ausgewählt wurden. Der dabei eingesetzte Fragebogen lehnt sich an das Deutsche Kundenbarometer 1995, ein anerkanntes Instrument zur Messung der Kundenzufriedenheit, an. Er wurde ergänzt um spezielle Fragestellungen der Auftraggeber und wissenschaftlich analysiert von Prof. Dr. Dieter Zimmer von der Hochschule für Technik und Wirtschaft des Saarlandes. Diese und auch die folgenden Kundenbefragungen erheben nicht den Anspruch auf Repräsentativität im wissenschaftlichen Sinne. Ziel der Befragungen war, eine Grundstimmung bei den Kunden der ausgewählten Baumärkte zu ermitteln und deren Veränderung zu dokumentieren.

Workshops: Aus den Befragungsergebnissen haben Führungskräfte und Mitarbeiter der hagebaumärkte sowie die Trainer der TOP GmbH gemeinsam in Workshops Maßnahmen und Vorgehensweisen zur nachhaltigen Steigerung der Kundenzufriedenheit entwickelt. Freundlichkeit und Dienstleistungsbereitschaft bei hagebau, einmal als betriebswirtschaftliches Instrument und zum anderen als Form einer erfolgreichen Verkäufer-Kunden-Beziehung, waren die beiden Faktoren, die den ökonomischen Stellenwert von kundenorientiertem Verkäuferverhalten als strategischem Wettbewerbsvorteil zur Standortprofilierung der drei hagebaumärkte verdeutlichen sollten.

Aktives Vorleben: Die Trainer/Berater der TOP GmbH arbeiteten in einem nächsten Schritt als Verkaufscoachs der Mitarbeiter und lebten ihnen in den Testmärkten gezielte Kundenansprache, vorbildlichen Service und Dienstleistungsbereitschaft aktiv vor. Auf diese Weise sollten die Mitarbeiter animiert werden, diesen Weg ebenfalls zu beschreiten, eigene Aktivitäten zu entwickeln und Kundenorientierung aktiv umzusetzen.

Veränderungsanalyse: Im Rahmen einer zweiten Kundenbefragung im Januar 1998 wurde analysiert, inwieweit sich bereits Veränderungen in der Kundenzufriedenheit ergeben haben. Anschließend erfolgte eine Befragung der Mitarbeiter der hagebaumärkte Recklinghausen und Bergkamen. Das Ziel dieser Befragung war, die subjektive Einschätzung der einzelnen Mitarbeiter hinsichtlich möglicher Veränderungen zu ermitteln.

Weitere Befragungen: Mit Beendigung des Projektes wurde in einer abschließenden Befragung Ende August 1998 das Maß der erreichten Veränderungen im Vergleich zu der zu Projektbeginn durchgeführten Befragung ermittelt. Im hagebaumarkt Iserlohn steht aufgrund der dort durchgeführten Umbaumaßnahmen noch eine Kundenbefragung aus. Die Kundenbefragungen werden im Verlaufe des Jahres 1999 wiederholt, um somit den dauerhaften Erfolg des Projektes zu analysieren bzw. Ansätze für eine langfristige Strategieentwicklung zu gewinnen.

Besonderheit des Projektes

Das Herausragende ist zum einen in der intensiven Einbindung der einzelnen Mitarbeiter bei der Zieldefinition, der Maßnahmendurchführung und der Erfolgskontrolle zu sehen und zum anderen darin, dass die Interventionen der Trainer in Form von praktischer Unterstützung der Mitarbeiter auf der Verkaufsfläche und in Kleingruppen-Workshops erfolgte und nicht im Rahmen von Schulungsmaßnahmen im klassischen Sinne. Außerdem wurden die Führungskräfte (vom Marktleiter bis zum Abteilungsverantwortlichen) von Beginn an aktiv in das Projekt eingebunden. Sie übernahmen während und vor allem nach Abschluss der Interventionen der externen Trainer/Berater die Rolle der Coaches ihrer Mitarbeiter.

Besondere Merkmale des Change-Management-Prozesses hin zu mehr Kundenorientierung bei hagebau:

- Intensive Einbindung der betroffenen Mitarbeiter bei Zieldefinition, Maßnahmendurchführung und Erfolgskontrolle; Kundenorientierung wurde als gemeinsame Vision aller Beteiligten entwickelt.

- Einbindung der Kunden in den Change-Management-Prozess mittels Kundenbefragung als sinnstiftendes Element für den Prozess und als Evaluationsinstrument für den Erfolg des Change-Management-Prozesses.

- Coaching am Point of Sale: Verlagerung des Lernfeldes aus dem Seminarraum auf die Verkaufsfläche der hagebaumärkte. Das Arbeitsumfeld der Mitarbeiter wird als Lernfeld genutzt.

- Trainer leben Kundenorientierung und Dienstleistungsbereitschaft aktiv vor: Trainer als „Libero".

- Langfristige Begleitung bei der Verankerung kundenorientierter Verhaltensweisen durch die Trainer/Berater.

- Stetig wachsende Übernahme der Prozessverantwortung durch Führungskräfte und Mitarbeiter.

- Emanzipation der Beteiligten vom externen Trainer/Berater durch systematischen Aufbau einer kunden- und dienstleistungsorientierten Arbeitskultur.

Berufsverband Deutscher Verkaufsförderer und Trainer e.V., Köln

Einzelkämpfer sind out – Netzwerke bündeln Kräfte

Lernen aus fremder Erfahrung – und das zum Nulltarif. Wer sich nicht auf Dauer als Einzelkämpfer mehr schlecht als recht durchs Trainerleben schlagen will, muss in Netzwerken die Stärken der „Teammitglieder" nutzen. Idealerweise überlappen sich die unterschiedlichen Fähigkeiten. Kooperation ist der Konkurrenz immer überlegen.

Von der Industriegesellschaft zur Informationsgesellschaft hin zur Wissensgesellschaft – der Wandel vollzieht sich immer rasanter. Insbesondere in der Wirtschaft operieren Unternehmen zunehmend global. Nationale Grenzen spielen so gut wie keine Rolle mehr. Angesagt ist, unter immer größerem Zeitdruck global zu denken und lokal zu handeln. Hierfür stehen DaimlerChrysler ebenso wie Coca-Cola und Bayer.

Durch diese rasanten Veränderungen werden auch die Anforderungen an Training und Beratung sowie angewandtes Marketing ständig und nachhaltig verändert. In der Zukunft wird der Einzelkämpfer immer weniger alle Anforderungen des Marktes abdecken können. Es wird zu Allianzen in temporärer Form beziehungsweise zu dauerhaften Verbindungen – in welcher Form auch immer – kommen. Der Faktor Zeit spielt dabei eine ganz entscheidende Rolle. In immer kürzerer Zeit müssen in Organisationen Veränderungen bewältigt werden, die ein Einzelkämpfer in der Regel nicht leisten kann. Ausnahmen wird es zukünftig nur geben können, wenn Persönlichkeiten die Top-Referenten in ihrem jeweiligen Angebotssegment (zum Beispiel Rhetorik und Körpersprache) sind.

Als ein großes Mega-Netzwerk ist auch der BDVT zu sehen. Hier findet ein reger Austausch zwischen den Mitgliedern auf der jährlich stattfindenden „Pro Sales" und dem Herbstcamp der Berufsgruppe der Selbstständigen im BDVT statt. Daneben agieren die Fachgruppen Training, Verkaufsförderung und in den Regionen unseres Landes die Regionalclubs mit ihren vielen Angeboten. Kurz: Der BDVT als Netzwerk bietet viele Plattformen für seine Mitglieder, um aktives Benchmarking für die eigene Weiterbildung zu betreiben.

Netzwerke – was steckt dahinter?

Ausgehend von einem Knotenpunkt bildet sich räumlich verteilt ein Verbindungssystem zum Austausch von Informationen zwischen Kommunikationspartnern. So werden Netzwerke und insbesondere Datennetze abstrakt beschrieben. Modelle zwischen einzelnen Trainern, Beratern und Verkaufsförderern sehen selbstverständlich etwas anders aus.

Ein Initiator kann aus Kapazitätsgründen den Bedarf eines Kunden nur mit mehreren Kollegen gleicher Ausrichtung zeitgerecht abwickeln. So entstehen zunächst temporäre Arbeitsgemeinschaften. Wachsen sie aufgrund positiver Erfahrungen bei der Abwicklung derartiger Aufträge zu langfristigen Arbeitsgemeinschaften zusammen, geben sie sich in der Regel einen übergeordneten Dachbegriff als Namen, ohne die eigene Einzelfirma aufzugeben. Wenn sie unter dem Dachbegriff auf dem Markt in Erscheinung treten und keine Gesellschaft im Sinne des Handelsrechts gegründet haben, agiert ihr Konstrukt als BGB-Gesellschaft gegenüber ihren Kunden. Da die Gesellschafter einer BGB-Gesellschaft unbeschränkt gegenüber ihren Kunden haften, ist es

Hartmut Höfer, Diplombetriebswirt, ist bei der Höfer & Partner Unternehmensberatung zuständig für die Analyse und Entwicklung zukunftsorientierter Marketing- und Vertriebskonzepte sowie deren Implementierung, verbunden mit allen Trainings- und Coachingmaßnahmen. Er ist Vorstandsmitglied der Südwest Akademie für Unternehmensentwicklung und unter anderem Mitglied in der Deutschen Marketingvereinigung Düsseldorf MC Südbaden, im Bund der Selbstständigen Baden-Württemberg und im BDVT.

Höfer & Partner Unternehmensberatung
Üsenbergerstraße 14
79341 Kenzingen
Tel. (0 76 44) 91 30 64
Fax (0 76 44) 91 30 65
E-Mail: info@hoefer-partner.de
Internet: www.sw.akademie.de

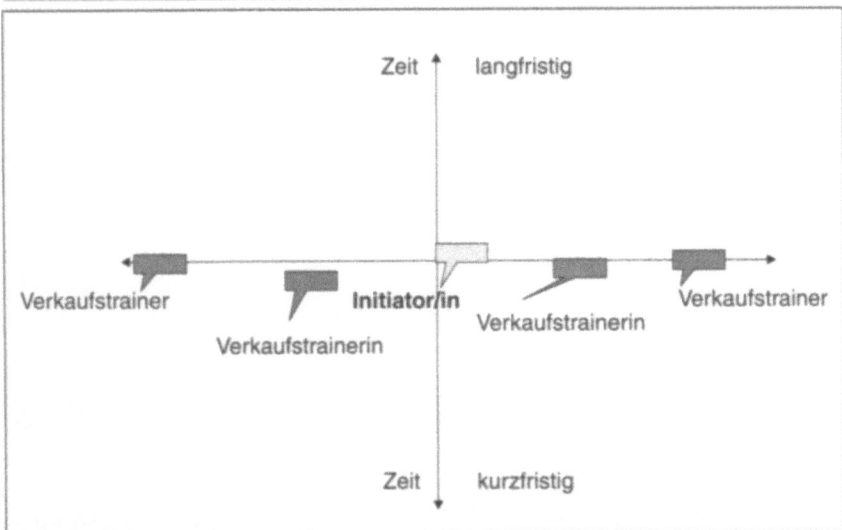

Eindimensionales Netzwerk

ratsam, die Haftung zu beschränken. Hier bietet sich der Zusatz GdBR mit Haftungsbeschränkung an. Laut Rechtsprechung muss der Zusatz ausgeschrieben werden. Dem möglichen Vertragspartner auf der Kundenseite muss deutlich visualisiert werden, dass die Haftung auf das Gesellschaftsvermögen beschränkt ist und nicht wie sonst üblich die Gesellschafter unbeschränkt haften.

Weitere Vorteile der BGB-Gesellschaft für den Start von Netzwerken sind die Freiheiten bei der Abfassung des Gesellschaftsvertrages im Gegensatz zu gesellschaftsrechtlichen Konstrukten, die dem HGB oder AktG unterliegen (KG, OHG, GmbH bis hin zur AG). Auch steuerrechtlich gelten für die zuletzt genannten Gesellschaftsformen umfangreichere Vorschriften, die beachtet werden müssen.

Alles aus einer Hand – Hilfe zur Selbsthilfe

Verstärkt werden heute ganzheitliche Lösungen in der Aus- und Weiterbildung in Verbindung mit Beratung und ofmals auch Marketing- und Vertriebsaufgaben nachgefragt. Die Kapazitäten und Ressourcen eines Einzelkämpfers sind dann schnell erschöpft. Heute wird immer wieder stärker von der Reduktion der Komplexität gesprochen. Lösen lassen sich idealerweise solche Aufgaben-

stellungen im Team mit Kollegen unterschiedlicher Schwerpunkte. Der USP (unique selling proposition) eines solchen Netzwerkes könnten lauten: „Alles aus einer Hand – und Hilfe zur Selbsthilfe". Jedes Mitglied in einem Netz sollte partiell auch die Sprache und Inhalte der anderen Teammitglieder verstehen. Lernen kann man beispielsweise durch interne Präsen-

tationen im Team über die Schwerpunkte eines jeden Netzwerkmitgliedes. Auch hier gilt Lernen aus fremder Erfahrung.

Auch der Einkauf von Leistungen, wie sie üblicherweise die Mitglieder des BDVT anbieten, hat sich stark gewandelt. Auf der Nachfrageseite begegnen wir verstärkt so genannten Buying-Centern, das heißt, wir haben es mit mehr als einem Gesprächspartner zu tun. Aus der eigenen Praxis wissen wir, wie gut Präsentationen mit drei bis vier Personen in wechselnden Rollen bei den potenziellen Auftraggebern ankommen. Geleistet werden können solche Auftritte allerdings nur, wenn ein Regieplan existiert und jeder des Teams in der Lage ist, den anderen Partnern die Bälle zuzuspielen.

Allerdings darf auch nicht verschwiegen werden, dass die Steuerung eines Netzwerkes klarer Regeln bedarf. Es funktioniert in der Regel nicht, wenn alle Häuptling spielen wollen und keiner zu den Indianern gezählt werden möchte. Partnerschaft ist eben nicht, „wenn der Partner schafft". Hier ist ein echter Teamentwicklungsprozess gefordert, der

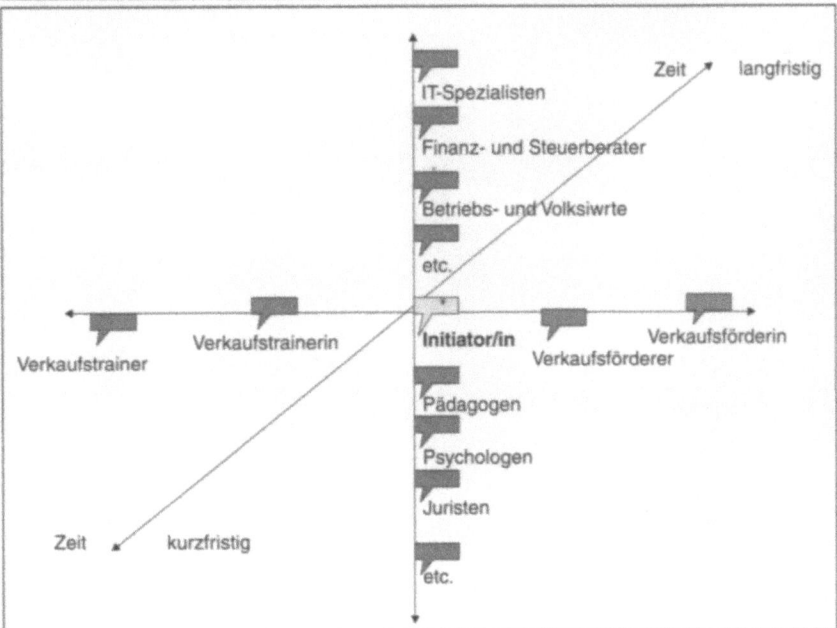

Mehrdimensionales Netzwerk

Idealerweise überlappen sich hierbei die Fähigkeiten der Teammitglieder wie in einem Venndiagramm (siehe nächste Seite).

idealerweise noch von einem außerhalb des Netzwerkes stehenden Coach begleitet wird.

Aufzulösen sind auch Ungereimtheiten hinsichtlich der eigenen Identität. Die Kunden wissen oftmals nicht, wen sie vor sich haben. Sprechen sie jetzt mit dem Netzwerk XY oder dem Einzelunternehmer? Verschiedene Visitenkarten helfen da in der Regel auch nicht weiter, im Gegenteil, sie verstärken die allgemeine Konfusion. Je besser Netzwerke funktionieren, desto eher werden als logische Konsequenz die Aktivitäten als Einzelunternehmer zu Gunsten des Netzwerkes zurückgefahren. Dann wird sicherlich auch irgendwann der Zeitpunkt kommen, um über gesellschaftsrechtliche Verschmelzungen nachzudenken.

Zusammengefasst: Netzwerke haben Zukunft! Sie ermöglichen die einmalige Chance zur Realisierung von Synergieeffekten – schließlich ist Kooperation der Konkurrenz immer überlegen.

HARTMUT HÖFER

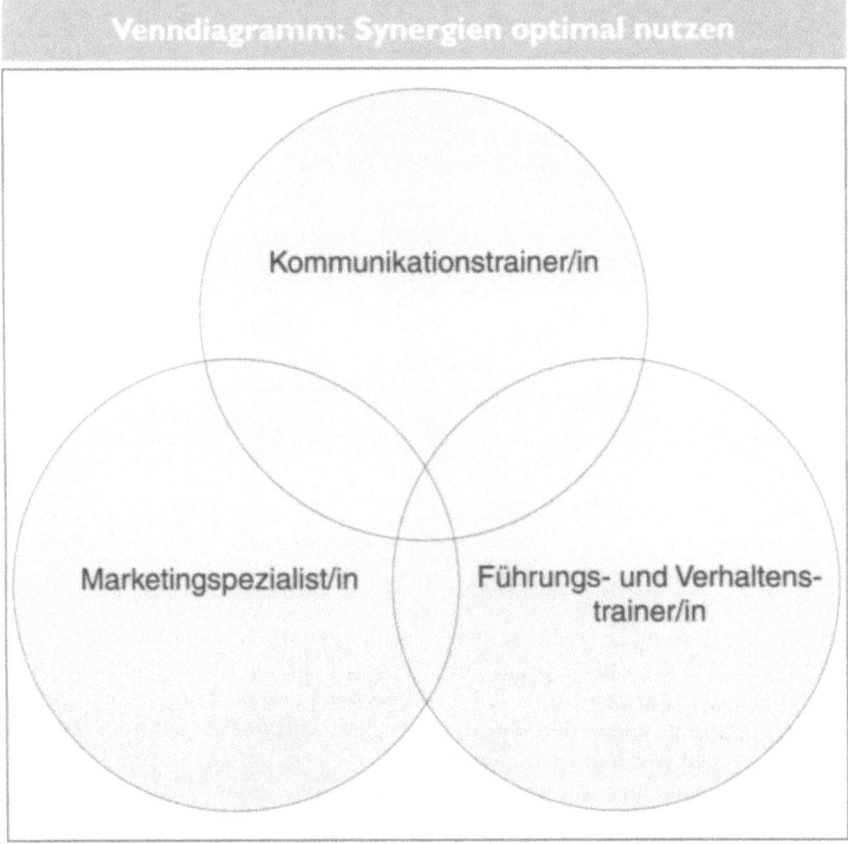

Venndiagramm: Synergien optimal nutzen

Kommunikationstrainer/in

Marketingspezialist/in

Führungs- und Verhaltenstrainer/in

Anforderungskriterien bei Schwäbisch Hall

W er als Trainer auch in Zukunft eine Chance in den Unternehmen haben will, muss weitreichende Kompetenzen vorweisen. Alleinunterhaltende Allrounder, die lediglich auf ihre Referenzen verweisen, sind out. Was zählt, sind Partner mit hoher Sozialkompetenz, Einfühlungsvermögen, fundierten Kenntnissen in Sachen neue Medien – und einem Nachweis der ständigen Qualifizierung durch eigene Weiterbildung. Als modellhaft kann das Anforderungsprofil der Bausparkasse Schwäbisch Hall AG gelten. Lesen Sie, nach welchen Kriterien hier Trainer ausgesucht werden und welche Rolle die Evaluation spielt.

Die Personalentwicklung muss sich auf eine beschleunigte Entwicklung und eine höhere Komplexität der Bedingungen in lebenswichtigen Feldern einstellen:

→ Kunden sind immer besser informiert,
→ Informationen nehmen zu und erfordern Bewältigungsstrategien,
→ Mitbewerber stellen sich auf den Marktführer ein und unternehmen personelle und strukturelle Anstrengungen,
→ Lebenszyklen der Produkte werden immer kürzer,
→ Produkte werden austauschbar,
→ die Bankenlandschaft als Kooperationspartner verändert sich nachhaltig,
→ EDV-/PC-Technik und neue Medien werden immer wichtiger,
→ erfolgreiche Mitarbeiter stellen immer stärkere Anforderungen an Unternehmen und Führung.

Mit den gestiegenen Anforderungen an die Mitarbeiter steigen auch die Anforderungen an die Personalentwicklung und an Trainingsanbieter. Neben organisatorischen Voraussetzungen im Vorfeld und während eines Trainings ist die Trainerqualität ein entscheidender Erfolgsfaktor. Dabei spielt es keine Rolle, ob es sich um Fach-, Verhaltens- oder um Führungstrainings handelt.

Bei Schwäbisch Hall haben sich in der Vergangenheit zwei Trainingskonzepte bewährt: Für fach- und vertriebspraktische Trainings werden Mitarbeiter in der Regel aus der eigenen Außendienstorganisation ausgewählt und qualifiziert, während die Entwicklung von Sozial- und Persönlichkeitskompetenzen in Kooperation mit dem konzerneigenen Tochterunternehmen Schwäbisch Hall GmbH (SHT) sowie anderen externen Trainingsunternehmen erfolgt.

Positive Referenzen reichen nicht mehr

Im Zuge der Auswahl von Trainingsanbietern hat die Bausparkasse Schwäbisch Hall AG klar definierte Anforderungskriterien festgelegt. Die Trainer nehmen im Entwicklungsprozess eine Schlüsselrolle ein. Daher liegt ein Schwerpunkt auf der Trainerauswahl. Positive Referenzen allein reichen dabei heutzutage nicht mehr aus. Trainingsunternehmen und Trainer werden zielgerichtet auf Grund des ermittelten Bedarfs ausgewählt. In einem Auswahlprozess, der sich an

 **Kurt Hocher** ist Vertriebsmanager Personalentwicklung bei der Bausparkasse Schwäbisch Hall AG. Der Bankfachwirt hat eine Trainerausbildung.

 **Tilo Föllinger** ist Diplomökonom und Personalreferent. Er betreut die Traineraus- und -weiterbildung bei der Bausparkasse Schwäbisch Hall AG.

Bausparkasse Schwäbisch Hall AG
Vertrieb Personalentwicklung
Crailsheimer Straße 52
74523 Schwäbisch Hall
Tel. (07 91) 46-63 98, Fax (07 91) 46-65 20
E-Mail: tilo_foellinger@schwaebisch-hall.de
Internet: www.schwaebisch-hall.de

➡ Referenzen,
➡ Erfahrungen,
➡ Angeboten,
➡ erlebten Trainingssequenzen und
➡ persönlichen Kontakten mit Trainern und Teilnehmern
orientiert, kristallisieren sich die in Frage kommenden Trainer beziehungsweise Trainingsunternehmen heraus. In einem weiteren Schritt werden die Idee und das Trainingsvorhaben näher abgestimmt:
➡ Definition des Trainingsauftrags,
➡ genaue Zielformulierung,
➡ klare Abgrenzung der Inhalte,
➡ Organisatorisches,
➡ Preisvereinbarung.
Danach erarbeitet der Trainingsanbieter ein Konzept, das die Anforderungen des Auftraggebers erfüllt. Im Anschluss wird der Auftrag mit dem Lösungsvorschlag abgeglichen. Bei Änderungen oder Ergänzungen des Trainingskonzepts erfolgt ein weiteres Re-Briefing. Der Auswahlprozess wird mit der Entscheidung über die Vergabe des Auftrags abgeschlossen.

Hohe Sozialkompetenz und Loyalität ein Muss

Bei der Durchführung der Trainings wird sowohl der Fachkompetenz als auch der Methodenkompetenz ein hoher Stellenwert beigemessen. Als entscheidendes Erfolgsmerkmal für das Training spielt die hohe Sozialkompetenz des Trainers eine immer stärkere Rolle. Neben der ständigen Aktualisierung und Erweiterung von Fachwissen wird auch der Einsatz neuer Medien immer wichtiger. Teilnehmeraktivierende Methoden und Instrumente, die den Trainer immer mehr in die Rolle eines Moderators beziehungsweise Lernberaters versetzen, sind für eine partnerschaftliche Beziehung zwischen Trainer und Teilnehmern entscheidend. Im prozessorientierten Training spielen zum Beispiel
➡ Einfühlungsvermögen,
➡ sensible Wahrnehmung und Steuerung gruppendynamischer Prozesse und
➡ die Fähigkeit, die Teilnehmer für das Thema zu begeistern,
eine bedeutende Rolle. Außerdem präferieren wir nach Möglichkeit das Prinzip „aus der Praxis, für die Praxis". Es hat sich als vorteilhaft erwiesen, wenn der Trainer Berufserfahrung in unserer Branche mitbringt. Außerdem fördert in der Regel eine permanente eigene Weiterbildung auch die Qualität der Trainer.

Unabdingbare Voraussetzung ist

Gütekriterien der Trainer-Ausbildung

Dieter A. Sonnenholzer

Was braucht ein guter Trainer, bevor er ein guter Trainer werden kann? Eine Ausbildung. Davon gibt es viele, wodurch sich die Entscheidung für eine bestimmte auf die Qual der Wahl reduziert: Welche ist für mich die beste?

Eine gute Ausbildung ist umfassend. Sie vermittelt nicht nur das notwendige methodisch-didaktische Rüstzeug. Denn damit allein ist am Bildungsmarkt kaum Erfolg zu erzielen. Die Selbstvermarktung ist der Engpass zum wirtschaftlichen Erfolg. Um am Markt zu bestehen, muss ein Trainer ein ordentliches Angebot schreiben, effektiv Akquise betreiben, eine reichweitenstarke PR unterhalten und sich prägnant positionieren können. Eine gute Ausbildung bietet diese überlebenswichtigen Inhalte.

Ein guter Ausbilder verfolgt einen ganzheitlichen Ansatz. Er macht den Trainer kompetent in jenen Gebieten, in denen er bei seinen Auftraggebern zum Einsatz kommen wird. Einfach nur Seminare abzuliefern, wird immer seltener verlangt. Der Trainer des dritten Jahrtausends muss seine Auftraggeber mit prozessorientiertem Denken in den Gebieten Management – Verkauf – Kommunikation unterstützen (können).

Wer als Trainer nur Training anbietet, hat es zunehmend schwer am Markt. Die Unternehmen fragen immer weniger Trainer und immer mehr Systempartner nach, die beratend an Problemstellungen im Unternehmen mitarbeiten können. Eine gute Ausbildung bereitet darauf vor.

Eine Trainer-Ausbildung ist wie eine Meister- oder Doktorarbeit: Sie verlangt kompetente und fortlaufende Betreuung der Teilnehmer. Deshalb ist wesentlich: Wer führt Ausbildung und Betreuung durch? Kocht hier der Chef?

Niemand lernt in zwei Tagen Golfspielen. Wochenend- und Wochenkurse überfordern die meisten Traineraspiranten, weil sie zu viel Wissen, Praxiserfahrung und Fertigkeiten voraussetzen. Ideal sind Ausbildungen, deren Blöcke im Intervall über mehrere Monate verteilt sind, damit das Gelernte in der Praxis erprobt und mit dem Ausbilder reflektiert werden kann.

Keiner der bedeutenden Trainer am Markt wurde durch ein Akronym, ein Kürzel, bekannt à la „ABC-Training". Eine gute Ausbildung baut kein uniformes Trainingssystem auf, sondern etabliert den Trainer über seine Persönlichkeit am Markt. Die Aufgabe lautet: Werde erfolgreich mit deinem eigenen Namen!

Zugleich ist eine gute Trainer-Ausbildung die perfekte Grundlage für erfolgreiche Führungsarbeit im Management. Schließlich sind Trainer Führungsprofis. Immer mehr Manager, die dies erkannt haben, lassen sich ausbilden.

Faktor Kosten: Hohe Ausbildungsgebühren sind kein Garant für hohe Ausbildungsqualität. Es gibt hervorragende Ausbildungen, die nicht die Hälfte dessen kosten, was Hochpreis-Anbieter verlangen.

Last but not least: Eine gute Trainer-Ausbildung trägt das BDVT-Gütesiegel für qualitätsgeprüfte Angebote – ein wesentliches Kriterium bei der Auswahl der richtigen Ausbildung.

Sonnenholzer Beratung/Plus Seminar
Gruber Straße 2
85551 Kirchheim/München
Tel. (0 89) 99 02 04 44 · Fax (0 89) 99 02 04 55
E-Mail: Sonnenholzer@Sonnenholzer.de
Internet: www.Sonnenholzer.de

---

die Loyalität und Zuverlässigkeit der Trainer bezüglich ihres Auftraggebers. Beides bildet das Fundament, um die angestrebten Trainingsziele auch erreichen zu können. Fehlen Loyalität und Zuverlässigkeit, wird das angestrebte Training zu einem Wagnis mit unkalkulierbarem Ausgang.

Evaluation zum Check des Trainers

Selbstverständlich muss der Erfolg einer Trainingsmaßnahme sorgfältig evaluiert werden, um den ökonomischen und qualitativen Anforderungen Rechnung zu tragen. Die Evaluation bei der Bausparkasse Schwäbisch Hall umfasst zum Beispiel
➡ Teilnahme an Pilottrainings,
➡ Auswertung und Analyse von Teilnehmerfeedbacks und ein
➡ persönliches Gespräch mit den Trainern.

Dieser Auswahl- und Evaluationsprozess wird für alle Trainingsunternehmen, auch für unser konzerneigenes Tochterunternehmen Schwäbisch Hall Training GmbH, durchgeführt.

Controlling mit Feedbackschleifen

Eine längerfristige Kooperation mit einem Trainingsunternehmen wird angestrebt, erfordert aber einen kontinuierlichen Abstimmungsprozess, um aktuelle Neuerungen kurzfristig in die Trainingskonzepte integrieren zu können. Ein Controlling in Form permanenter Feedbackschleifen stellt sicher, dass die Trainings keine Selbstläufer werden, sondern dass mit ihrer Hilfe die angestrebten Ziele erreicht werden.

Fazit: Positive Referenzen eines Trainingsanbieters reichen heute allein nicht mehr aus. Es ist vielmehr eine Kernaufgabe der Personalentwicklung, durch klare Definition des Auftrags und Absicherung der Trainingskompetenz die Voraussetzung für einen möglichen Trainingserfolg zu legen.

KURT HOCHER/TILO FÖLLINGER

Alte Trainer, neue Medien – diese Symbiose hat Zukunft

Gehören altgediente Trainer aufs Abstellgleis, weil sie sich nur zögerlich auf die neuen Medien einzustellen vermögen? Wohl kaum. Denn wer es versteht, einen sinnvollen Verbund in sein Training einzubauen, dem gehört auch als „Oldie" die Zukunft. Kein blinder Aktionismus ist angesagt, sondern vernünftiges Maßhalten. Alte Trainer und neue Medien – diese Symbiose hat Zukunft.

Pünktlich zum Eintritt in das neue Jahrtausend wird die mediale Revolution des Trainings lautstark prophezeiht und propagiert. Eine digitale Generation klopft an die Tür, und zwar mit Nachdruck. Die Net Kids sollen in einem noch nie da gewesenen Maße und Tempo Wirtschaft, Gesellschaft, Kultur, Kommunikation, ja selbst unsere Sprache verändern. Das virtuelle Zeitalter dämmert herauf – Multimedia dominiert. Hier wird nur noch geswitcht, gezappt, gespielt, virtuell kommuniziert, ja sogar gelebt. Aber mal Hand aufs Herz: Ist das noch wirkliches Leben?

Horrorszenario: Das Ende der „Oldies"?

Für uns als Trainerinnen und Trainer stellt sich natürlich die Frage, welche Auswirkungen diese Entwicklung auf unseren Beruf und unsere Tätigkeit hat. Zumal besonders für die älteren Trainer sofort Horrorszenarien, Anpassungszwänge und eine Weltuntergangsstimmung an die Wand gemalt werden. Forsch behauptet so mancher, altgediente Trainer hätten bei den neuen Entwicklungen keine Chance mehr, sie seien uneinsichtig und unflexibel. Und weiter: Wer nicht rasch auf den fahrenden Zug aufspringt, der wird glatt überrollt, den sortiert der Markt aus. Gemach, ge-

mach, so möchte man rufen. Hatten wir ähnliche Voraussagen und Entwicklungen in den letzten Jahrzehnten nicht schon häufig? Wie war denn das mit dem programmierten Lehren und Lernen – aus lauter Furcht vor der Zukunft habe ich Angsthase mich in den sechziger Jahren zeitaufwendig und teuer im Programmieren von Lerninhalten ausbilden lassen – was mir später – zugegeben – durchaus einiges gebracht hat. Was ist denn aus den Lernmaschinen geworden,

die den sicheren Tod des Trainers einläuten sollten? Und was aus dem audiovisuellen Lernen, dem Teletraining und der Telekonferenz?

Das persönliche Training im Kontakt von Mensch zu Mensch hat alle diese Stürme – meist waren es Stürme im Wasserglas – glänzend überlebt. Die Nachfrage nach Trainerleistungen ist eminent gestiegen; der Markt hat sich explosionsartig ausgeweitet. Die „alten Knochen" von Trainern, sofern sie noch arbeiten, sind überwiegend nach wie vor gut im Geschäft, die anderen genießen die Früchte ihrer Arbeit und betrachten die neue Medienrevolution genüßlich aus der Distanz. Zusammengefasst: Es wird auch diesmal nichts so heiß gegessen, wie es gekocht wird.

Dass wir uns richtig verstehen: Die Augen vor den kommenden Entwick-

Hans A. Hey ist Ehrenpräsident des BDVT Berufsverband Deutscher Verkaufsförderer und Trainer e. V., Köln, und Mitglied der Trainergruppe 8. Er ist seit 1969 selbstständiger Verkaufstrainer und hat somit langjährige Vertriebs- und Trainingspraxis. In langfristigen Personalentwicklungskonzeptionen betreut er führende deutsche Firmen, Verbände und Institutionen. Seine Aufgabenschwerpunkte: Personalentwicklung im Vertrieb, Leistungssteigerung im Verkauf, Persönlichkeitsentwicklung, Vermittlung professioneller Verkaufstechniken und positive Eigenmotivation.

Hans A. Hey ist Spezialist für praxisnahes, aufgabenbezogenes Verkaufstraining. Sämtliche Seminarthemen werden intensiv im Intervallsystem on the job trainiert. Er hat zahlreiche Buchbeiträge und Fachartikel veröffentlicht.

Hans A. Hey BDVT
Goerdelerstraße 126
74080 Heilbronn
Tel. (0 71 31) 4 56 59
Fax (0 71 31) 4 14 33

lungen zu verschließen, wäre blanke Dummheit. Auch für die Älteren gilt es, neue Trends rechtzeitig zu erkennen, sie anzunehmen, mit dem eigenen Erfahrungsschatz zu koordinieren und gezielt – maßvoll – umzusetzen. Insofern ist es auch richtig, wenn uns die Jüngeren wachrütteln und vor satter Selbstzufriedenheit und Stillstand warnen. Aber es ist genauso falsch, wenn die Jüngeren das Kind mit dem Bade ausschütten, kritiklos jede neue Modewelle übernehmen und Altbewährtes demontieren, nur weil es nun einmal chic ist, modern zu sein. Ich meine: Erfahrung und Fortschritt müssen sich sinnvoll ergänzen. Nur auf dem Fundament der Tradition kann die Zukunft sicher gebaut werden.

BDVT muss den Vorreiter spielen

Unser Berufsverband BDVT spielt eine entscheidende Rolle, er muss die neuen Herausforderungen akzeptieren. Und er hat die Federführung zu übernehmen, wie er es in der Vergangenheit immer getan hat. Besonders die gute Aufklärung und Arbeit der Berufsgruppe Selbstständige im BDVT hat dazu beigetragen, dass auch die ältere Trainergeneration heute Fax, E-Mail, Internet und diverse Datenbanken selbstverständlich einsetzt und in der Trainingsarbeit vielfältig nutzt.

Chancen der neuen Medien nutzen

Was wird sich also wirklich ändern? Weltweite Information über alle Trainings- und Weiterbildungsangebote wird problemlos möglich, der Interessent kann für seine Bedürfnisse gezielt auswählen, Lehrmethoden, Inhalte, Abläufe und Preise vergleichen. Kognitive Lerninhalte, wie zum Beispiel Fach- und Branchenwissen, können durch computerunterstütztes Lernen (CBT) weit aktueller, schneller, ökonomischer und bedarfsgerechter vermittelt werden. Durch Telekonferenzen und Business-TV können große Zielgruppen und regional verstreute Organisationen rasch informiert, stimuliert und motiviert werden.

Warum nicht mit Jüngeren kooperieren?

Wie sollten wir als Ältere uns also den neuen Herausforderungen stellen? Unser Trainerberuf fordert eine lebenslange Lernbereitschaft; diese müssen wir im Umgang mit den neuen Medien verstärkt unter Beweis stellen. Ohne Vorurteile sollten wir deshalb an die neuen Techniken herangehen, einen sinnvollen Verbund mit unseren bisherigen Trainingsinhalten schaffen und alle Möglichkeiten ausschöpfen, unsere Seminararbeit durch neue Impulse weiter zu optimieren. Wer dennoch seine Vorbehalte nicht überwinden kann, sollte versuchen, mit jüngeren Kollegen zu kooperieren. Diese können dann die Arbeit mit den neuen Medien schwerpunktmäßig übernehmen und die „alten Knochen" behutsam Schritt für Schritt in die Welt der Netzgesellschaft einführen. Am Rande sei erwähnt: Die Mitglieder, die in der Trainergruppe 8 mit mir kooperieren, schenkten mir einen Kurs zum Erwerb des Internet-Führerscheins.

Der Eintritt in das digitale Zeitalter darf also nicht durch Zukunftsängste erzwungen werden. Die Beschäftigung mit den faszinierenden neuen Techniken muss motivieren und Spaß machen. Wie die eingangs zitierte Net Kid-Generation sollten sich auch Senioren die Medienwelt der Zukunft spielerisch erschließen. Nicht der Generationenkonflikt, sondern ein fruchtbares Miteinander ist der Weg. Damit dies gelingt, müssen wir als die so genannte Eltern-Generation Flexibilität und Toleranz beweisen. Aller Fortschritt, der beschrieben wurde, erweitert die Möglichkeit, macht unseren Beruf farbiger, vielfältiger und moderner. Nutzen wir deshalb die Chancen, die uns das digitale Zeitalter bietet. Lassen wir aber niemals die Technik in unserer Trainingsarbeit dominieren: Der Mensch steht im Mittelpunkt, er ist und bleibt das Maß aller Dinge.

HANS A. HEY

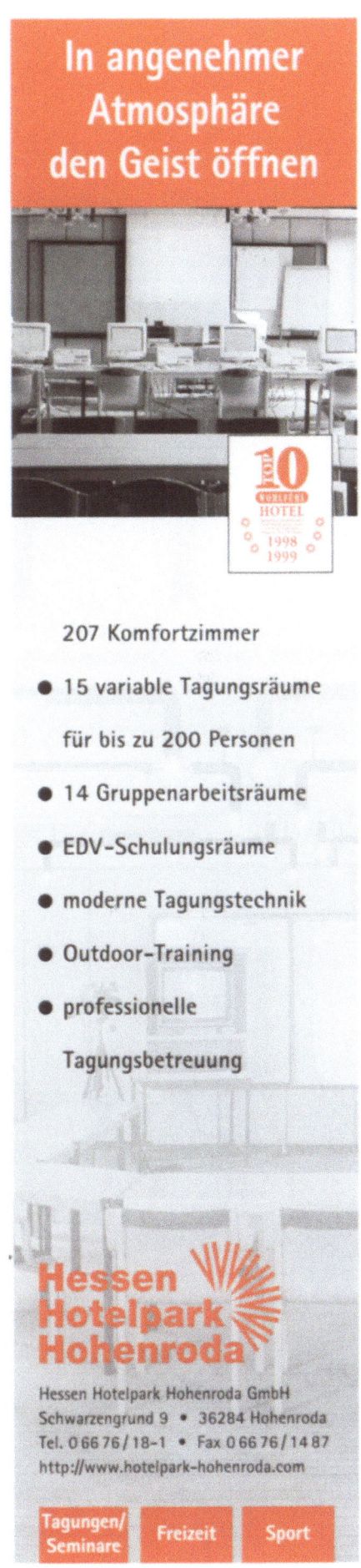

Know-how

Wer heute als Trainer erfolgreich sein möchte, muss sowohl fachliche als auch methodisch-strategische und vor allem soziale, persönliche und emotionale Kompetenz nachweisen können. Mit Training von der Stange sind Unternehmen und Teilnehmer nicht mehr zufrieden. Die folgenden Beiträge zeigen Weiterbildungsverantwortlichen in Unternehmen, was sie von modernem Seminardesign heute erwarten dürfen, und geben Trainern und Beratern Impulse, wie sie ihre individuellen Trainingskonzepte noch teilnehmerorientierter gestalten können.

Strategie planen und lustvoll lernen

Veränderungen, Flexibilität, lebenslanges Lernen – so lauten die Anforderungen der Zeit. Für viele von uns ein erdrückender Anspruch. Wenn wir ehrlich sind, müssen wir uns eingestehen, dass wir in vergangenen Lernsituationen allzu oft nichts sehnlicher herbeigewünscht haben, als diese lästige und unangenehme Lebensphase endlich abschließen zu können, damit das eigentliche Leben beginnen kann. Und nun steht man vor dem Dilemma, immer mehr Wissen in immer kürzerer Zeit verarbeiten zu müssen, um Schritt zu halten. Damit Ihnen das gelingt, sollten Sie wissen, welcher Lerntyp Sie sind. Lesen Sie hier, wie Sie zum erfolgreichen Manager Ihres Wissens werden.

zu ermöglichen. Welche Bedingungen müssen nun erfüllt sein, damit Lernen stressfrei, spielerisch und erfolgreich verläuft? Aus der Lernforschung und der jahrelangen Erfahrung von G.I.T. (Englisch-Intensivseminare auf Basis der Suggestopädie) ergeben sich die folgenden Voraussetzungen:

➡ individuelle (auf den Lerntyp bezogene) Strategie,
➡ geeignete Lernumgebung,
➡ ganzheitliche Lerntechniken,
➡ der Wille zum Erfolg und
➡ der Glaube an den eigenen Erfolg.

Vielleicht stehen auch Sie gerade jetzt wieder vor einer Lernsituation, die Sie eher bedrückend als freudvoll erleben. Und wenn ich Ihnen an dieser Stelle erkläre, dass sich sogar „Lernfrust" in „Lernlust" verwandeln lässt, werden Sie wahrscheinlich angesichts Ihrer bisherigen Lernerfahrungen eher ungläubig reagieren: „Lustvoll gelernt habe ich zuletzt während meiner Kindheit, als für mich Lernen, Leben und Spielen noch nicht getrennt waren. Außerdem hat es mir Spaß gemacht, zu surfen und Golf zu spielen oder Textverarbeitung am PC zu lernen." So oder ähnlich äußern sich meisten Menschen, wenn es um lustvolles und effizientes Lernen geht.

Dass wir Lernen ansonsten fast ausschließlich als unliebsame Pflichterfüllung auffassen, ist nicht verwunderlich. In unserem Bewusstsein ist Lernen mit „Disziplin", „Askese", „Pauken", „Blamage", „Prüfungsangst", „Bestrafung" und ähnlichen Negativbewertungen verbunden. Wir alle sind durch unsere „Lehranstalten" geprägt. Aber niemand ist schließlich gezwungen, Fehler zu

wiederholen! Wo so manche öffentliche Schule oder Universität versagt, sehen moderne Trainingsinstitute ihre Aufgabe: Lernkonzepte anzubieten, die es den Teilnehmern ermöglichen, in kürzester Zeit spielerisch und entspannt maximalen Lernerfolg

Von der Zieldefinition zur Lernstrategie

Vor kurzem fragte ein amerikanischer Psychologe eine bekannte Persönlichkeit, warum so wenig Menschen Erfolg haben, während die

Dieter Frantzen ist Mitbegründer und seit 14 Jahren Geschäftsführer von G.I.T. Seminare, Spezialist für ganzheitliches Englisch-Training. Mit seinen Intensivseminaren auf Basis der Suggestopädie ist G.I.T. Marktführer in Deutschland. Diesem ganzheitlichen Ansatz entsprechend entwickelt Dieter Frantzen Fremdsprachenseminare, führt Trainerworkshops durch und hält Vorträge vor Führungskräften der Industrie. 15 Jahre vorausgehender Schuldienst an der Hauptschule mit der Notwendigkeit, individuellen Lernbedürfnissen gerecht zu werden, boten ihm ein lebendiges Experimentierfeld, das entscheidende Impulse für gehirngerechte Lernkonzepte lieferte.

Dieter Frantzen
G.I.T.-Seminare GmbH & Co. KG
Siebenmorgen 45
51427 Bergisch Gladbach
Tel. (0 22 04) 92 65-0, Fax 6 88 20
Internet: www.GIT-Seminare.de
E-Mail: GIT-Seminare@t-online.de

große Masse sich eher treiben lässt. Seine Antwort war ganz einfach: „Jeder entscheidet sich selbst zwischen Misslingen und Erfolg; allerdings begreifen die meisten Menschen nicht, dass sie wählen müssen." Und er fügte hinzu, dass 95 Prozent der Menschen nicht die notwendige Strategie beherrschen, um erfolgreich zu sein.

Wenn zum Beispiel Spitzenmanager, Verkäufer, Astronauten oder auch Weltklasseathleten befragt werden, worin das Geheimnis ihres Erfolges liegt, so hören wir übereinstimmend, dass sie über die Fähigkeit verfügen, sich vergangene Erfolgserlebnisse immer wieder vor Augen zu führen, wenn es darauf ankommt. Aus dieser Erfahrung heraus schaffen Sie es, das neue Ziel zu visualisieren.

Die Zitronenübung für unser Gehirn

Wie weit reicht Ihre Vorstellungskraft? Trainieren Sie, um (noch) besser zu werden. Lassen Sie dazu Bilder auf sich wirken, nehmen Sie bewusst wahr. Machen Sie die „Zitronenübung (im Kasten auf dieser Seite). Und wenn Sie diese inneren Bilder wirklich so lebendig werden lassen, dass Auge, Ohr, Geruch, Geschmack und Gefühl beteiligt sind, dann wird die Reaktion nicht ausbleiben: Ihnen läuft das Wasser im Mund zusammen und Sie müssen schlucken. Wie kommt das?

Unser Gehirn erteilt die gleichen Aufträge, die es beim wirklichen Hineinbeißen erteilt hätte. Tatsächlich sind für unser Gehirn Wahrnehmung und Vorstellung praktisch dasselbe. Die moderne Hirnforschung hat bestätigen können, dass sich imaginierte Ereignisse ebenso stark in unser Hirn einprägen wie wirkliche Geschehnisse. Dem zentralen Nervensystem, das nicht zwischen Erlebtem und Vorgestelltem unterscheidet, ist es völlig egal, ob ein von ihm registriertes Bild der Außenwelt, der Innenwelt, der Vergangenheit, der Gegenwart oder der Zukunft angehört. Wer seine Zielvorstellung mit allen Sinnen belebt, der gewinnt Selbstvertrauen. Unbewusst richtet sich seine Wahrnehmung auf alles und jeden, der seine Zielerreichung unterstützt.

Stellen Sie sich vor: „Ich bin schon da!"

Von entscheidender Bedeutung für den Erfolg ist allerdings die Fähigkeit, sich selbst so im Ziel vorstellen zu können als wäre es schon wirklich erreicht. Nur, wenn wir wirklich in der Lage sind, alle wohltuenden Gefühle, die mit der Zielerreichung verbunden sind, schon in der Vorstellung als „Ist" zu erleben, können wir von der unbewussten Zielsteuerung profitieren. Denn nagender Zweifel („Ob ich es wirklich schaffen werde?") oder Unsicherheit („Hoffentlich erreiche ich mein Ziel!") tragen ebenso Früchte wie das Erlebnis des sicheren Erfolges. Sichern Sie sich Ihren Erfolg dadurch, dass Sie sich die inneren Filme immer wieder vorspielen. Gelegenheiten gibt es überall: im Fahrstuhl, in der U-Bahn, beim Joggen.

„Ich will, ich kann, ich glaube daran!"

Die gesamte Vorstellungskraft reicht allerdings nicht aus, wenn der „Glaube" an den Erfolg nicht von innen heraus Bestätigung findet. Nur, wenn wir spüren, dass die Zielvorstellung wirklich Begeisterung in uns auslöst, wird der Glaube zum Chemiker unseres Geistes. Denn die Begeisterung weckt alle positiven Kräfte. Und wenn Glaube und Gedanken zusammenfließen, dann senden sie Schwingungen aus, die durch das Unterbewusstsein aufgefangen und in ihren stofflichen Gegenwert umgesetzt werden.

Vertriebsspezialisten wissen: Der auf stabilem Selbstvertrauen gegründete Glaube an den Erfolg ist das einzig wirksame Mittel gegen den Misserfolg. Die beste Möglichkeit, den Glauben an sich selbst und die Zielerreichung zu entwickeln, besteht in der Rückbesinnung an eigene Erfolge, die durch persönlichen Einsatz und Selbstvertrauen zustande kamen. Beleben Sie in sich selbst wieder das Erfolgsgefühl „von damals", dann schaffen Sie einen sicheren Boden für die neue Etappe zum Ziel.

Ziel und Strategie konzentrieren Energie

Damit Sie ohne Umwege möglichst schnell und sicher zu Ihrem Lernziel gelangen, möchte ich Ihnen einen Strategieplan vorstellen, der einerseits die oben beschriebenen Voraussetzungen und andererseits lernmethodische Bedingungen berücksichtigt, um zielsicher und termingerecht den Lernerfolg zu sichern.

Wie die Vorstellungskraft zum Erfolgsfaktor wird

Mit einer einfachen Selbsterfahrung in Form einer Fantasiereise können Sie sich auf das Thema einstimmen. Die „Zitronenübung":

➡ Stellen Sie sich vor, Sie hielten eine Zitrone auf einer Anrichte in der linken Hand – spüren Sie die Beschaffenheit der Schale?

Schließen Sie für einige Momente die Augen. Lassen Sie das Bild auf sich wirken.

➡ Halbieren Sie nun die Zitrone mit einem Obstmesser – riechen Sie den Duft? Sehen Sie den Saft heraustropfen?

Schließen Sie für einige Momente die Augen. Lassen Sie das Bild auf sich wirken.

➡ Betrachten Sie jetzt die triefende Schnittkante!

Schließen Sie für einige Momente die Augen. Lassen Sie das Bild auf sich wirken.

➡ Öffnen Sie Ihren Mund, führen Sie die Zitronenhälfte zu Ihrem Mund! Beißen Sie herzhaft hinein! Und noch einmal!

Schließen Sie für einige Momente die Augen. Lassen Sie das Bild auf sich wirken.

Was spüren Sie?

Bevor Sie Ihre eigene Lernstrategie entwerfen, ist es von entscheidender Bedeutung, Ihre wirkliche Motivation zu prüfen. Denn nur, wenn in Ihnen wirklich ein „heißes Verlangen" brennt, das Ziel zu erreichen, werden Sie konsequent und konzentriert die Schritte Ihres Strategieplanes befolgen.

■ **Motivations-Check:** Welche persönliche Entwicklungschance liegt in meiner momentanen Qualifikationsaufgabe verborgen? Was bedeutet die Bewältigung meiner aktuellen Aufgabe für

➡ die Art und Qualität meiner Arbeit?
➡ meine materielle Sicherheit?
➡ Anerkennung und Selbstwert?
➡ meine innere Harmonie?
➡ meine privaten Beziehungen (Partnerschaft, Familie, Freunde)?
➡ meine Beziehungen innerhalb des Unternehmens (Chef, Partner, Kollegen, Vorgesetzte, Mitarbeiter)?

➡ meine Beziehungen zu Kontaktpersonen außerhalb des Unternehmens (Kunden, Lieferanten, Berater, Kooperationspartner)?

Wenn Ihr Motivationscheck zeigt, dass Ihr Ziel für Sie wirklich wertvoll und erstrebenswert ist, entwerfen Sie Ihre Lernstrategie entsprechend dem Muster im Kasten auf dieser Seite. Mit der Zielsetzung und der strategischen Planung haben Sie die wesentlichen Schritte getan.

Konsequenz wird aus Motivation geboren

Damit auch Sie bei Ihrer konkreten Lernaufgabe sicher Ihren Erfolg verbuchen können, zur Anregung einige ganzheitliche Lernimpulse:

■ **Verwandeln Sie Ihre Probleme in Wunschvorstellungen.** Anstatt sich unablässig zu sagen (zu entmutigen):

„Ich bin müde, ausgelaugt und erschöpft", formulieren Sie laut:

➡ „Ich wünsche mir etwas Erfrischung." (So wandelt sich Problemorientierung in Lösungsorientierung, und das Ziel erscheint wieder näher!)

■ **Bauen Sie skurrile Eselsbrücken.** Verbinden Sie alle abstrakten Begriffe und Definitionen mit fantasievollen gegenständlichen Vorstellungen. Um die Eindrücke unvergesslich zu machen, sollten Sie so viele Sinneswahrnehmungen in Ihre Fantasievorstellung mit einfließen lassen wie möglich. Vergessen Sie auch Ihr Gefühl nicht. Bauen Sie „Eselsbrücken" und übertreiben Sie in Ihrer Vorstellungsweise: Je absurder und skurriler Ihre Bilder sind, um so „merkwürdiger" sind sie.

■ **Geben Sie Laut.** Sprechen Sie alles, was Sie lernen, laut aus, sodass Sie Ihre eigene Stimme deutlich vernehmen können. Ihr Unterbewusstsein registriert nämlich diese Informationen als bekannt und zu Ihnen gehörig. So entsteht Vertrauen.

■ **Bringen Sie das Wesentliche zu Papier.** Schreiben Sie die Kernaussagen Ihrer Lernaufgabe (möglichst mit kleinen Skizzen versehen) in eine Übersicht, die Sie abends kurz vor dem Einschlafen und morgens kurz nach dem Aufwachen im Bett laut lesen. Einfacher als in diesen Phasen hoher Aufnahmefähigkeit kann man nicht lernen!

■ **Trauen Sie sich zu rappen.** Wenn Sie mutig sind, singen Sie Ihren Lerninhalt (ruhig als gregorianischer Choral, wenn es Ihnen Spaß macht) oder sprechen Sie ihn wenigstens rhythmisiert wie ein „Rapper". Den Lerneffekt kennen Sie aus der Werbung.

■ **Verfremden Sie.** Malen oder skribbeln Sie, was Sie aus dem Abstrakten in konkrete Bilder umgesetzt haben. Jeder Verfremdungseffekt ist „merkwürdig".

■ **Basteln Sie.** Gestalten Sie Lernposter mit Texten, Bildern, ausgeschnittenen Fotos oder Grafiken.

■ **Deponieren Sie Ihre Lernkarten in der Wohnung.** Schreiben Sie Begriffe und deren Definitionen auf Karten (Begriff auf die Vorderseite, Definition auf die Rückseite) und verteilen diese Karten an markanten Plätzen in

So kann Ihre persönliche Lernstrategie aussehen

Qualifikationsziel	Ich führe meine Präsentationen ohne schriftliches Konzept durch.
Hindernisse	Ich verfüge über keine Technik, die es mir ermöglicht, Fakten, Zahlen und Daten sicher im Gedächtnis zu speichern.
Beseitigung	Ich erarbeite mit Hilfe von Literatur zur Mnemotechnik Merkhilfen und trainiere deren Anwendung.
Persönliche Vorteile	Ich bin glaubwürdig und überzeugend bei meiner Präsentation.
Bereits verbuchte Resultate	Ich kenne Methoden zur aktiven Textverarbeitung in Schriftstücken.
Selbstansporn	Ich will, ich kann, ich glaube daran (Poster)
Beginn	7. Juli 2000
1. Teilziel	Auswählen der geeigneten Literatur
Enddatum	7. August 2000
2. Teilziel	Abstrakte Begriffe in bestimmter Reihenfolge einprägen, Kettenmethode lernen und übungsweise anwenden
Enddatum	7. September 2000
3. Teilziel	– Daten und Fakten Zahlenerfolge zuordnen: Kennwortsystem lernen und anwenden – Namensgedächtnis trainieren
Enddatum	7. Oktober 2000

Ihrer Wohnung. Prägen Sie sich ein, an welchem Ort welche Karte liegt. Gehen Sie dorthin und überlegen, ohne auf die Karte zu schauen, was dort liegt. Nachdem Sie sicher sind, drehen Sie die Karten am gleichen Ort um und prägen sich nun die zugehörige Definition bezogen auf Ort und Begriff ein (Loci-Technik).

■ **Üben Sie Pantomime.** Setzen Sie abstrakte Begriffe in Mimik und Gestik um. Gestalten Sie aus logischen Folgen eine entsprechende Pantomime und sprechen Sie jeweils laut dazu! Übertreiben Sie Mimik und Gestik wie ein stellungsloser Schauspieler, der ein Engagement sucht! Spielen Sie vor dem Spiegel, wenn Sie keinen Lernpartner haben!

■ **Hören Sie Musik.** Lassen Sie im Hintergrund unaufdringliche Musik laufen, die Ihre Stimmung positiv beeinflusst.

■ **Spielen Sie Dozent.** Prüfen Sie Ihr Wissen und Ihre Kenntnisse, indem Sie sich vorstellen, Sie seien der Dozent, der diesen Stoff unterrichtet. Noch besser ist es aber, die Zusammenhänge wirklich einer Person zu erklären, die sich in Ihrer Thematik noch nicht auskennt. Zur größeren Klarheit über seine Gedanken kommt man, indem man sie anderen klar zu machen versucht!

■ **Spüren Sie sich durch Ihren Körper.** Wichtig ist, Entspannungsphasen einzuplanen, in denen Sie sich entweder ausruhen oder sich durch eine völlig andere Tätigkeit von momentanen Problemen lösen. Dies ist besonders dann empfehlenswert, wenn Sie spüren, dass Sie gedanklich blockiert sind. Die einfachste Art der Entspannung besteht darin, die Aufmerksamkeit bewusst auf den Körper zu lenken und sich von den Zehenspitzen bis zu den Haarspitzen durch den Körper „hindurchzuspüren".

■ **„Streicheln" Sie sich nach Erfolgen** Belohnen Sie sich nach erfolgreich abgeschlossenen Lernschritten selbst! (Überlegen Sie bereits zu Beginn, wie die Belohnung aussehen soll!)

■ **Wichtig: Ohne regelmäßige Wiederholungen geht nichts.** Wählen Sie nun aus diesem Kurzangebot aus, was Ihnen am besten gefällt. Vergessen Sie nicht, verschiedene Varianten in einem Wiederholungsrhythmus einzuplanen. Denn praktisch anwendbar und auf Dauer verfügbar bleiben unsere Kenntnisse nur, wenn sie auf unterschiedliche Weise im Gehirn verankert und in größer werdenden Zeitabschnitten wiederholt worden sind.

DIETER FRANTZEN

Chancen und Risiken der Computerpräsentation

Die Digitaltechnik eröffnet neue Möglichkeiten, um Unternehmen, Produkte und Leistungsangebote überzeugend zu präsentieren. Der PC dient als integrierende Plattform. In Kombination mit leistungsfähigen Dataprojektoren kann der Präsentator animierte Texte und Schaubilder entwickeln, Einzel- und Bewegtbilder oder Audioclips einbinden und während der Präsentation online gehen, um Homepages aufzurufen oder zugeschaltete Personengruppen via Videokonferenz zu beteiligen. Dieser Beitrag zeigt Ihnen erfolgversprechende Wege, um Wirkungsgrad und Qualität elektronischer Präsentationen zu fördern. Sie erfahren auch, wie Sie die wichtigsten Fehler beim computergestützten Präsentieren vermeiden können.

Bedenken Sie bei der Wahl eines visuellen Hilfsmittels, dass jedes Medium Chancen, aber auch Risiken in sich birgt. Dies gilt für Tageslichtprojektor und Flip-Chart genauso wie für die elektronische Präsentation. Die folgenden Kriterien erleichtern Ihnen die Entscheidung für eine Computerpräsentation und helfen, Vorbereitung und Ablauf zu optimieren.

Chancen der Computerpräsentation

Die besonderen Vorteile elektronischer Präsentation liegen in der Verknüpfung multimedialer Informationsangebote, in der Nutzung von Internet und Intranet sowie in den Möglichkeiten zur Animation und Dynamik im Bildaufbau. Darüber hinaus kann ein professioneller Ablauf Ihr Image und Ihre Kompetenz aus Sicht des Kunden fördern. Schließlich eröffnen ergänzende Medien wie Copyboard oder Desktop-Video-Kamera eine Reihe zusätzlicher Optionen. Multimedia bezeichnet ein Informationsangebot, bei dem Text, Daten, Grafik, Video, Audio und sonstige Infos mit Computerhilfe integriert werden. Multimediale Optionen:

■ **Digitalbilder.** Mit einer digitalen Kamera können Sie kurzfristig Fotos in Ihre Präsentation einbinden und abstrakte Inhalte veranschaulichen. Beispiele: Highlights einer Werksbesichtigung, tagesaktuelle Fotos von Schadensfällen oder abfotografierte Flip-Chart-Anschriebe. Präsentationen lassen sich auch durch eingescannte Cartoons oder Bilder aus Prospekten oder Zeitungen auflockern.

■ **CD-ROM.** „Scheiben" mit multimedialen Firmen- und Produktinformationen kann der Präsentator flexibel in Kundenpräsentationen einbinden. Zudem gibt es eine Fülle von CD-ROMs mit standardisierten Cliparts, Aphorismen und Fotos.

■ **Digitalisierte Videos und Filmsequenzen.** Firmenbezogene Imagefilme gehören genauso dazu wie selbsterstellte Bewegtbilder aus Ihrem digitalen Camcorder bis hin zu fertigen Clips aus dem Internet. Digitalisierte Videosequenzen erfordern einen beträchtlichen Speicherbedarf. Für eine einminütige Video-Sequenz benötigen Sie gut zehn Mega-Byte Speicherplatz. Dieser lässt sich mit Hilfe leistungsfähiger Komprimierungsprogramme erheblich reduzieren.

■ **Virtuelle Realität.** Damit lassen sich prozesshafte Vorgänge, Produkte und andere komplexe Inhalte als computergestützte Animation oder Simulation visualisieren. Sie können dem Kunden die gewünschten Problemlösungen virtuell (künstlich) vor

Dr. Albert Thiele ist Geschäftsführer von Advanced Training Dr. Thiele & Partner. Die Unternehmensberatung ist seit 20 Jahren am Markt. Die Kernkompetenzen liegen in den Bereichen Präsentationstechniken, Rhetorik und Dialektik, TV-Training sowie Teamentwicklung und Verhandlungstechnik im Vertrieb. Albert Thiele ist darüber hinaus erfolgreicher Buchautor (Gabler Verlag, Wiesbaden).

Dr. Albert Thiele
Nievenheimer Str. 72
40221 Düsseldorf
Tel. (02 11) 15 46 88, Fax -15 19 95
E-Mail: Dr.Thiele@t-online.de; Internet: www.albertthiele.de

Augen führen, was dem Verständnis und der Überzeugungswirkung zugute kommt. Einige Anwendungen für virtuelle Darstellungen:

Computeranimationen erklären die Funktionsweise einer existierenden oder geplanten Maschine. Sie sollen den Ablauf eines Prozesses veranschaulichen. Der Teilnehmer bleibt mehr oder weniger passiv.

Computersimulationen bieten die Möglichkeit, auf das simulierte Modell selbst Einfluss zu nehmen. So kann man im Flugsimulator eigenständig das Fliegen bei schwieriger Wetterlage simulieren oder den Umgang mit kritischen Situationen trainieren. Leistungsfähige Simulationen wurden entwickelt, um das Fahrverhalten bei Kraftfahrzeugen zu erproben.

■ **Nutzung globaler Netze.** Im World Wide Web finden Sie zu fast allen Themen aktuelle Infos, Forschungsergebnisse, Abbildungen, Videos, Cliparts und die erwähnten Stimulanzien für Präsentationen (Vorsicht: Copyright-Gesetze!). Darüber hinaus können Sie die Infos nutzen, die Ihr Unternehmen Mitarbeitern im Intranet zur Verfügung stellt. Das globale Netz bietet die Chance, unternehmens- und angebotsrelevante Infos zentral, tagesaktuell, mehrsprachig und multimedial zu speichern und dem Vertrieb auf Knopfdruck überall auf der Welt verfügbar zu machen. Voraussetzung: leistungsfähiger Computer, Modem und Internet-Zugang.

Vertriebsrelevante Informationen (zum Beispiel über Produktinnovationen oder -modifikationen) lassen sich zentral zusammenstellen und in professionelle Powerpoint-Präsentationen umsetzen. Ziel: der Vertriebsmannschaft komplette Präsentationen, Hand-outs und Prospektmaterialien tagesaktuell und mehrsprachig weltweit zur Verfügung zu stellen.

■ **Animationen und Hyperlinks.** Diese Funktionen erleichtern es, die Aufmerksamkeit des Auditoriums zu lenken und aufrecht zu erhalten. Sie können eine Folie mit Text und bildhaften Objekten schrittweise aufbauen und dabei die Reihenfolge der Animationen festlegen. Zudem lassen sich die Übergänge von Folie zu Folie per Mausklick variieren. Aber: Überlagern Sie nicht die eigentliche

Botschaft Ihrer Präsentation durch zu viele Effekte oder Gleichförmigkeit.

Ein weiterer Vorteil liegt in der Hyperlink-Technik. Wenn Sie am Bildschirm präsentieren, gelangen Sie normalerweise durch Mausklick auf die nächste Bildschirmseite oder zur nächsten Animation. Mit interaktiven Links können Sie den aktuellen Präsentationspfad verlassen und das weitere Vorgehen an den Besonderheiten der betreffenden Situation ori-

zen, die die Innovativität und technologischen Kompetenz des Unternehmens unterstreichen. Ein guter Auftritt zeigt sich zudem im Layout. Dies können Sie mit Hilfe einer Master-Folie ohne Mühe einheitlich gestalten. Hierbei definieren Sie Schriftart und -größe, Farbgestaltung, Logo-Platzierung und die übrigen Vorgaben der Corporate Identity. Alle Festlegungen des Masters können Sie per Mausklick auf Ihre Bildschirmpräsentation

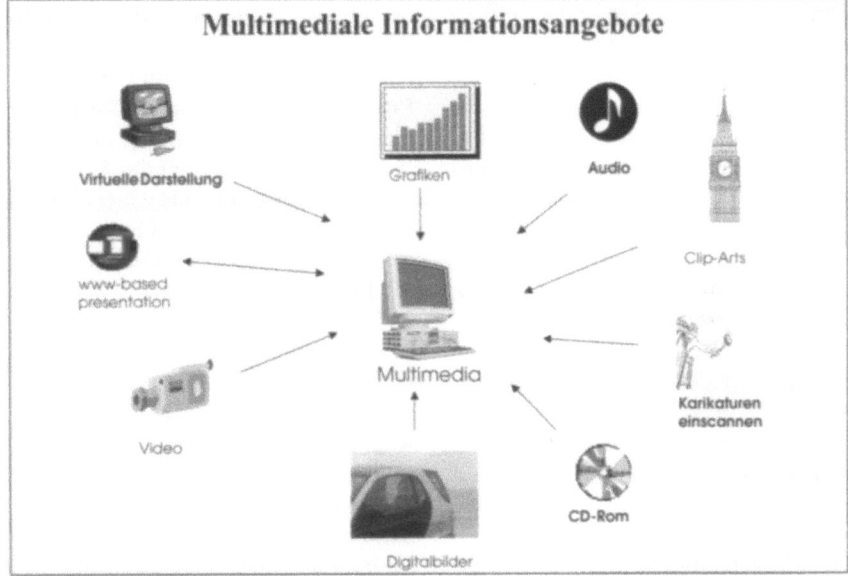

entieren. Möglich: auf eine andere Folie springen, erste Folie aufrufen, Präsentation beenden, in eine andere Präsentation verzweigen oder eine Homepage aufrufen.

Praxisbeispiel: Sie haben im mittleren Teil Ihrer Präsentation einige Folien mit technischen Details vorgesehen. Während der Präsentation signalisieren Ihre Kunden, dass diese technischen Aspekte nicht gewünscht sind. Was tun? Wenn Sie ein Link eingerichtet haben, der die Folien überspringt, können Sie rasch reagieren.

■ **Imagebildende Wirkung.** Vertrauen in die Kompetenz Ihres Unternehmens wird nicht nur durch die dargestellten Inhalte und den Vortragsstil aufgebaut, sondern auch durch die Professionalität visueller Hilfsmittel. Wer intelligente Produkte oder Dienstleistungen aus dem High-Tech-Bereich anbietet, sollte sinnvoll multimediale Präsentationsmittel einset-

übertragen und damit allen Folien ein einheitliches Erscheinungsbild geben.

Elektronisches Copyboard. Hierbei schreiben Sie während der Präsentation auf einer weißen Kunststoffoberfläche, die mit Sensoren ausgestattet ist und über einen Scanner läuft. Die notierten Infos können sofort in Farbe auf Ihrem Computer gespeichert, weiterverarbeitet und später als E-Mail verschickt werden.

Desktop-Video-Kamera. Am Referententisch ist eine kleine Video-Kamera mit einem schwenkbaren Arm installiert. Diese kann zum Beispiel kleine Objekte, Bilder oder Ausschnitte aus Zeitungen, Prospekten oder Zeitschriften via Dataprojektor oder Fernseher auch für eine Großgruppe sichtbar machen.

Videokonferenzen. Technische Spezialisten oder andere Schlüsselpersonen können via Internet zugeschaltet werden, um Detailfragen des Kunden zu beantworten. Und: Interessierte Mitarbeiter, die nicht anreisen konnten, können per Video-Konferenz an der Präsentation teilnehmen.

Risiken der Computerpräsentation

Die Möglichkeiten von Multimedia verführen oft dazu, den Computer unüberlegt einzusetzen. Konsequenzen: Der Mensch wird durch zu viel Technik in den Hintergrund gedrängt, Zuhörer bleiben passiv, der Frontalvortrag erschwert den Aufbau einer persönlichen Beziehung zum Kunden. Auch nachteilig: zu lange PC-Präsentationen, schlechte Kontraste bei der Projektion, Effekthascherei und elektronische Folienschlachten, persönliche Unsicherheiten beim Einsatz der neuen Medien sowie Dramaturgien, die an den Erwartungen der Kunden vorbeigehen.

■ **Der Vortragende tritt in den Hintergrund.** Bewegte Bilder, farbige Charts und Videoeinschübe können die Aufmerksamkeit der Zuhörer so stark in Anspruch nehmen, dass der Kontakt von Mensch zu Mensch auf der Strecke bleibt. Dies ist risikoreich, denn Auftreten und Persönlichkeit des Präsentators sind wichtiger für die Vertrauensbildung und Glaubwürdigkeit als Computer und Multimedia. Der Technikeinsatz ist im allgemeinen nur insoweit sinnvoll, als die emotionale Beziehung zum Kunden nicht eingeschränkt wird. Präsentationsmedien haben grundsätzlich nur unterstützenden Charakter.

■ **Passive Zuhörer.** Multimediapräsentationen werden meist frontal vorgetragen. Je länger die Darbietung dauert, um so eher werden die Zuhörer ins Passive gedrängt. Im ungünstigsten Fall haben sie Abbruchgedanken. Diese Reaktion ist vor allem dann wahrscheinlich, wenn alles zu lange dauert und kaum Gelegenheit zur Interaktion besteht. Bemühen Sie sich darum, „hirngerecht" und dialogisch zu präsentieren. Geben Sie Ihren Zuhörern eine faire Chance.

Praxistipp: Begrenzen Sie eine Computerpräsentation auf maximal 15 bis 20 Minuten und schließen Sie eine Frage- oder Diskussionsrunde an.

Längere Bildschirmdarstellungen können analog in etwa viertelstündige Präsentationsblöcke aufgeteilt werden. Der Rhythmus Sreenshow – Diskussion – Screenshow – Diskussion hält den Kunden im Dialog. Falls Sie Signale wahrnehmen, die auf „innere Kündigung" hindeuten, sollten Sie Verständnisfragen, Einwände und sonstigen Beiträge zulassen.

■ **Ablenkende Effekte.** Die eigentliche Botschaft zählt! Vermeiden Sie extreme Animationen (wie Rennwagen- oder Lasereffekte), 3D-Diagramme, verschiedenartige Überblendeffekte, unruhigen Hintergrund, digitale Bilder oder Videosequenzen, die keinen sachlichen Grund haben.

Praxistipp: Nutzen Sie die Möglichkeit eines Probevortrags mit Manöverkritik. Beachten Sie dabei die Kriterien zur Gestaltung von Bildschirmfolien:
➡ nur eine Aussage pro Folie,
➡ maximal sieben Zeilen pro Textchart,
➡ Kernbotschaft in der Mitte,
➡ aussagefähige Überschrift,
➡ Lesbarkeit für alle Zuhörer,
➡ seriöser Farbeinsatz (CI-Linie).
Allgemein gilt: So einfach, so wenig und so lesbar wie möglich!

■ **Die Präsentation passt nicht zum Szenario.** Prüfen Sie, inwieweit eine Computerpräsentation zu Zielen, Inhalten und den Besonderheiten Ihrer Zuhörer passt. Eine Multimediavorführung ist kaum geeignet, wenn Sie
➡ eine persönliche Beziehung aufbauen wollen,
➡ im Dialog mit dem Kunden Probleme analysieren oder Lösungskonzepte weiterentwickeln wollen,
➡ Bilder „live" zu entwickeln sind,
➡ die Präsentation nur wenige Minuten dauert.
Prüfen Sie auch, inwieweit Ihr Auditorium Erfahrungen mit dem Computer hat. Die Lücke darf nicht zu groß sein. Entscheidungsgremien der ersten Ebene (Vorstand, Geschäftsführung, Spartendirektoren) legen mehr Wert auf verbale Überzeugung!

■ **Computerpräsentation passt nicht zur eigenen Persönlichkeit.** Das eingesetzte visuelle Medium muss zur Persönlichkeit des Präsentators passen. Inwieweit identifizieren Sie sich innerlich mit der Technik? Falls Sie Aversionen gegen elektronische Prä-

sentationsmittel haben, bleiben Sie besser bei bewährten Medien oder einer Teampräsentation.

■ **Risiko technischer Pannen.** Erfahrungsgemäß steigt beim Einsatz elektronischer Medien die Zahl der Sollbruchstellen: Der Computer stürzt ab, Dataprojektor und/oder Infrarotmaus fallen aus, eine Folie kommt nicht, die Kontraste sind unzureichend.

Praxistipp: Stellen Sie sich auf den „worst case" ein. Sie sollten in der Lage sein, auch mit verfügbaren traditionellen Medien die Präsentation zu halten oder die Veranstaltung rein verbal durchzuführen. Hierbei können Sie sich an der Tischvorlage orientieren. Bereiten Sie folgende „Notprogramme" vor:
➡ Sie schalten den Computer/Dataprojektor aus und bestreiten den verbleibenden Teil Ihrer Präsentation am Overheadprojektor. Legen Sie vorab Ihren Foliensatz gegliedert bereit.
➡ „Absturz" in der Einstiegsphase der Präsentation: Sie verteilen die Tischvorlage und präsentieren die Inhalte anhand dieses „Dauermediums". Falls ein Hand-out nicht verfügbar ist, bleiben Ihnen der verbale Vortrag und die Nutzung von Flip-Charts und Copyboard.
➡ „Absturz" in der Schlussphase: Sie fassen den bisherigen Teil der Präsentation zusammen und leiten in die Diskussion über.

Optimierung von Bildschirmpräsentation

Sind Ihre Folien fertig, gilt es, die Bilder in die richtige Reihenfolge zu bringen und Übergangseffekte festzulegen. Powerpoint bietet eine praktische Sortierfunktion. Folgende Tipps helfen Ihnen, Fehlerquellen im Vorfeld auszumerzen:

■ **Sichern Sie die Aufmerksamkeit.** Ihre Bildschirmpräsentation sollte von der Titel- bis zur Abschlussfolie motivierend gestaltet sein. Hinweise:
➡ Präparieren Sie Leerfolien (dunkelblau oder schwarz), um an bestimmten Stellen Ihrer Show andere dramaturgische Elemente ins Spiel zu bringen. So können Sie zum Beispiel interaktive Phasen

einfügen (für Verständnisfragen und Erfahrungsaustausch), ein anderes Medium einsetzen (Flip-Chart) oder in einem rein verbalen Teil eine Anekdote darstellen.

➡ Psychologisch sind Fotos oder andere Stimulanzien ratsam; zeigen Sie nicht mehr als zwei Textfolien hintereinander und setzen Sie die Animationseffekte selektiv ein. Vor allem dann, wenn Sie die Aufmerksamkeit gezielt lenken wollen.

➡ Beschränken Sie sich auf einen Übergangseffekt, um die Folie der Bildschirmpräsentation einzublenden (zum Beispiel „von links überdecken" oder „von links rollen").

➡ Prüfen Sie, inwieweit eine Teampräsentation in Frage kommt, um zusätzlichen Pep zu erreichen.

Zur Ausstattung des Präsentationsraums

Damit Sie bei Kundenpräsentationen und bei anderen externen Vorträgen keine Überraschungen erleben, ist es ratsam, vorab Informationen über die Ausstattung des Raumes und die verfügbaren Medien einzuholen. Teilen Sie dem Kunden oder Veranstalter rechtzeitig Ihre Medienwünsche mit. Sie ersparen sich viel Ärger, wenn Sie dem Veranstalter eine Checkliste für die technische Ausstattung und eine Skizze zur räumlichen Anordnung der Medien zusenden. Tipps:

➡ Bei Präsentationen im Internationalen sollten Sie einen professionellen Ansprechpartner vor Ort haben, der den Präsentationsraum entsprechend für Sie herrichtet.

➡ Schwierigkeiten können sich bei Kongressen oder Fachtagungen ergeben, wenn mehrere Referenten mit unterschiedlichen Medien nacheinander präsentieren. Klären Sie vorab mit der Tagungsleitung, wann Sie vor Beginn der Veranstaltung mit der Haustechnik die Medien vorbereiten können.

Durchführung der Bildschirmpräsentation

Sie haben sich nun sorgfältig vorbereitet. Der Präsentationsraum ist wunschgemäß präpariert, die Bildschirmdarstellung optimiert. Sie wissen aufgrund Ihrer Probevorträge und Übungen, dass Sie die Präsentation in der vorgegebenen Zeit schaffen und das Handling der elektronischen Medien beherrschen. Das Zusammenwirken dieser Faktoren gibt Ihnen die notwendige Sicherheit, Ihre Computerpräsentation überzeugend zu verkaufen. Hier wichtige Tipps für den computergestützten Vortrag:

■ **Sichern Sie einen guten ersten Eindruck.** Sie treten ruhig und kontrolliert ans Rednerpult oder an den Referententisch und legen dort Ihr Manuskript ab. Nun nehmen Sie Blickkontakt mit dem Publikum auf und warten zwei bis drei Sekunden, bis Ruhe eingekehrt ist. Erst jetzt beginnen Sie zu sprechen. Zu Anfang sollte der persönliche Kontakt zum Zuhörer und nicht die Technik im Mittelpunkt stehen. Zwei Eröffnungsvarianten bieten sich an:

➡ Sie begrüßen die Zuhörer bei hellem Licht und beginnen erst nach der Einleitung mit der Computerpräsentation.

➡ Sie blenden das Titelchart Ihrer Computerpräsentation ein, während Sie die Einleitung sprechen.

■ **Halten Sie Blickkontakt zum Auditorium.** Je nach Szenario kommen drei Alternativen in Frage:

➡ **Frontal sitzend.** Nachteil: Sie müssen sich zur Bildkontrolle umdrehen. Dann fällt es schwer, mit dem Laserpointer zu zeigen.

➡ **Seitlich sitzend.** Hierbei können Sie einen Großteil der Zuhörer ansehen und gleichzeitig das projizierte Bild kontrollieren.

Zukunftstrends rechtzeitig erkennen

Wer die persönliche Medienkompetenz nachhaltig verbessern will, sollte sich früh auf die heute erkennbaren Veränderungen im Präsentationsbereich einstellen:

■ Der Trend zur multimedialen Präsentation wird sich fortsetzen. Die traditionelle Folienpräsentation wird relativ an Bedeutung verlieren.

■ Internet und Intranet werden verstärkt genutzt, um unternehmens- und angebotsrelevante Informationen tagesaktuell, zentral, mehrsprachig, multimedial zu speichern und „auf Knopfdruck" weltweit verfügbar zu machen.

■ Virtuelle Darstellungen und Animationen, die Emotionen stimulieren, werden eine größere Rolle spielen. Die Infotainment-Idee wird sich für bestimmte Szenarien und Zielgruppen verstärkt in Präsentationskonzepten wiederfinden.

■ Kundenorientierung bedeutet im internationalen Geschäft, differenzierte Präsentationskonzepte bereitzustellen, die den mentalen Besonderheiten verschiedener Kulturkreise Rechnung tragen. Präsentationen, die Show-Effekte, plakative Charts und sonstige unterhaltsame Elemente einsetzen, mögen in den Vereinigten Staaten erfolgreich sein. Es wäre jedoch risikoreich, diese Strategien undifferenziert im ostasiatischen Raum einzusetzen.

■ Videokonferenzen eröffnen neue Möglichkeiten auch für Präsentationsveranstaltungen. So können technische Spezialisten oder andere Schlüsselpersonen via Internet zugeschaltet werden, um Detailfragen des Kunden zu beantworten. Aus der Sicht des Kunden können interessierte Mitarbeiter, die nicht anreisen konnten, per Video-Konferenz an der Präsentation teilnehmen.

■ Eine professionelle Medienkompetenz reicht nicht aus, um auf Dauer Erfolg beim Kunden zu haben. Wichtig sind wettbewerbsfähige, zwischenmenschliche Fähigkeiten. Gerade wegen der dominierenden Wirkung von Multimedia muss alles getan werden, damit der Vortragende nicht an den Rand gedrängt wird. Die neuen Medien können den präsentierenden Mensch nie ersetzen.

➡ **Stehend präsentieren.** Setzen Sie eine Fernbedienung (Infrarot- oder Funkmaus) ein – das ist in der Regel die günstigste Variante, zumal mehr Spielraum für Dramaturgie und Medienwechsel gegeben ist.

■ **Beachten Sie die Signale der Zuhörer.** Bei computergestützten Vorträgen besteht die Gefahr, dass Rückmeldungen übersehen werden. Entwickeln Sie starke Antennen auch für kleine körpersprachliche Signale (Handzeichen, skeptische Mimik, Unruhe), die auf den Wunsch nach Verständnisfragen oder Diskussion hinweisen. Besondere Aufmerksamkeit verdienen Schlüsselpersonen, Entscheider und „informelle Führer".

■ **Bleiben Sie flexibel.** Auch wenn Sie eine Bildschirm-Show gut ausgearbeitet haben, können Sie niemals mit Gewissheit sagen, wie Ihre Zuhörer darauf reagieren. Stellen Sie sich flexibel auf neue Situationen ein.
Beispiel: Ihre Zuhörer haben Verständnisfragen oder wollen eigene Beiträge einbringen. Jetzt sollten Sie in der Lage sein, die elektronische Präsentation zu unterbrechen. Sie können hierbei die Black-Screen-Funktion des Dataprojektors oder eine Schwarzfolie nutzen, die Sie unter der betreffenden Foliennummer ansprechen.

Ihre Flexibilität ist zudem immer dann gefordert, wenn sich für Sie die Rahmenbedingungen kurzfristig ändern. So kann es vorkommen, dass die Präsentationszeit gekürzt wird oder dass sich das Auditorium anders zusammensetzt als angekündigt. Mit Hilfe der oben erläuterten Gliederungsübersicht sind Sie in der Lage, auf die Folien zu springen, die Ihnen besonders wichtig sind und die zu Ihrer veränderten Zielgruppe passen. Wie oben beschrieben, können Sie mit der Foliennummer und der Befehlstaste rasch auf die betreffenden Charts Ihrer Bildschirmpräsentation wechseln.

■ **Inszenieren Sie Ihre Folien.** Weil man auf Knopfdruck – also mit wenig Energieaufwand – Charts ein- und ausblenden kann, verführen Computerpräsentationen dazu, die Zuhörer zu überfordern. Gewöhnen Sie sich daran, Computercharts wie auch Overheadfolien oder Dias zuhörergerecht anzukündigen, wirken zu lassen und zu erklären. Dies setzt natürlich voraus, dass Sie die Gliederungsübersicht mit der Folienfolge vor Augen haben. Ihre Zuhörer müssen die Chance haben, die Bilder wahrzunehmen, den Gedankengang zu verstehen (und Fragen zu stellen). Bewährt hat sich diese Schrittfolge:

➡ Neues Chart ankündigen: „Auf dem nächsten Bild sehen Sie ...", dann: Mausklick.
➡ Neues Chart einblenden und kurz wirken lassen, damit sich der Zuhörer orientieren kann.
➡ Chart erklären. Bei Bedarf Laserpointer als Zeigehilfe einsetzen.
➡ Reaktion der Zuhörer beachten (Fragen zulassen).
➡ Nächstes Chart ankündigen, Mausklick etc.

■ **Wählen Sie die richtige Zeigehilfe.** Um wesentliche Punkte hervorzuheben, kommen unter anderem diese Varianten in Frage:

➡ Fernbedienung (Infrarot-Maus oder funkgesteuerte Maus mit integriertem Laserpointer),
➡ Laserpointer, falls Sie sitzend präsentieren,
➡ elektronische Zeigestäbe („Cyclops"), um die Mausfunktion direkt an der Leinwand zu steuern.

■ **Kontrollieren Sie die Zeit während des Vortrags.** Durch die Probepräsentation haben Sie sichergestellt, dass die vorgegebene Zeit ausreicht. Zwei ergänzende Anregungen:

➡ Nutzen Sie Ihre Armbanduhr zur Zeitkontrolle. Auf dem Glas der Uhr können Sie mit einem Filzstift markieren, wann Ihre Vortragszeit beendet ist.
➡ Notieren Sie in der Gliederungsübersicht per ABC-Analyse die Wichtigkeit der Folien und den Zeitbedarf pro Folie. Wenn die Zeit knapp wird, können Sie rasch die Folien mit der größten Priorität herausfinden und präsentieren.

DR. ALBERT THIELE

Wie Standmannschaften optimal vorbereitet werden

Messe ist nicht gleich Messe, und alle haben nur eine Gemeinsamkeit: dass Aussteller eine Standfläche mieten. Messen für Spezialisten, Einkäufer oder Verbraucher zeigen in Aufbau und Zielsetzung eklatante Unterschiede. Also müssen auch Messen für Kleidung, Chemikalien oder technische Geräte in der jeweiligen Präsentation und Struktur unterschiedlich sein. Als logische Konsequenz ist auch für scheinbar gleiche Messen spezifisch zu trainieren. Im Folgenden lesen Sie, wie Standbesatzungen auf internationalen Messen für technische Artikel, die von Unternehmen weiterverwendet werden, optimal trainiert werden.

Auf internationalen Messen, zum Beispiel in Düsseldorf oder Hannover, kostet ein kleiner Stand mit allem Drum und Dran (für Personal und „Nebengeräusche") 100 000 Mark – mindestens. Das bedeutet: Bei einer durchschnittlichen Deckungsbeitragskennzahl von 25 Prozent müsste die Messe rund 400 000 Mark mehr Umsatz bringen, um sich bezahlt zu machen! Aber während für Standgestaltung und Standmiete gern viel aufgewendet wird, vergessen die Aussteller oft die Vorbereitung des Personals durch spezielle Trainings.

Keine Qualität ohne Training und Ziele

Der wichtigste Anlass für eine Messebeteiligung ist nun einmal der persönliche Kontakt mit dem Kunden. Die Qualität dieser Kontakte bestimmt darüber, wie es mit den Besuchern weitergeht, ob ihre Wünsche und Vorstellungen erfüllt werden können, ob es sich lohnt, sie weiter zu bearbeiten, ob die Konditionen eine Zusammenarbeit zu beiderseitigem Nutzen ermöglichen. Kein Zweifel: Auch eine gute Messepresse kann neue Kunden und Umsätze bringen. Aber: Die eigentlichen Chancenträger für den Messeerfolg, auch für Investitionsgüterhersteller, sind die Damen und Herren, die auf dem Messestand Kunden begrüßen, Produkte erläutern, anschließende Besuchstermine vereinbaren und den Umfang des Interesses feststellen. Eine Messebeteiligung besteht aus mindestens vier

Phasen:
➡ Vorbereitung,
➡ Durchführung,
➡ Nachbearbeitung,
➡ Erfolgskontrolle.

Vorbereitung ist der Schlüssel zum Erfolg

Wenn die Verkaufskräfte und anderen Mitarbeiter auf dem Messestand in der Vorbereitungsphase nicht für ihre Aufgabe trainiert werden, können sie sich bei der Durchführung auf dem Stand nicht optimal verhalten. Damit werden Nutzen und Qualität der Nachbearbeitung fraglich, und die Wirkungen bleiben hinter den Möglichkeiten zurück.

Trainer übernehmen oft auch die Messemotivation der Verkaufsmannschaft. Um eine Standmannschaft zu einem guten Team zusammenzuschweißen, bedarf es definierter Messeziele. Solche Ziele können zum Beispiel betreffen:

Max Meier-Maletz, renommierter Verkaufstrainer, Verkaufsförderer, Trainerausbilder und Leiter des MM-Instituts in Meerbusch, ist Mitglied und Mitgründer in nationalen und internationalen Verkaufs- und Marketingverbänden, wie dem BDVT, dem Club Europäischer Verhaltenstrainer e.V. und dem Club 55. Er trainiert überwiegend in technisch orientierten Unternehmen, im Handwerk und Fachhandel – auch in englischer und russischer Sprache. Max Meier-Maletz ist erfolgreicher Fachbuchautor („Erfolgskontrolle im Verkaufstraining", „Handbuch der Verkaufsförderung", „Trainer-Guide", „Fachhandelsmarketing").

Max Meier-Maletz
An der Reick 134
40670 Meerbusch
Tel. (0 21 59) 70 11
Fax (0 21 59) 8 19 18

➡ Zahl der als Kunden geeigneten Kontakte,
➡ Zahl der Neukunden,
➡ Umsatzgrößen der Neukunden,
➡ Umfang zusätzlicher Bedarfsfelder der Stammkunden,
➡ überzeugende Darstellung von Neuprodukten,
➡ gewichtete Kontaktpflege mit Stammkunden,
➡ Mehrumsatz, gemessen nach drei bis zwölf Monaten.

Auch der geschickte Umgang mit Wettbewerbern, Presseleuten, Studenten und allgemein Interessierten muss bedacht und trainiert werden. Das gilt besonders, wenn – wie oft – auch Verkaufsinnendienstler auf dem Messestand mitwirken sollen. Es ist immer wieder erstaunlich, welche schweren Fehler auch „erfahrene" Standbesatzungen machen. Testen Sie mal eine Mannschaft für technische Artikel, indem Sie auf eines der Exponate zeigen und sagen: „Das habe ich aber schon viel besser gesehen – und sicher auch billiger!" Oder: „Sind Sie nicht die Firma, die zur Zeit in Zahlungsschwierigkeiten stecken soll?" Der Großteil kann damit nicht umgehen. Wenn Herr Kanngut gerade beim Essen ist oder einen Messerundgang macht, merkt sich der Kunde nur den Herrn Ungeschickt in Verbindung mit der betreffenden Firma.

Durchführung auf dem Stand

Messe ist ein Instrument für Kundenakquisition, Verkaufsförderung, Öffentlichkeitsarbeit, Marktforschung. An diesen vier Feldern ist jeder Mitarbeiter auf dem Messestand beteiligt und braucht entsprechendes Training. Einfacher Grund: Diese Tätigkeiten unterscheiden sich von der „normalen" Arbeit.

■ **Akquisition bedeutet**
➡ Kontaktaufnahme,
➡ Bedarfsfeststellung,
➡ Lösungsvorschläge,
➡ Neukundengewinnung.

■ **Verkaufsförderung bedeutet**
➡ Stammkundenbetreuung,
➡ Programmübersicht,
➡ Erzeugen von Sympathie,
➡ Kooperationsbestätigung,

➡ Image-Stabilisierung,
➡ Erregung von Aufmerksamkeit.

■ **Öffentlichkeitsarbeit bedeutet**
➡ Presseinterviews,
➡ Infos zur Unternehmensentwicklung,
➡ Neuheitenvorstellung.

■ **Marktforschung bedeutet**
➡ Finden neuer Bedarfsfelder,
➡ Erkennen von Trends,
➡ Einschätzen des Wettbewerbs,
➡ Führen von Kundengesprächen.

Was braucht eine Messemannschaft?

■ **Kenntnisse der aktuellsten Zahlen und Daten:**
➡ Kapazität,
➡ Kapazitätserweiterung,
➡ Erhöhen der Internationalität,
➡ Entwicklung der Mitarbeiterzahl,
➡ eigene Patente und Neuentwicklungen,
➡ wichtige Auftraggeber,
➡ Umsatzentwicklung,
➡ Qualifikation der Mitarbeiter.

Die Belastung führt im Verlauf einer Woche zu wechselnden Messeteams. Mehr als drei bis vier Tage ist ein Außendienstverkäufer nicht gewohnt zu stehen. Das gilt besonders, wenn zudem noch abendliche Treffen mit wichtigen Kunden (die am nächsten Tag abreisen) den Schlaf kosten.

Viele Unternehmen verlassen sich darauf, dass auf der Messe schon alles gut laufen wird. Sie haben erfahrene Mitarbeiter, die gut motiviert sind und die eigenen Produkte kennen, so meinen sie. Was leider völlig fehlt, ist eine Vorinformation und ein akzeptierter Organisationsplan für die Standbesatzung.

■ **Schriftliche Vorinformation:**
➡ bisherige Messeerfahrungen,
➡ Standgröße und ungefähre Kosten,
➡ Gründe für die Messeteilnahme,
➡ Ziele für die Messe,
➡ Bedeutung der Messeberichtsblätter.

■ **Organisationsablauf:**
➡ Aufgabenverteilung beim Standauf- und -abbau,
➡ Aufgabenverteilung,
➡ täglicher Ablaufplan mit namentlichen Aus-Zeiten (für Konkurrenzbeobachtung, Messerundgang).

Check Messeteam

Das braucht eine Messemannschaft:

■ Kenntnis neuester Daten und Fakten
■ Kenntnis technischer Enzelheiten der eigenen Produkte
■ Kenntnisse über technische Verfahren, die mit dem Produkt in Verbindung stehen
■ Übungen überzeugender Argumentation
■ Übungen in der Präsentation eigener Produkte
■ Übungen im Umgang mit Einwänden
■ Übungen in der Ansprache von Interessenten
■ Übungen der Einschätzung von Kunden
■ Fremdsprachenkenntnisse
■ hohe psychische und physische Belastbarkeit

Welche Trainingsthemen sind wichtig?

Besondere Bedeutung bekommt die Einteilung der Besucher, weil sich daraus zum Teil die Art und Dauer des Messegesprächs ergeben. Das Einschätzen nach vereinbarten Kriterien muss geübt werden. Wenigstens zu unterscheiden:

■ **Kriterien:**
➡ Stammkunden,
➡ Wechselkunden,
➡ neue Interessenten,
➡ Konkurrenz,
➡ allgemein Interessierte („Orientale"),
➡ Prospektsammler,
➡ „Seh-Leute".

Entsprechend der Aufgaben auf dem Messestand sind wenigstens die folgenden Themen zu trainieren:

■ **Kontaktaufnahme:**
➡ Wie verhalten wir uns bei Interessenten, die sich nicht auf den Stand trauen?
➡ Ein leerer Stand – was tun?
➡ Wie bekommen wir Interessenten locker auf den Stand?
➡ Mit welchen Fragen stellen wir das Interesse fest?

→ Wie klassifizieren wir?

→ Was tun wir, wenn der gewünschte Kontaktmann nicht da ist?

→ Wie überreichen wir einen Prospekt richtig?

■ **Präsentation und Argumentation:**
Diese Tätigkeiten unterscheiden sich vom üblichen Verkaufsgespräch dadurch, dass Exponate vorgeführt werden können, die der Außendienstler meist auf seinen Touren nicht mitführen kann. Geschickte Firmen benutzen die Messe dazu, auch noch mal Argumentation, Einwandbehandlungen, Abschluss trainieren zu lassen. Bei der Präsentation und Argumentation gibt es aber noch weitere Eigenheiten, die trainiert werden sollten:

→ Wie verhalten wir uns bei Beschwerden und Reklamation?

→ Wie können wir bei Überfüllung des Standes zwei oder mehr Kunden zugleich behandeln?

→ Wie werden wir Schwätzer gut wieder los?

■ **Vereinbaren von Besuchsterminen beim Interessenten/Neukunden:**

→ Feststellen des Bedarfsumfanges,

→ Erfragen der Dringlichkeit,

→ Erfragen wichtiger (weiterer) Kontaktpersonen beim Interessenten,

→ Feststellung der Voraussetzung für die Verwendung der eigenen Produkte,

→ weitere Wünsche des Interessenten, bei Stammkunden: bisherige Zufriedenheit.

■ **Vorbereitung der Nachbearbeitung:**

→ Visitenkarten der Besucher am Messebericht fest anheften,

→ Notieren wenigstens der wichtigsten Eigenheiten auf dem Berichtsblatt,

→ gegebenenfalls Information an den regional zuständigen Kollegen.

Training auf dem Messestand

Messetrainings sollten ein bis drei Wochen vor Messeeröffnung stattfinden. Nach dem vorgenannten Training, das wenigstens zwei Tage in Anspruch nimmt und wegen der zum Teil bereits vorliegenden spezifischen Exponate in den Räumen des Kunden stattfinden kann (sonst wie üblich im Hotel) ist ein ergänzendes Messetraining auf dem Messestand sehr zu empfehlen. Der Trainer hört dabei den Gesprächen – insbesonde denen

der etwas schwächeren Verkaufskräfte – unauffällig zu und gibt anschließend Hinweise an die betreffende Verkaufskraft. Er verhält sich ansonsten so, wie er es seiner Gruppe empfohlen und antrainiert hat. Er sollte über die Produkte wenigstens soweit informiert sein, dass er weiß, ab wann er einen Fachmann hinzuziehen muss. Ein Training auf dem Messestand dauert einen Tag, wenigstens aber einen halben Tag. Wenn im Laufe der Woche die Mannschaft wechselt, sind zwei solcher Termine zu empfehlen. Ein Trainer kann sich auf dem Messestand um zehn bis zwölf Teilnehmer kümmern, um drei bis vier intensiv. Da bei jeder Mannschaft auch „Neue" mitmachen, wirkt ein Training auf dem Messestand sehr motivierend.

Trainingsauswirkungen sind messbar

Motivation ist sicher eine gute Trainingswirkung. Weitere Wirkungen von Messetrainings lassen sich recht genau feststellen. Gute Messetrainings bringen bis 300 Prozent mehr geeignete Adressen, die bearbeitet werden können. Die betriebswirtschaftlichen Wirkungen lassen sich erst nach Ablauf eines Vierteljahres vorläufig und nach Ablauf von sechs bis zwölf Monaten, je nach Branche, recht genau feststellen. Dazu ist es notwendig, dass man die Kunden, die auf der Messe gewonnen werden, entsprechend kennzeichnet und die Umsätze festhält. Wenn ein Unternehmen mehrere Messen pro Jahr beschickt, muss die Kennzeichnung natürlich unterschiedlich sein. Ein überragender Messeerfolg kann dem Messetraining zugerechnet werden, wenn deutlich mehr erstklassige Adressen gewonnen werden als bei früheren Messen. Das normale Verkaufstraining sorgt dann dafür, dass diese in Umsätze ungewandelt werden. Da schon bei normalen Verkaufstrainings Umsatzsteigerungen zwischen fünf und fünfzehn Prozent nicht ungewöhnlich sind, dürften Messetrainings in den Wirkungen noch darüber liegen.

MAX MEIER-MALETZ

Checkliste: Täglicher Messeablauf

1. **Standbesprechung, 15 Minuten vor Öffnung**
   - erwartete Besucher: Zeitpunkt (circa), Bearbeiter, Vertretung
   - andere Ergeignisse des Tages: Was? Wer? Mit wem? (z. B. Konkurrenz)
   - Belegung der Besprechungsräume: Wer? Wann? Mit wem?
   - laufende Betreuung der Exponate: Wer? Hinweise an wen?
   - Uberwachung Werbemittel: Wer? Hinweis an wen?
   - Zahl der Getränke: Wer! Hinweis an wen?
   - Essenseinteilung: Wer? Wann? (Ist für Vertretung gesorgt?)
   - ....

2. **Tagsüber: Sammeln von Kundenaussagen** (Kurzbericht)
   - zum eigenen Messestand
   - zum eigenen Unternehmen
   - zur Konjunktur
   - zum globalen Markt
   - ....

3. **Stand-Besprechung nach jedem Messetag** (circa 10 Minuten)
   - Wie ist der Tag gelaufen?
   - Was ist zu veranlassen?
   - ....

Dr. Wolfgang Kater

Wer sich als Aussteller bei einer Kongressmesse beteiligen will – einem relativ jungen Veranstaltungstypus, bei dem sich Messe und Kongress weitestgehend ergänzen–, der sollte bei seinen Personalschulungen und Messetrainings veranstaltungsspezifische Besonderheiten berücksichtigen. Bei einer Kongressmesse „neuen Typs" sind der Kongress- und der Messeteil gleichwertig. Beide Segmente sind so aufeinander zugeschnitten, dass sowohl die Teilnehmer als auch die Aussteller einen möglichst hohen Nutzen haben. Die Wissensvermittlung, der Know-how-Transfer, erfolgt in relativ gleicher Gewichtung durch das Kongress- als auch durch das Ausstellungsangebot.

Die Besonderheiten einer Kongressmesse haben Auswirkungen auf die Inhalte des Messetrainings. Die Standrepräsentanten sind nicht mehr „nur" Produktfachleute und professionelle Produktverkäufer, sie werden zu Branchenexperten und Wissensvermittlern, ja sogar zu „Referenten" am Messestand. Das Gespräch muss vor allem ein Ziel haben: den hohen praxisbezogenen Benefit für den Kongressteilnehmer. Bei einer Kongressmesse besuchen die Kongressteilnehmer die Ausstellung mit spezifischen Zielsetzungen. Ausführliche und somit zeitlich nicht begrenzte Informations- und Verkaufsgespräche mit den Ausstellern sind an der Tagesordnung. Auf die zunehmende Intensität der Gespräche sollten die Standmitarbeiter vorbereitet werden.

Die Inhalte der Ausstellung bei einer Kongressmesse stellen in ihrer Gesamtheit ein Spiegelbild der behandelten Kongressthemen dar. Die Produkte und Dienstleistungen passen thematisch zu den Kongressinhalten. Somit bringen die Kongressteilnehmer die Kongressthemen mit an die Messestände. Das Standpersonal muss sich also mit dem jeweiligen Kongressmotto und den einzelnen Themenschwerpunkten intensiv auseinandersetzen.

Die Gesprächspartner des Standpersonals sind zu großen Teilen Führungskräfte beziehungsweise Einkaufsentscheider. Auch darauf muss das Personal eingestellt werden, denn die Folgen einer unprofessionellen „Behandlung" am Messestand sind so gut wie nicht mehr reparabel.

Mit hoher Effizienz geführte Gespräche am Messestand und thematisch dazu abgestimmte Kongressforen verbessern das Kosten-Nutzen-Verhältnis für die Unternehmen, die Kongressteilnehmer entsenden, aber auch für die Unternehmen, die sich als Aussteller an der Kongressmesse beteiligen.

Noch ein wichtiger Aspekt zum Schluss: Gerade in Zeiten der multimedialen Dienstleistungen im Messewesen, in Zeiten der sogenannten „virtuellen Messen", die man per Mausklick jederzeit online besuchen kann, wird die Schulung des Standpersonals immer wichtiger. Der signifikante Unterschied und vor allem der entscheidende Vorteil der herkömmlichen Messeveranstaltungen im Vergleich zu den virtuellen Online-Angeboten liegt in der interaktiven Face-to-Face-Kommunikation vor Ort. Die Verkaufsgespräche, die Informationsvermittlung sowie das Vorstellen der Verkaufsprodukte erfolgt im Dialog von Mensch zu Mensch. Und damit bleibt der Mensch am Messestand mindestens genau so wichtig wie ein besonders innovatives Verkaufsprodukt.

Dr. Wolfgang Kater
Dr. Kater Marketing GmbH
Lindemannstraße 30
40237 Düsseldorf
Tel. (02 11) 91 45 60, Fax (02 11) 67 24 45
Internet: www.kater.com

Wie man Verkäufer zu Höchstleistungen führt

Tausende verfolgen wöchentlich die Fußball-Bundesliga. Man erwartet Höchstleistungen von den kickenden Millionären auf dem grünen Rasen. Sobald aber die Lieblingself mehrere Spiele hintereinander verliert, erschallt bald der Ruf: „Trainer raus!" Der Coach oder Trainer spielt im sportlichen Bereich eine außerordentlich wichtige Rolle. Er ist die Schlüsselperson, um das Leistungspotenzial seines Teams zu erschließen. Wochentags übt er mit seinen Spielern auf dem Rasen taktische Spielzüge, und am Wochenende jubelt oder leidet er gemeinsam mit seinen Spielern auf dem Fußballplatz. Eine ähnlich wichtige Rolle kommt dem Verkaufsleiter zu. Auch er soll sein Team in der Rolle des Coaches voranbringen. Leider verstehen viele Chefs diese Rolle noch immer falsch.

Können Sie sich einen Fußballtrainer vorstellen, der wochentags Akten abarbeitet, statt mit seinen Spielern zu trainieren, der in Meetings sitzt, statt bei Punktspielen am Spielfeldrand zu stehen, oder der während des Spiels keine Zeit für seine Spieler hat, da er selbst Tore schießen muss?

Genau das aber ist gang und gäbe in den meisten Verkaufsorganisationen, wo es auch auf Höchstleistungen der Spieler – sprich Verkäufer – ankommt. Viele Verkaufsleiter machen Innendienst, verbringen ein gerüttelt Maß an Zeit in Besprechungen oder müssen ihre eigenen Kunden besuchen. Für echtes Coaching bleibt kaum Zeit. Dabei sehen sich die meisten Verkaufsleiter immer noch eher als Coach, die Mitarbeiter nehmen ihre Chefs allerdings in dieser Rolle so gut wie nicht wahr.

Wenn ich in unseren Verkaufsleiterseminaren die Frage stelle, wer regelmäßig seine Verkäufer als Coach betreut, meldet sich im Schnitt ein Drittel der Verkaufsleiter. Frage ich dagegen die Teilnehmer in Verkaufskursen, also die betroffenen Verkäufer, wer denn von seinem Vorgesetzten regelmäßig ein Coaching erhält, dann bleiben die Hände der meisten Teilnehmer unten. Coaching scheint also in unseren deutschen Verkaufsorganisationen unterentwickelt zu sein, obwohl Thema und Anforderung keineswegs neu sind.

Die neue Rolle des Verkaufsleiters

In den letzten zehn Jahren wurden die Produktionsstrukturen völlig neu gestaltet; seit rund fünf Jahren vollzieht sich ein Umgestaltungsprozess in den Büros. Nur in den Vertriebsstrukturen hat sich – abgesehen von einigen Hilfsmitteln der Datenverarbeitung – wenig an organisatorischen Veränderungen getan. Es wird geleitet wie eh und je, mit Vorgaben, Kontrollen, Berichten und Meetings. Dabei ist sich die Fachwelt heute einig – und moderne Unternehmen demonstrieren dies mit Erfolg – dass der „Verkaufsleiter der Zukunft" vor allem Trainer, Coach, Motivator und Stratege ist. Das Hauptziel muss sein, wie im Sport die (teuren!) Verkäufer

Hans-Peter Rentzsch, Dipl.-Ing., ist Geschäftsführer der Rentzsch & Partner GmbH, die seit über zehn Jahren Vertriebsseminare zu den Themen Industrielles Verkaufen, Vertriebsführung, Preisverhandlungen, Kundenservice und interkulturelles Verhalten (unter anderem in Kooperation mit dem VDI-Bildungswerk) durchführt. Er ist Autor der Bücher „Kundenorientiert verkaufen im Technischen Vertrieb" und „Erfolgreich verhandeln im weltweiten Business". Beide Bücher sind im Gabler Verlag, Wiesbaden, erschienen.

Hans-Peter Rentzsch
Rentzsch & Partner GmbH
Eisenacher Straße 3
61130 Nidderau
Tel. (0 61 87) 2 29 82
Fax (0 61 87) 2 63 01
E-Mail: hprentzsch@t-online.de

im Innen- und Außendienst produktiver zu machen. Durch Training, Motivation und Übertragen von Entscheidungskompetenzen. Der Job des Verkaufsleiters ist es, den Mitarbeitern zu helfen, mehr zu erreichen als das, wozu sie allein in der Lage wären.

Coaching ist die beste Investition

Es gibt zwei Möglichkeiten, Umsätze und Gewinne zu steigern: Man kann entweder noch härter arbeiten oder bisherige Praktiken ändern. Coaching heißt, Dinge zu verändern. Jeder einzelne Verkäufer hat noch Potenzial. Man muss es nur nutzen – und das ist die verantwortungsvolle Aufgabe des Coachings.

Coaching hilft den Mitarbeitern, jeden Tag ein bisschen besser zu werden, in der Akquisition, im Verkaufsgespräch, in Preisverhandlungen und im Management der eigenen Person. Da das Ergebnis im Verkauf direkt vom Verhalten der Mitarbeiter abhängt, ist Coaching zur Verhaltensänderung eine der besten Zeitinvestitionen des Verkaufsleiters. Alle Mitarbeiter um 20 Prozent produktiver zu machen, ist sicher rentabler, als selbst durch die Betreuung eigener Kunden 20 Prozent zum Gesamtergebnis beizutragen. Oder – die teuerste Variante – Verkäufer mit ungenügenden Leistungen zu entlassen und neue einzustellen.

Vom Boss zum Partner

„Zu lehren, zu trainieren oder vorzubereiten durch Training oder Drill"– so wird Coaching in Websters „Comprehensive Dictionary 1998" definiert. Nach Meinung führender Managementwissenschaftler ist Coaching immer ein Eins-zu-eins-Prozess, das heißt, er findet in direkter Kommunikation mit dem Mitarbeiter statt, wobei dies zum Teil auch telefonisch erfolgen kann. Training ist demnach ein Bestandteil des Coachings. Unsere Definition: „Coaching heißt, Mitarbeitern im persönlichen Kontakt zu helfen und sie zu trainie-

ren, sich kontinuierlich weiterzuentwickeln." Was bedeutet dies in der Praxis? Die amerikanische Unternehmensberaterin Linda Richardson hat in Umfragen unter Führungskräften die folgenden Begriffe ermittelt, die die Befragten mit dem Wort „Sales Coach" und mit dem Wort „Boss" verbinden. Nach den oben genannten Definitionen wird Führung durch Coaching zu einer Dienstleistung am Mitarbeiter. Der „Boss" steht dabei im Hintergrund. Das heißt aber nicht, dass im Coaching die weiche Welle dominiert. Der Unterschied zur herkömmlichen Führung besteht darin, dass der Boss seine Macht vor allem aus der Definition seiner Stellung bezieht, der Coach dagegen aus seiner Persönlichkeit und seiner fachlichen Kompetenz.

Umfrage: Wer ist was?	
Sales Coach	**Boss**
Vorbild	Titel
Glaubwürdigkeit	Macht
Gegenseitiger Respekt	Position
Kommunikation	Autorität
Erfahrung/ produktiver Beitrag	Status
Lob	Kritik

Das Coaching von Verkaufsstars

Verkaufsleiter sind oft zögerlich, wenn es darum geht, „altgediente" oder bereits recht erfolgreiche Verkäufer zu coachen. Natürlich bedürfen neue oder weniger erfolgreiche Verkäufer eines besonders intensiven Coachings. Das heißt aber keineswegs, dass man die „Stars" außen vor lassen sollte. Besonders Dinge wie Teamverhalten, persönlicher Einsatz, Weiterbildung oder Einfügen in die Organisation des Unternehmens lassen auch bei den „verdienten Helden des Verkaufs" oft Raum für Verbes-

serungen. Aber auch sie sind durchaus empfänglich für ein gutes Coaching, wie Phil Jackson, der erfolgreichste Trainer der amerikanischen Profiliga im Baseball (NFL), festgestellt hat. Seine Spieler, allesamt Multimillionäre und oft exzentrische Stars, haben ihre eigene, sehr hohe Meinung über sich und ihre Fähigkeiten. Baseball-Coach Jackson schreibt dazu:

„Viele Coaches sind kontrollsüchtig. Sie führen ein straffes Regiment gegenüber allen Spielern und Hilfskräften und etablieren strikte Regeln für das Verhalten eines jeden Einzelnen. Andere führen mehr an der langen Leine. Sie fühlen sich hilflos, ihre Spieler zu lenken, die generell mehr Geld verdienen als sie selbst und hoffen, dass diese schon selbst herausfinden, was sie zu tun haben, um zu gewinnen. Unsere Methode ist es, dem mittleren Weg zu folgen. Anstatt die Spieler zu verwöhnen oder ihr Leben miserabel zu machen, versuchen wir, ein förderliches Umfeld zu schaffen, das die Strukturen schafft, um gut zusammenzuarbeiten und ihnen die Freiheit gibt, ihr Potenzial zu erkennen. Ich versuche auch, die Führungsqualitäten eines jeden zu entwickeln, um ihnen das Gefühl zu geben, dass sie alle eine Stimme bei Entscheidungen haben. Kein Führer kann ein erfolgreiches Team allein schaffen, egal wie talentiert er ist."

Mehr Coaching statt Kontrolle

Vertriebsführung hat sich in der Vergangenheit meist auf die Installation eines Kontrollsystems beschränkt. Es gibt eine Firmenpolitik, innerhalb derer sich alle Entscheidungen und Verhaltensformen bewegen sollen. Weiterhin werden Regeln (Organisationsanweisungen) erlassen, damit nichts schief gehen kann. Das Gespräch mit dem Mitarbeiter findet einmal im Jahr in Form einer Leistungsbeurteilung statt, wenn überhaupt. Dann gibt es da noch eine Stellenbeschreibung, die aber bestenfalls einmal bei ernsten Konflikten zu Rate gezogen wird, und in manchen Unternehmen einen Bonusplan oder

KNOW-HOW

Testen Sie Ihr Coaching-Verhalten

In welchem Maße treffen folgende Aussagen auf Ihr Verhalten beim Coaching Ihrer Mitarbeiter zu?

5: sehr stark, 4: weitgehend, 3: etwas, 2: weitgehend nicht, 1: fast nicht

A. Kontakt- und Kommunikations-Verhalten

In meinen Beziehungen zu meinen Mitarbeitern und Kollegen

	5	4	3	2	1
■ suche ich regelmäßig Gespräche, um ihnen bei der Lösung ihrer Probleme zu helfen,	5	4	3	2	1
■ bin ich leicht zu erreichen,	5	4	3	2	1
■ mache ich es ihnen leicht, mir offen zu sagen, was sie denken.	5	4	3	2	1

In Gesprächen mit meinen Mitarbeitern und Kollegen

	5	4	3	2	1
■ reagiere ich nie abfällig oder herablassend,	5	4	3	2	1
■ widme ich ihnen im Gespräch meine volle Aufmerksamkeit,	5	4	3	2	1
■ nehme ich Rücksicht auf ihre Gefühle.	5	4	3	2	1

In Gesprächen in Gegenwart von Dritten (zum Beispiel Kunden)

	5	4	3	2	1
■ kehre ich nicht den Chef hervor,	5	4	3	2	1
■ achte ich darauf, dass sie nie ihr Gesicht verlieren,	5	4	3	2	1
■ überlasse ich ihnen die Gesprächsführung zu den aktuellen Dingen und beschränke	5	4	3	2	1
mich in meinen Beiträgen vor allem auf generelle Themen.	5	4	3	2	1

Bei der Auswertung von Kundenkontakten mit meinen Mitarbeitern und Kollegen

	5	4	3	2	1
■ achte ich darauf, dass sie ihre Fehler selbst erkennen,	5	4	3	2	1
■ konzentriere ich mich auf die sachliche Analyse und vermeide Schuldzuweisungen bei Problemen,	5	4	3	2	1
■ stelle ich vor allem (offene) Fragen,	5	4	3	2	1
■ schließe ich ein Gespräch mit einem positiven Ausblick ab.	5	4	3	2	1

B. Counseling-Verhalten

Bei der Diskussion von Problemen mit meinen Mitarbeitern und Kollegen

	5	4	3	2	1
■ versuche ich erst, das Problem richtig zu verstehen, bevor ich helfe, es zu lösen,	5	4	3	2	1
■ bitte ich um ihre Meinung, bevor ich meine abgebe,	5	4	3	2	1
■ helfe ich ihnen, selbst das Problem zu identifizieren,	5	4	3	2	1
■ helfe ich ihnen, selbst eine Lösung zu finden,	5	4	3	2	1
■ unterstütze ich sie, die Verantwortung zur Lösung ihrer eigenen Probleme zu tragen.	5	4	3	2	1

C. Mentoring

Ich führe Gespräche mit meinen Mitarbeitern und Kollegen, um

	5	4	3	2	1
■ ihnen zu helfen, die betrieblichen Belange bei Entscheidungen zu verstehen und zu berücksichtigen,	5	4	3	2	1
■ ihnen zu helfen, politische und historische Zusammenhänge im Unternehmen zu verstehen,	5	4	3	2	1
■ ihnen zu helfen, die Schlüsselpersonen im Unternehmen kennen zu lernen,	5	4	3	2	1
■ ihnen zu helfen, ihre Beziehungen im Unternehmen zur Erledigung ihrer Aufgaben zu entwickeln,	5	4	3	2	1
■ ihnen zu helfen, selbstständig die Entwicklung ihrer Karriere zu managen.	5	4	3	2	1

D. Training

Ich führe Gespräche mit meinen Mitarbeitern und Kollegen, um

	5	4	3	2	1
■ ihnen zu helfen, die zu erlernenden Fähigkeiten zu identifizieren,	5	4	3	2	1
■ als Wissensquelle für technische und organisatorische Fragen zur Verfügung zu stehen,	5	4	3	2	1
■ ihnen zu helfen, einen „Expertenstatus" in ihrem Job zu erreichen,	5	4	3	2	1
■ ihnen zu helfen, sich laufend in ihren verkäuferischen Fähigkeiten zu verbessern,	5	4	3	2	1
■ ihnen zu ermöglichen, regelmäßig an geeigneten Trainingsveranstaltungen teilzunehmen.	5	4	3	2	1

E. Confronting

In Diskussionen mit meinen Mitarbeitern und Kollegen über ihre Leistungen und Effektivität

	5	4	3	2	1
■ führe ich klärende Gespräche über die Erwartungen an sie,	5	4	3	2	1
■ identifiziere ich Probleme gemeinsam mit ihnen, sobald sie sichtbar werden,	5	4	3	2	1
■ fordere ich sie heraus, zunehmend anspruchsvollere Aufgaben zu übernehmen,	5	4	3	2	1
■ entwickle ich mit ihnen Strategien zur Verbesserung ihrer Effktivität,	5	4	3	2	1
■ achte ich darauf, dass die Gespräche so geführt werden, dass die Beziehung nicht leidet.	5	4	3	2	1

Sie können insgesamt 165 Punkte erreichen. Zählen Sie Ihre Punktzahlen zusammen, und analysieren Sie die Defizite in Ihrem Coaching-Verhalten.

Summe: _____

Gesamt: _____

eine ähnliche, leistungsbezogene Entlohnungsvereinbarung (siehe Tabelle „Kommunikation beim Führen"). All diese Dinge haben auch beim Sales-Coaching-Modell eine gewisse Bedeutung. Hauptaugenmerk liegt aber nicht auf der Kontrolle, sondern auf der künftigen Entwicklung der Mitarbeiter, mit dem Ziel eines höheren Engagements und der laufenden Verbesserung ihrer Fähigkeiten.

Die vier Funktionen des Coachings

Je nach Art des Gesprächs mit dem Mitarbeiter wird beim Coaching unterschieden in Counseling, Mentoring, Training und Confronting. Diese Unterteilung ist sinnvoll. Vom personalpolitischen Gesichtspunkt aus ist das Counseling am delikatesten. Dabei geht es nämlich weniger um sachlich objektivierbare Leistungskriterien, sondern vielmehr um Verhalten, Emotionen und um das persönliche Ego des jeweiligen Verkäufers. Derartige Themen werden gern vermieden. Sie müssen aber unbedingt angesprochen werden, damit schwelende Konfliktstoffe nicht zum Teamkiller mutieren.

Kommunikation beim Führen	
Führen durch Kontrolle	**Führen durch Sales Coaching**
Gibt ein Bild über das, was in der Vergangenheit passierte.	Richtet sich auf künftige Leistungen.
Beurteilt nach Einschätzung die Leistungen der Vergangenheit, zum Beispiel durch Bewertungen von 1 bis 10 oder durch Umsatzergebnisse (oft gekoppelt mit finanzieller Kompensation).	Gibt Informationen über die Zusammenhänge des Verhaltens des Mitarbeiters und den Verkaufsergebnissen, um künftig noch erfolgreicher zu sein.
Wird gewöhnlich jährlich oder im Quartal durchgeführt.	Erfolgt an allen Arbeitstagen (Coaching kann man immer und überall durchführen).
Wird oft formalistisch durchgeführt und durch schriftliche Ausfertigungen bestimmt.	Wird normalerweise ohne Formalitäten durchgeführt. Niederschriften erfolgen nur in wenigen Fällen.
Ist mehr eine Einbahnstraße (von oben nach unten).	Ist kooperativ von beiden Seiten.
Konzentriert sich auf die Schwächen des Einzelnen.	Konzentriert sich auf den „Wir"-Effekt der Gruppe („Was können wir tun?").

■ **Counseling.** Zweck: Bewusstmachen der eigenen Rolle im sozialen Umfeld, mit
➡ Analyse spezifischer Probleme,
➡ Ansprechen von Emotionen,
➡ Besprechung konträrer Ansichten,
➡ tieferer Einsicht in persönliche Gefühle und Verhaltensweisen.

■ **Mentoring.** Zweck: Persönliche Entwicklung/Karriere, mit
➡ Sensibilität für die Unternehmenskultur,
➡ Entwicklung der Beziehungen im Unternehmen,
➡ persönlichem Engagement zur Weiterentwicklung.

■ **Training.** Zweck: Verbesserung spezieller Fähigkeiten, mit
➡ Verbesserung der verkäuferischen Fähigkeiten,
➡ Erhöhung der technischen Kompetenz,
➡ Anleitung zum Selbstmanagement,
➡ Verpflichtung zum dauerhaften Lernprozess.

■ **Confronting.** Zweck: Leistungsverbesserung und Beseitigung von Schwachpunkten, mit
➡ Definition der Leistungserwartungen,
➡ Identifikation der Leistungsdefizite,
➡ Vereinbarung höherer Herausforderungen,
➡ Strategien zur Leistungsverbesserung.

HANS-PETER RENTZSCH

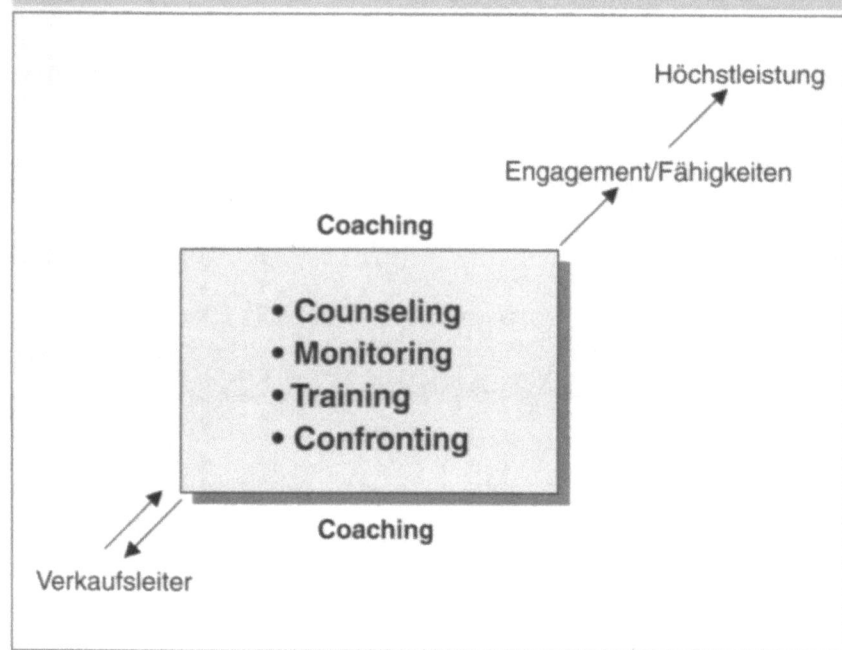

Coaching: Von der Analyse bis zur Höchstleistung

„LernTour" fördert das selbstorganisierte Lernen

ebenslanges Lernen" ist kein Reizwort mehr. Schaut man sich die Weiterbildungslandschaft in Industrie und Verwaltung an, ist dieser Begriff zur Selbstverständlichkeit avanciert. Aber was heißt das konkret für den Lernenden – und vor allem für Trainer? Nicht stures Pauken von vermeintlich Neuem ist gefragt, sondern eine neue Lernkultur, die gleichzeitig Offenheit und Geschlossenheit ermöglicht. Dass das kein Widerspruch ist, zeigt die „LernTour©", ein Personalentwicklungssystem, das an der Südwest Akademie für Unternehmensentwicklung in Emmendingen entwickelt und implementiert wurde.

Für die Theoretiker der Wissensgesellschaft und die Förderer der Globalisierung ist lebenslanges Lernen eine zwingende Notwendigkeit, für ISO-zertifizierte Unternehmen ein integrativer Bestandteil ihrer Prozesse. Kaum ein Unternehmen, kaum eine Verwaltungseinheit, die sich heute noch als weiterbildungs- oder beratungsresistent erweist.

Schlüsselqualifikation als Allheilmittel?

Eine besondere Bedeutung kommt den sogenannten Soft skills, den weichen Faktoren, zu. Harte Faktoren, also Fachwissen, Know-how und entsprechende Erfahrungen werden vorausgesetzt. Das allein reicht allerdings lange nicht mehr aus, um die heutige Komplexität im Wirtschaftsleben zielgerichtet und effizient zu bewältigen, um Probleme zu lösen, Kundenwünsche zu befriedigen und wirtschaftlichen Erfolg zu generieren.

Konsequenterweise wurden so genannte Schlüsselqualifikationen definiert, die die Gesamtpersönlichkeit in ihrer beruflichen Handlungsfähigkeit

fordert. Problemlösungs-, Lern- und Denkfähigkeit gehören ebenso dazu wie Kommunikations-, Kooperations- und Leistungsfähigkeit, Selbstständigkeit und Verantwortungsfähigkeit. In unzähligen Seminaren und Workshops werden nun aufgrund dieser Erkenntnisse genau diese Schlüsselfähigkeiten trainiert. Dabei wird in der Regel so getan,

➡ als ob wir wüssten, welche Wissens- und Handlungsbestände für die die Zukunft notwendig sein werden (und: dass es völlig aus-

reicht, diese Wissens- und Handlungsbestände abstrakt verbal zu formulieren),
➡ als ob das Instrument der „Schlüsselqualifikationen" eine Kompetenzgesellschaft hervorgebracht hat, die das technologische Überleben sichert,
➡ als ob man Zugänge zu Sachbereichen und neue methodische Aspekte für die Gesellschaft erschließen kann, wenn man nur einen entsprechenden „Schlüssel" (= Qualifikation) zum entsprechenden Schloss (= Struktur einer Persönlichkeit) hat,
➡ als ob überdauernde Fähigkeiten und Fertigkeiten beim Menschen wie in einem Regal gelagert werden und jederzeit abrufbar sind,
➡ als ob Trainer als „Vermittlungsingenieure" in der Lage sind, die Vision einer grundlegenden Erkenntnistheorie und einer grundlegenden Handlungskompetenz in die Realität zu übersetzen – und selbstverständlich für den Erfolg gerade zu stehen.

Entsprechend sehen viele Ergebnisse in diesen Bereichen aus:

Ute Höfer, Diplompädagogin, ist seit 1990 selbstständige Trainerin und Beraterin mit den Schwerpunkten Kommunikation, Präsentation, Persönlichkeitsentwicklung und Train-the-Trainer. Sie entwickelt individuelle Coachingprogramme für Führungskräfte und Gruppen und konzipiert innovative Lehr- und Lernmethoden. Ute Höfer ist Vorstandsmitglied der Südwest Akademie für Unternehmensentwicklung. Bis Mai 1999 war sie Vizepräsidentin des BDVT.

Südwest Akademie für Unternehmensentwicklung c/o Leitwerk Emmendingen, Forum für Kommunikation 79312 Emmendingen, Denzlingerstr. 27 Tel. (0 76 41) 9 30 98-0, Fax (0 76 41) 9 30 98-22 E-Mail: info@sw-akademie.de, Internet: www.sw.akademie.de

■ **Form erschlägt Inhalt.** Ein Intensivtraining im Bereich „Moderationstechniken" führt dazu, dass Besprechungsergebnisse nur noch danach bewertet werden, ob sie – platzmäßig – auf eine Moderationskarte passen.

■ **Sanfte, aber nicht kontrollierbare Kommunikation.** Kommunikationstraining führt dazu, dass Führungskräfte ihre Mitarbeiter nicht mehr anschreien und ihnen nicht einfach Lösungswege diktieren. Nun wird mit Engelszungen geredet. Es kommt zu einem friedlichen Gespräch in angenehmer Atmosphäre – aber leider zu keinem überprüfbaren Ergebnis.

■ **Alles-egal-Haltung.** Erfahrungen aus mehreren Seminaren und Workshops führen bei Mitarbeitern nicht selten zu Einstellungen wie: „Ist ja doch alles graue Theorie. Aber zwei Tage raus aus der Firma ist auch nicht schlecht; Hauptsache Hotel und Essen sind in Ordnung."

Was läuft hier eigentlich schief?

Vordergründig sind die „Schuldigen" schnell ausgemacht, sie variieren von unmotivierten Teilnehmern über Führungskräfte, die die entsprechenden Konzeptionen mittragen, bis hin zu Trainern, die halt doch nicht die gewünschten Qualifikationen aufweisen oder es eben einfach nicht richtig rüberbringen. Schaut man jedoch genauer hin, wird deutlich, dass hier den Herausforderungen der Postmoderne mit Logiken, Mitteln und Methoden aus dem Zeitalter der Aufklärung begegnet wird. Die Emanzipation des Menschen zum mündigen und freien Bürger war das erklärte Bildungsziel im Zeitalter der Aufklärung. Der Lehrer, der ja (schon allein von Berufs wegen) bereits mündig war, hatte seinen Schülern – also den unmündigen Menschen – die Mündigkeit beizubringen. Die Schüler wiederum, selbst noch nicht emanzipiert, mussten also alles, was der mündige Mensch vor ihnen erzählte, nur aufnehmen, um dann selbst mündig zu werden. Diese „Logik" wurde kaum in Frage gestellt. Und wenn doch, dann bestenfalls in Form von ratlosen Fragen, und auch nur in

philosophischen Kreisen. Denn dass diese Art der Erziehung und Belehrung den Lernenden Zwang auferlegt – den Zwang doktrinenhaft vermittelte Wahrheiten mindestens sinngemäß, besser noch wortwörtlich wiederzugeben – war schon immer ein großes Problem der Erziehungswissenschaft.

Was passiert im Kopf, wenn der Mensch lernt?

Erstaunlicherweise hat sich diese Art des Lernens – die reine Reproduktion – bis auf den heutigen Tag erhalten: Der Trainer muss eben nur richtig fit auf seinem Gebiet sein und die

Übung in Sachen selbstorganisiertes Lernen als „Lern-Tour": Einer oder Zwei sind nicht in der Lage, einen Karren aus „dem Dreck zu ziehen" (oben), aber wenn alle an einem Strang ziehen, dann lassen sich „Berge" versetzen – wie einen mächtigen 30-Tonner (unten).

ganze Sache richtig rüberbringen! Spätestens an diesem Punkt wird deutlich, dass – für eine grundlegende Änderung – sowohl der Begriff des Lernens, als auch der des Lehrens, revidiert werden müssen. Und damit stellt sich automatisch die Frage: Wie lernt der Mensch eigentlich? Was passiert im Kopf des Menschen, wenn er lernt?

Nach heutigem Stand der Forschung wissen wir, dass die „Realität" lediglich ein Konstrukt, ein individuelles, subjektives Konzept darstellt. Jede Person erschafft sich ihre individuelle Welt – auf der Basis ihrer individuellen Struktur. Wenn diese Subjektivität als Kernpunkt aller Erkenntnis anerkannt ist, so ergibt sich daraus der folgende einzig mögliche Schluss: Menschliches Lernen und menschliche Entwicklung müssen als ein weitgehend aktiver Prozess der individuellen Selbstorganisation in übergeordneten Systemen betrachtet werden (nach Prof. Dr. Edmund Kösel). Lernen findet statt, wenn der Lernende für sich entscheidet, diese oder jene Information aufzunehmen und sie abzuspeichern. Dieser Prozess ist von außen nicht steuerbar oder gar erzwingbar. Die lernende Person hat in ihrem Leben eine individuelle Struktur aufgebaut, die nur sie selbst in einem Akt der Handlung verändern kann. Erkenntnis ist in diesem Verständnis aktives Handeln. Nur aktives Handeln kann die vorhandene Struktur erweitern oder verändern. So ist es selbstverständlich auch für Trainer von außen nicht möglich, diese Struktur der lernenden Person zu verändern, weil diese als operational geschlossenens System unabhängig existiert. Es besteht jedoch die Möglichkeit des Angleichs der Strukturen, des Aufbaus eines Korridors, einer Koppelung zwischen Lehrendem und Lernenden.

Neue Lernkultur für das Training: „LernTour"

Methodische Variationen reichen sicher nicht aus – vielmehr muss eine neue Lernkultur geschaffen werden, die gleichzeitig Offenheit und Geschlossenheit ermöglicht. Offenheit im Hinblick auf Pluralität – und zwar Pluralität auf allen Ebenen: Anreizstrukturen, Gestaltungsräume, Methoden, Medien etc. – und Geschlossenheit im Hinblick auf Vereinbarungen über Werte, Regeln und Ziele.

Wie ist dieser Anspruch im Trainingskontext leistbar? Eine Antwort auf diese Frage heißt „LernTour©" – ein innovatives Personalentwicklungssystem, das vom Team der Südwest Akademie für Unternehmensentwicklung in Emmendingen (Ute Höfer, Gerd Kalmbach, Christine Simeon, alle Diplompädagogen, sowie Jürgen Kern und Andreas Wenzlau) entwickelt und erfolgreich implementiert wurde.

Bereits der Name „LernTour©" weist auf die Grundvoraussetzungen im Bereich lernen und lehren hin: Jede Person lernt gemäß ihrer individuellen Struktur, gemäß ihrer individuellen Präferenz der Repräsentationssysteme – nämlich selbstorganisiert, selbstmotiviert und selbstverantwortlich. Diesen Prozess gilt es innerhalb eines spezifischen Unternehmens mit seinen spezifischen Zielen und Möglichkeiten zu fördern und

zu fordern. Dieser Anspruch erfordert ein hohes Maß an Professionalität von den Trainern nicht nur im Hinblick auf die Umsetzung humanistischer Methoden – wie Transaktionsanalyse, Psychodrama, Themenzentrierte Interaktion, Neuro-Linguistisches Programmieren, Mediation – sondern auch im Hinblick auf die professionelle Reflexion und Begründung didaktischer Entscheidungen. Außerdem ist dieser Anspruch nur mit Hilfe eines tatsächlichen Trainerteams leistbar, in dem interdisziplinär gearbeitet werden kann.

Beispiel: „LernTour" in der Altenpflege

■ **Zielgruppe:** Geschäftsführer, Führungskräfte, Mitarbeiter (= Pflegefachkräfte) im ambulanten Versorgungsbereich.

■ **Aufgabenstellung:** Private Dienstleister im Bereich der ambulanten Alten- und Krankenpflege können nur

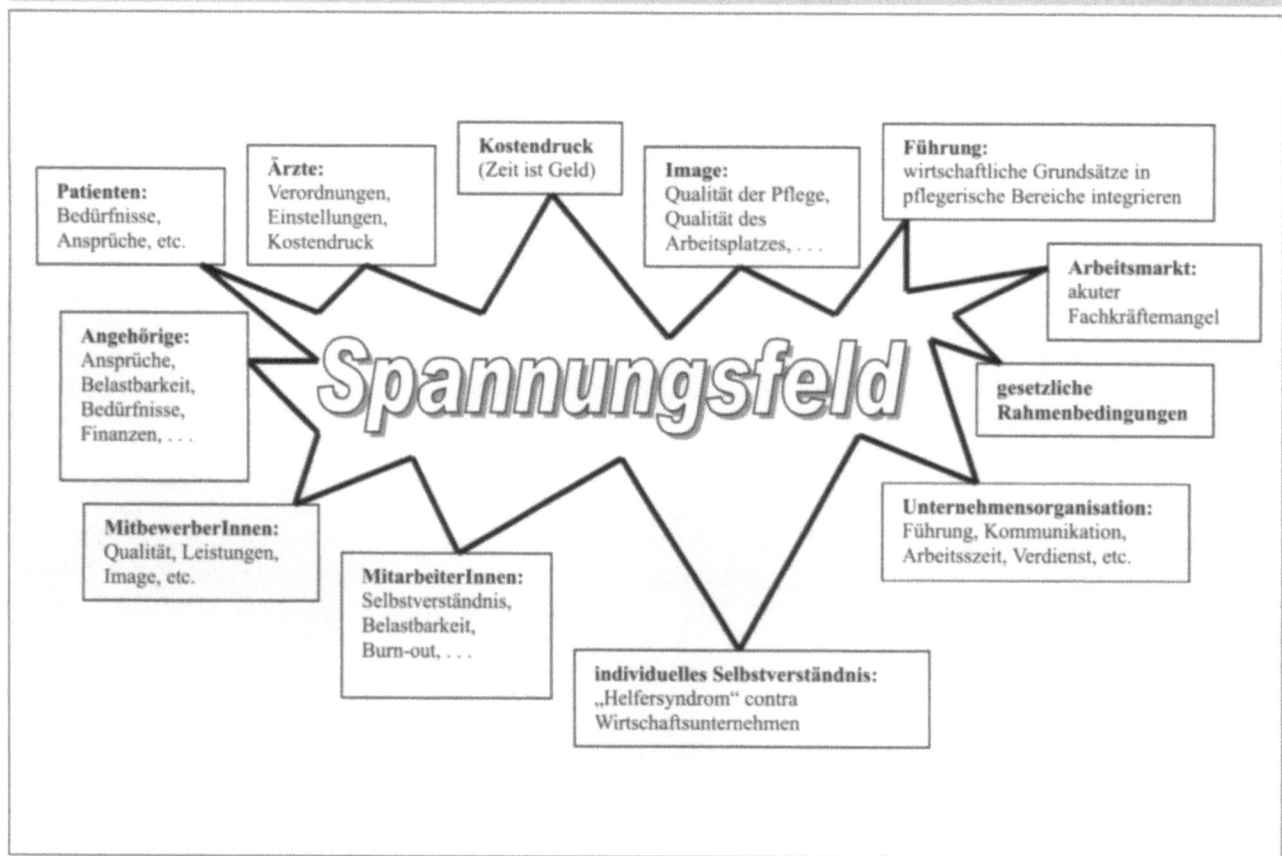

dann erfolgreich agieren, wenn sie das Spannungsfeld ihrer beruflichen Tätigkeit erfolgreich ausbalancieren.

■ **Ziele:**

➡ gezielter Auf- und Ausbau der sozialen und kommunikativen Kompetenzen der Pflegefachkräfte und damit konkreter Ausbau des USP (unique selling proposition) des Unternehmens,

➡ gezielter Auf- und Ausbau nicht nur des Images des Gesamtunternehmens, sondern auch des Images der Pflegefachkräfte generell in ihrem Berufsbild,

➡ Integration ökonomischer Denkweisen in ein Unternehmen sozial geprägter Ausrichtung,

➡ Burn-out-Prophylaxe für Mitarbeiter und Führungskräfte,

➡ gezielte Persönlichkeitsentwicklung der Mitarbeiter im Sinne der nachhaltigen Entwicklung beziehungsweise Stärkung einer positiven Grundhaltung und einer Stärkung des individuellen Selbstbewusstseins,

➡ Befähigung der Mitarbeiter und Führungskräfte zu einem konstruktiven, eigenverantwortlichen Umgang mit Konflikten,

➡ zunehmende Selbstverantwortung und Selbstorganisation in Lernprozessen.

Diese Ziele wurden in der folgenden Trainingskonzeption umgesetzt:

■ **Kick-off-Workshop.** Auf dem Programm: Eineinhalb Stunden Erläuterung des Projekts, Einstimmung und Einladung der Teilnehmer zum Mitmachen und Themensammlung durch die Teilnehmer.

■ **Thematischer Workshop.** Inhalt: „Wahrnehmung" (Herausstellen individueller Wahrnehmungsfilter, Strategien zur Komplexitätsreduktion der Wahrnehmung und damit der Notwendigkeit individueller Lösungsstrategien). Dauer des Workshops: eineinhalb Stunden.

■ **Kleingruppenarbeit.** Mit je einem Trainer und sechs bis acht Teilnehmern eineinhalb Stunden pro Gruppe und pro Woche. Direkt im Anschluss gingen die Teilnehmer wieder arbeiten und setzten im Idealfall das Gelernte direkt in die Praxis um.

■ **Workshop zur Zwischenevaluation.** Alle Teilnehmer; eineinhalb Stunden.

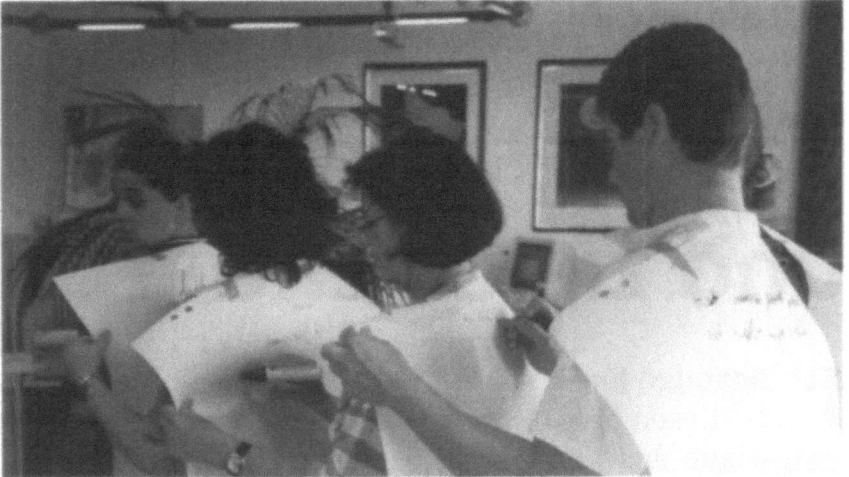

Spiel aus „LernTour": Das „Maikäferspiel" eignet sich, um positives Feedback zu üben.

■ **Fortsetzung der Kleingruppenarbeit.** Dauer des gesamten Prozesses: vier Monate.

■ **Abschlussworkshop.** Eineinhalb Stunden zur Reflexion aller Inhalte mit Selbstevaluation.

■ **Implementierungsphase.** Die in den Kleingruppen erarbeiteten Tools, Tipps und Tricks wurden didaktisch aufbereitet, so dass sie einerseits für jeden Lerntyp (auditiv, visuell und kinästhetisch) zugänglich waren, andererseits auf drei Wissensebenen (Handlungs-, Kontext- und Theoriewissen) eingeteilt wurden. Das so aufbereitete Wissen wurde den Mitarbeitern in der Form zur Verfügung gestellt, wie sie es am besten nutzen können und wollen (Handbuch, laminierte Karten mit Praxistipps, Plakate, Audiokassetten)

Konzeptioneller Bestandteil der „LernTour©" war die ausschließliche Ausrichtung der didaktischen Analyse auf die Bedürfnisse, Probleme und Themen der Teilnehmer. Auch die jeweilige Methodik wurde von den Teilnehmern bestimmt. Zusätzlicher Grundstein der Planung war die bedingungslose Akzeptanz der von den TeilnehmerInnen erarbeiteten individuellen Lösungswege, ohne in „wahr-falsch-Kategorien" wertend zu urteilen – nur so kann eine tatsächlich neue Lernkultur entstehen. Neben diesen Grundlagen bestimmten folgende Maximen den Erfolg dieser ersten „LernTour©":

➡ das Handlungsprinzip stand jederzeit im Vordergrund (schließlich ging es hier um Praktiker),

➡ die Erwartungshaltung der Teilnehmer – gerade auch im Hinblick auf den Erlebnischarakter – sollte erfüllt werden,

➡ Themen, Übungen und Beispiele mussten aus der Praxis für die Praxis der Teilnehmer sein,

➡ auch die Sprache der Trainer musste alltagstauglich sein,

➡ die Teilnehmer mussten in den einzelnen Arbeitsschritten ihren konkreten individuellen Nutzen erkennen und diesen auch für sich herausziehen können,

➡ die Teilnehmer wurden nicht berieselt und konnten sich nicht in eine passive Konsumentenhaltung zurückziehen – Selbstverantwortung und Selbstorganisation standen im Mittelpunkt,

➡ die konkreten Konflikte der Teilnehmer wurden bearbeitet (keine Vorgaben!),

➡ Themen wurden frei gewählt (Motto: Was brennt gerade?),

➡ Störungen hatten Vorrang,

➡ das gesamte Projekt „LernTour©" basierte auf dem Prinzip der Freiwilligkeit.

Fazit: „LernTour©" macht deutlich, dass strategische Unternehmensziele dann effizient umgesetzt werden können, wenn die Integration der individuellen Lernlandschaften der Mitarbeiter und der Führungskräfte nicht nur berücksichtigt, sondern integriert werden. Nur so können Selbstverantwortung, Selbstorganisation und Selbstmotivation gezielt angestoßen, gefördert und gefordert werden.

UTE HÖFER

Tagungsumfeld zeitgerecht und zielorientiert angehen

Ich benötige für einen Workshop mit 50 Teilnehmern Ende diesen Monats in einem Hotel einen großen Tagungsraum und vier bis fünf Gruppenräume" – diese und ähnliche Anliegen erreichen nicht selten Serviceagenturen für Vermittlung von Tagungshotels und die Reservierungsabteilungen von Hotels. Ein Indiz dafür, dass oftmals erst in allerletzter Minute daran gedacht wird, für ein geplantes Projekt ein geeignetes Domizil ausfindig zu machen. Glaubt man den Insidern, dass nach ihrer Einschätzung von den rund 6 000 Hotels mit Tagungsmöglichkeiten nur rund 150 dem idealen Anspruch eines professionellen Tagungsumfeldes gerecht werden, liegt es auf der Hand, dass allein wegen der allzu kurzfristigen Planung viele Seminargruppen und ihre Trainer mit dem Hotel und der gebotenen Leistung unzufrieden sind.

Diese Gedanken sollten in den Weiterbildungs- und Personalentwicklungsabteilungen der Unternehmen und auch bei Trainern und Dozenten, die intern oder von außen die Projekte initiieren und betreuen, Eingang finden. Nur wer zielorientiert und zeitgerecht bei der Planung und Durchführung von Seminarprojekten vorgeht, hat die Chance, ein in jeder Hinsicht gutes Ergebnis zu erzielen.

Erste Phase: Was soll erreicht werden?

Durch die Beantwortung der sechs großen „Ws" (was, wer, wie lange, wann, wo, wie viel?) ergibt sich das Konzept einer Tagung als Grundlage für die weitere Vorbereitung.
■ **Was?** Welche Weiterbildungsmaßnahmen sollen durchgeführt werden? Die Antwort auf diese Frage ergibt sich aus der Aufgabenstellung der Verantwortlichen in Geschäftsfüh-

rung, Personalentwicklung, Vertrieb und dem ausgewählten Trainer oder Trainingsinstitut. Die Maßnahmen werden meist schon in einem recht frühen Stadium festgelegt.
■ **Wer** an dem geplanten Projekt teilnimmt, beantwortet das Konzept.

Das Seminar wird inhaltlich für eine bestimmte Zielgruppe, zum Beispiel für den Außendienst oder Verkauf (Innendienst), geplant.
■ **Wie lange** ein Seminar dauert, hängt in der Regel vom inhaltlichen Programm ab. Nach den Erfahrungen werden im Durchschnitt Zwei- bis Drei-Tages-Seminare favorisiert.
■ **Wann** soll das Seminar stattfinden? Diese Frage ist oftmals die schwierigste bei der Vorbereitung und Durchführung. Sie muss sich zwangsläufig an Saisonbedingungen des Unternehmens orientieren. So wird zum Beispiel niemand ein Seminar für den Einzelhandel in den Herbst und die Vorweihnachtszeit legen. Auch die Ferienzeiten des betroffenen Teilnehmerkreises, der gegebenenfalls aus unterschiedlichen Bundesländern kommt, müssen Berücksichtigung finden. Das klingt simpel, und doch sind Ferien oft der Grund für die kurzfristige Absage eines geplanten Seminars.
■ **Wo** die Maßnahme stattfindet, sollte sich nach dem Anreiseweg der

Seminarhotels, professioneller Service, Tel. 0800 / 10 000 50

Ein Anruf bei Accor und Sie haben Zeit und Geld gespart. Von einem eingespielten Team wird Ihnen von Anfang bis Ende die Arbeit abgenommen. Sie brauchen nur aus über 160 Seminarhotels das für Sie beste auszuwählen. Dabei finden Sie uns in allen wichtigen deutschen Business-Städten.

SOFITEL · NOVOTEL · MERCURE · PANNONIA · IBIS

www.accor.com

Kostenplanung eines Zwei-Tages-Seminars	
1. Trainer/Dozent	Honorar und Nebenkosten (nach Vereinbarung) Lernmittel, Hand-outs etc.
2. Teilnehmerkosten	Anfahrt je nach Anreise (Pkw oder Bahn) Hotelkosten für die Voranreise pro Person, bei mehr als 2 Stunden Anfahrt zu empfehlen, (Übernachtung/Frühstück, Abendessen) 1 mal Tagungspauschale Vollpension pro Person (Mittagessen, Abendessen, 2 Kaffeepausen) Raumbereitsstellung mit Standardtechnik 1 mal Tagungs-Konferenzpauschale pro Person für den Abreisetag (Mittagessen, 2 Kaffeepausen) Tagungsgetränke pro Person je nach Hotelkatgorie (4 bis 6 Getränke, 4 Mark bis 6 Mark je 0,2 l) Tischgetränke zu den Mahlzeiten, (je Mahlzeit ca. 15 Mark bis 20 Mark)
3. Sonstiges	zusätzliche Raumkosten, z. B. für Gruppen- räume nach Vereinbarung Kosten für Technik, d. h. zusätzlich zur Standard- technik (Overheadprojektor/Leinwand/ Flipchart/ Pinwand etc.) Videoanlage, mit oder ohne Kamera zusätzliche Pinwände, Papier für Flipchart

Zielgruppe orientieren. Es macht Sinn, den Ort der Veranstaltung in eine für alle gleichermaßen günstige Region zu legen. Ein Beispiel für Teilnehmer, die aus der ganzen Republik kommen, ist der Bereich zwischen Göttingen, Kassel und Fulda – alle drei Standorte haben IC-Anschlüsse der Deutschen Bahn. Die Anbindung an das Intercity-Netz der Bahn wird nach den täglichen Stau-Erlebnissen auf bundesdeutschen Autobahnen zunehmend interessanter. Im Zuge dessen werden hotelseitig auch schon kombinierte Pauschalen – Bahnkarte plus Tagungspauschale – angeboten.

Allzu nah am Unternehmensstandort sollte das Seminar freilich nicht stattfinden. Der eine oder andere Teilnehmer hält es sonst für reizvoll, nach Seminarschluss aus „bestimmten Gründen" nach Hause zu fahren. Das ist dem Gruppenprozess mehr als abträglich.

■ **Wie viel** das Seminar kosten darf, das hängt nicht zuletzt vom gesamten Weiterbildungsbudget ab. Lesen Sie dazu das Beispiel im Kasten.

Praxis-Tipps:
Lassen Sie bei Anreise der Teilnehmer am Vorabend die Berechnung der Vollpensionspauschale mit dem Abendessen beginnen. Und: Zwei Tagungsgetränke und ein Tischgetränk lassen sich oftmals in die Tagungspauschale inkludieren.

Zweite Phase: die Vorbereitung

Nachdem die Kriterien der sechs „Ws" festgelegt wurden, hat in der Vorbereitungsphase die Suche nach einer geeigneten Tagungsstätte höchste Priorität. Die Auswahl des richtigen Tagungshotels trägt entscheidend zum Erfolg oder Misserfolg einer Veranstaltung bei.

■ **Hotelauswahl: Je früher desto besser.** Aufgrund der eingangs erwähnten Situation, dass wirklich professionelle Tagungshotels im wahrsten Sinne des Wortes dünn gesät sind, ergibt sich, dass diese oftmals lange im voraus ausgebucht sind. Je größer die Teilnehmergruppe und je höher der Anspruch an die Tagungsräume in Größe und Vielfalt, desto schwieriger sind kurzfristige Buchungen. Erfahrungsgemäß beträgt die ideale Vorlaufzeit im Seminarbereich sechs bis neun Monate (bei größeren Tagungsprojekten wie Mitarbeitertagungen, Jahresauftaktveranstaltungen mit mehr als 100 oder 150 Teilnehmern sind zwölf Monate oder mehr besser!). Für beide Varianten gilt dies besonders, wenn der Termin in den tagungsstarken Monaten März bis Mai und September bis November liegt.

■ **Der Anspruch von Veranstalter, Teilnehmerkreis und Trainer an das Tagungshotel.** Über die Kriterien eines tagungsspezialisierten Tagungshotels äußern sich Fachautoren in unterschiedlichsten Fachzeitschriften und Buchveröffentlichungen. Hier wird ausführlich über die Grundvoraussetzungen von Tagungsräumen,

Tagungen stehen und fallen auch mit dem Ambiente des Essbereiches. Hier die gedeckten Tische des Park- & Sporthotels „revita" in Bad Lauterberg/Harz.

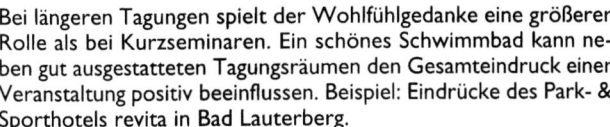

Bei längeren Tagungen spielt der Wohlfühlgedanke eine größerer Rolle als bei Kurzseminaren. Ein schönes Schwimmbad kann neben gut ausgestatteten Tagungsräumen den Gesamteindruck einer Veranstaltung positiv beeinflussen. Beispiel: Eindrücke des Park- & Sporthotels revita in Bad Lauterberg.

über die Philosophie der Seminararchitektur, über seminargerechte Verpflegung, Anforderungen an Technik geschrieben. Dem kann nur zugestimmt werden, und hier gibt es seitens der Hotellerie viel zu tun. Doch selbst wenn ein Haus unter Berücksichtigung all dieser Erkenntnisse konzipiert und eingerichtet wurde, kann dies nur im Zusammenspiel mit entsprechend geschulten und hochmotivierten Mitarbeitern seinem Anspruch gerecht werden. „Hard- und Software" müssen stimmen.

Vor allem ein klares Anforderungsprofil seitens des Veranstalters ist Grundvoraussetzung für die erfolgreiche Suche nach dem geeigneten Domizil. Hierzu ist die Veranstaltung ganzheitlich zu betrachten. Neben den Erfordernissen, die sich seitens des verantwortlichen Trainers durch Lerninhalte und Methodik ergeben, sind die äußeren Bedingungen wesentlich.

Soll beispielsweise ein ein- oder zweitägiges Seminar mit einer Ver-

kaufsmannschaft durchgeführt werden, ist das vorhandene Schwimmbad und die Fitnesseinrichtung nicht wichtig. Hier hat neben dem exzellenten Tagungsraum und dem entsprechenden Ambiente eher die gute Erreichbarkeit Priorität. Tagt hingegen die Gruppe eine ganze Woche lang (Anreise Sonntagabend/Abreise Freitag), kommt dem Freizeitwert und Wohlfühlgedanken des Hauses eine hohe Bedeutung zu.

Dass bei den Seminarveranstaltungen mit Outdoorelementen die entsprechenden Voraussetzungen im Außenbereich und bei einer Internetschulung die passenden technischen Gegebenheiten im Seminarraum zwingend notwendig sind, versteht sich von selbst.

Auch Hierarchien spielen eine Rolle. Nicht in allen Unternehmen tagt die Führungscrew in demselben Haus wie der Außendienst. Und die Kick-off-Veranstaltung hat einen anderen Stellenwert als das Fachseminar im Verlauf des Jahres.

■ Wie finde ich das richtige Hotel?

Hier wird gerne das Beispiel des Chefs angeführt, der seine Sekretärin beauftragt, ein geeignetes Hotel für das Seminar oder die Tagung ausfindig zu machen und alles Weitere zu organisieren. Neben ihrer ohnehin schon reichlich bemessenen Tagesarbeit ist sie nun gehalten, im Dschungel von Angeboten via Telefon oder Internet fündig zu werden. Als Hilfsmittel können gute Tagungsstättenführer dienlich sein, zum Beispiel „Intergerma", „Ausgewählte Tagungshotels zum Wohlfühlen", „DeGefest" oder „Schüller".

Praxis-Tipp:

Besonders effektiv erweist sich die Zusammenarbeit mit einer professionellen Vermittlungsagentur für Tagungshotels. Diese verfügt über große Marktübersicht und übernimmt alle Aufgaben zur Suche und Buchung. Im ersten Schritt startet sie die Anfrage bei entsprechenden Hotels in der gewünschten Region. Sie gleicht die eingegangenen Angebote mit dem

Maria Laach mit seinem 900 Jahre alten Benediktinerkloster (zwischen Bonn und Koblenz gelegen, Bild Mitte). Das Seehotel Maria Laach kann als Aushängeschild seinen neuen 150 qm großen „Lernboden" mit den Räumen „Laacher Tuff", „Mendiger Basalt" und „Mayener Schiefer" vorweisen (ganz oben). „Die Nähe zum Kloster baut Brücken", verspricht die Marketingabteilung des Hauses.

Anforderungsprofil ab, erledigt notwendige Rückfragen und gibt die Ausbeute als Angebotsübersicht an den Veranstalter. Dieser wählt aus, und die Agentur bucht.

■ Pluspunkte für die Kooperation von Veranstaltern und Trainern mit einer Vermittlungstour:

➡ Der Veranstalter kann davon ausgehen, dass Stärken und Schwächen von Hotels bekannt sind und idealerweise die präferiert werden, die von Seminarleitern und Gruppen positiv bewertet wurden.

➡ Der Veranstalter hat den positiven Nebeneffekt, dass ihm als Einsteiger gleichzeitig eine kompetente Beratung zuteil wird.

➡ Der Service ist in der Regel für den Veranstalter kostenfrei, da er sich durch Vermittlungskommissionen der Hotels finanziert.

➡ Trainer bieten erstens ihren Auftraggebern einen guten Zusatznutzen, indem sie für ihn die „lästige" Arbeit der Hotelsuche an einen kompetenten Partner delegieren, und

➡ zweitens ist so für den Trainer am ehesten gewährleistet, dass die eigenen Vorstellungen und Wünsche ohne Kommunikationsverluste umgesetzt werden.

■ Die Tagungspauschale. Basis für eine optimale und kalkulierbare Preisgestaltung ist die Tagungspauschale. Als Vergleichsstandard gilt beim normalen Seminar mit Übernachtung die „Tagungspauschale Vollpension" (= 24-Stunden-Pauschale). Sie enthält folgende Leistungen:

➡ Übernachtung/Frühstück im Einzelzimmer,

➡ Mittagessen als Lunchbuffet oder Wahlmenü,

➡ Kaffeepause am Vor- und Nachmittag, möglichst mit kleinen Beilagen,

➡ die Bereitstellung des Tagungsraumes entsprechend der Personenzahl,

➡ ergänzend eventuell Tagungsgetränke und ein Tischgetränk.

Bei Hotels, die ihr Angebot mit Bausteinen schnüren, ergibt sich oftmals zusätzlicher Informationsbedarf.

■ Geschäfts-/Rücktrittsbedingungen. Bei Hotelverträgen ist wie bei allen anderen Verträgen das Kleingedruckte zu beachten. Wesentlich sind im Allgemeinen die Rücktrittsklauseln. Bei Seminaren im üblichen Rahmen liegt die Frist für kostenfreie Stornierung vielfach bei vier bis sechs Wochen vor dem Veranstaltungstermin. Um Rückfragen und Unklarheiten zu vermeiden, sind bei der Buchung des ausgewählten Hotels folgende Einzelheiten zu erfassen:

■ **Checkliste für die Hotelbuchung:**
➡ Termin und Teilnehmeranzahl/ gegebenenfalls Zielgruppe,
➡ Veranstalter/Rechnungsanschrift/ Ansprechpartner,
➡ Zimmer, Anzahl,
➡ Teilnehmerliste,
➡ Name des Seminarleiters vor Ort,
➡ Tagungsraum mit Angabe der relevanten Nutzungszeiten,
➡ Bestuhlung, weitere Bereitstellung,
➡ Technik,
➡ Anweisung zur Beschriftung der Hinweistafeln im Hotel,
➡ Modalitäten zur Kostenübernahme, gegebenenfalls Zeichnungsberechtigter,
➡ Zeitabläufe soweit bekannt,
➡ seminarspezifische Hinweise,
➡ gegebenenfalls Bestätigung mündlicher Absprachen.

■ **Inhaltliche und zeitliche Strukturierung.** Hier gibt der verantwortliche Trainer sein Konzept vor. Bei Seminaren, die nicht im üblichen Zeitraster liegen (wenn sich ein Workshop in den Abend hinein erstreckt), ist es sinnvoll, hierüber auch schon im Vorfeld das Hotel zu informieren.

■ **Einladung an die Teilnehmer.** Diese sollte frühstmöglich unter Angabe folgender Informationen erfolgen:
➡ Art und Ziel der Veranstaltung,
➡ Termin mit Angabe des gewünschten An- und Abreisezeitpunktes,
➡ Adresse des Durchführungsortes, möglichst mit Hotelprospekt,
➡ Informationen zu den Anreisemöglichkeiten,
➡ Regelung der Kostenübernahme.

Dritte Phase: die Durchführung

Der Idealfall (meist nur Vision!): Trainer und Teilnehmer reisen am Vorabend des Seminars an. Alle werden namentlich und mit Zuordnung der

Gruppe im Hotel erwartet. Der Trainer erhält ein besonderes Trainerzimmer – mit Schreibtisch, Fax und Modemanschluss – und einen Hinweis auf „seinen" Tagungsraum, der ab 19 Uhr zur Vorbereitung bereitsteht. Die Teilnehmer beziehen ebenfalls ihre Zimmer, und alle treffen sich zum Abendessen im Restaurant. Hier wurde bereits im Vorfeld ein Tisch für die Gruppe reserviert. Das Essen ist von exzellenter Qualität, der Service aufmerksam und freundlich. Im Verlauf des Abends bereitet der Trainer den Seminarraum vor. Dieser besticht durch seine frische Atmosphäre, das Mobiliar ist seminargerecht, das Equipment neuester Generation. Alles ist so bereitgestellt wie vorab besprochen. Ein Hotelmitarbeiter erkundigt sich, ob noch Wünsche offen sind, die er umgehend erfüllt. Er stimmt den Ablauf und die Pausenzeiten des nächsten Tages mit dem Seminarleiter ab. Der erste Seminartag verläuft dann auch erwartungsgemäß. Teilnehmer und Dozent

sind hochzufrieden und freuen sich auf den nächsten Tag. Bei der Abreise erkundigt sich der betreuende Hotelmitarbeiter beim Seminarleiter nach seinem Feedback und erfragt eventuelle Kritikpunkte ... Die Liste der Positiveindrücke ließe sich endlos fortsetzen. Aber in den allermeisten Fällen läuft alles anders! Dann ist ganz besonders die Integrität des Trainers ist gefragt.

■ **Der Trainer als zentraler Punkt im Zusammenspiel zwischen Veranstalter, Teilnehmergruppe und Hotel.** Sicher kennen Sie diese Situation: Ein Teilnehmer hat das Zimmer neben dem Aufzug erwischt, wo zudem ein dicker Rotweinfleck als Relikt eines Vorgängers den Teppichboden ziert. Am Morgen nach der ersten Nacht mault der Betroffene beim Frühstück darüber – just in dem Moment, als ein anderer feststellt, dass kein Rührei mehr am Buffet ist. Sogleich finden sich weitere Stimmen, die das eine oder andere beklagen – vielleicht sogar zu Recht –, und schon wird das

Hotel im Einklang schlecht, was die Gesamtstimmung irgendwie trübt. Niemand der Anwesenden weiß von der Ausgangslage, als drei Wochen vor dem Veranstaltungstermin ein Hotel gefunden werden musste. Natürlich hatte der Standort und das Preisbudget höchste Priorität, sodass es im Grunde gar keine Alternative zu diesem Hotel gab. In solchen und ähnlichen Fällen ist der Trainer als Integrationsfigur gefragt. Er hat es auch dann zum großen Teil in der Hand, die Gruppe trotz des einen oder anderen äußeren Mankos in positive Stimmung zu versetzen. Stößt der Trainer in dasselbe Horn, beklagt er die Unzulänglichkeiten, dann sind die Folgen fatal. Vielmehr gilt es nun, den Blick zu schärfen für die guten Leistungen, die in solchen Situationen gerne übersehen werden. Zudem gilt es natürlich, die Dinge sofort vor Ort mit den Verantwortlichen im Hotel anzusprechen. Es ist fair, den Angestellten die Chance auf Ausgleich noch während des Aufenthaltes einzuräumen. Vielleicht erweist sich die Hotelmannschaft noch als Meister des Reklamationsmanagements.

Vierte Phase: die Nachbereitung

Wurde die Veranstaltung ihrem Zielanspruch gerecht? Über die Erfolgskontrolle von Seminaren und Trainings gibt es in Fachkreisen geeignete Methoden. Das Thema ist an dieser Stelle nicht vorgesehen. Vielmehr interessieren hier die äußeren Rahmenbedingungen.

■ **Fragebogenauswertung.** Es ist heute selbstverständlich, dass der Trainer via Fragebogen das Feedback seiner Veranstaltung abfragt. Neben der Bewertung für die Inhalte und Methoden des Seminars gibt es oftmals auch den Punkt der Hotelzufriedenheit. Dieser wird in der Regel insoweit genutzt, dass das betreffende Haus künftig immer wieder oder nicht mehr berücksichtigt wird. Dieses Vorgehen ist unzulänglich. Veranstalter, Tagungsvermittler, Trainer und insbesondere Hotelverantwortliche sollten die Kritik als Chance begreifen. Für letztgenannte eigentlich eine selbstverständliche Holschuld. Nur so lässt sich die eingangs erwähnte Zahl der wirklich professionellen Tagungshotels auf Dauer erhöhen. In jedem Fall ist es wichtig, das Auswertungsergebnis in allen Punkten für künftige Planungen zu berücksichtigen. Die Teilnehmer fühlen sich dadurch ernst genommen und werden auch bei nächsten Veranstaltungen gerne wieder ihre Beurteilung abgeben.

■ **Veranstaltungsabrechnung.** Diese hat im Rahmen der Nachbereitung durchaus ihre Berechtigung. Der Abgleich der tatsächlichen Kosten mit den im Vorfeld budgetierten Zahlen ist mitunter interessant. Oftmals sind die Nebenkosten in der Hotelrechnung erheblich höher als angesetzt. Günstig für die Rechnungskontrolle ist es, wenn ein Zeichnungsberechtigter vor Ort die Einzelbelege kontrolliert und abgezeichnet hat.

ELISABETH KAISER

Worauf ist bei der Hotelanfrage zu achten?

Veranstaltungstermin	
Art des Seminars	z. B. Telefontraining
Benötigte Zimmeranzahl	möglichst mit Ca.-Uhrzeiten der An-/Abreise
Benötigter Tagungsraum	Rechnen Sie im Seminarbereich mit ca. 3–5 qm pro Person, fordern Sie eine Raumskizze an, woraus der Schnitt und andere Kriterien wie Fenster und Säulen erkennbar sind. Schlauchförmige Räume sind eher negativ zu bewerten. Vor allem im Seminarbereich eignen sich quadratische Räume besser. Je nach Veranstaltung kann auch die Höhe eines Tagungsraumes von elementarer Bedeutung sein, vor allem bei größeren Gruppen mit dem Anspruch an Großbildprojektion.
Tageslicht	Grundvoraussetzung (verdunkelbar)
Bestuhlung	nach Abstimmung mit dem Trainer (z. B. Stuhlkreis, U-Form, parlamentarische Bestuhlung (Tische mit Stühlen, Block – bei sehr kleinen Gruppen)
Gruppenräume	Frage nach Größe und Nähe zum Tagungshauptraum
Besonderheiten	je nach Ausrichtung des Seminars, z. B. Möglichkeiten für Outdoortrainings, Internet-Anschlüsse im Seminarraum usw.
Technik	Fragen Sie die Preise für zusätzliche Technik, z. B. die Videoanlage, bereits mit an. Die Preisunterschiede sind zum Teil gewaltig.
Weitere Einzelheiten	(falls nicht bekannt) z. B. Zimmerausstattung, Freizeitbereich, Anfahrt, Parkmöglichkeiten
Preis	Frage nach Tagungspauschalen entsprechend dem Zeitraster der Veranstaltung
Option	Erbitten Sie beim anbietenden Hotel eine Option bis zu dem Termin, bis zu dem für Sie die Hotelentscheidung möglich ist. (Während dieser Zeit hält das Hotel sein Angebot aufrecht und vergibt die Kapazitäten nicht anderweitig; 2–4 Wochen sind in der Regel kein Problem) Es ist fair, die Optionen auch wieder abzusagen.

Firmen-
porträts

Trainer sind nicht nur Kollegen, sondern auch Wettbewerber. Gerade unter sich verschärfenden Marktbedingungen ist es deshalb erfolgsentscheidend, sich seinen Kunden optimal zu präsentieren. Das heißt auch, sich durch klare Darstellung des USP in Werbung und PR zu positionieren. Mit folgenden Firmenporträts definieren Trainingsunternehmen ihre Leistungsprofile, grenzen sich damit vom Wettbewerb ab und erleichtern Entscheidern so die optimale Trainerauswahl.

ADM

Andreas Dolle

Institut für
Management- und
Persönlichkeits-
entwicklung

»Nicht Prinzipien,
sondern
Persönlichkeiten
bringen die
Zeit in Bewegung.«

Consulting, Training

und individuelles Coaching

für Führungskräfte,

Vertrieb und

Customer Care Center.

→ Hausanschrift: Fon 05251-2 25 40
Kilianstrasse 65 A   Fax 05251-2 25 46
33098 Paderborn   info@adm-online.de
Postanschrift:
Postfach 1423   Mitglied im BDVT
33044 Paderborn   www.adm-online.de

Siehe auch Profil im Anbieterverzeichnis auf Seite 106.

AKM Praktiker Training

Wolfgang Braun, BDVT
Außendienst-, Kundendienst- und
Messetraining
Am Wiesengarten 9
63584 Gründau
Tel.: 0 60 58 / 85 69
Fax: 0 60 58 / 90 61 19
e-mail: info@akm-braun.de
Internet: www.akm-braun.de

▼ KURZPORTRÄT

Werkzeugmacher, Maschinenbau-
studium, 12 Jahre Verkaufsingenieur,
4 Jahre Verkaufsleiter und On-the-job-
Trainer, Absolvent der Trainer-Akade-
mie-München, seit 1987 selbstständiger
Verkaufstrainer, Experte für Außen-
dienst- und Kundendienst-Praxistraining,
Autor des Buches „Befreie dich aus
deiner Enge", Herausgeber des Monats-
blattes „Der Außendienst-Praktiker"

▼ BRANCHENSCHWERPUNKTE

- Investitionsgüterindustrie
- Gebrauchsgüterindustrie
  (techn. Produkte)
- technische Dienstleistungen

▼ ZIELGRUPPEN

- Außendienstverkäufer
- Kundendienstmitarbeiter
- Innendienstverkäufer
- Messestandbesatzung

▼ ARBEITSWEISE

- Trainingsbedarfsanalyse (on-the-job)
- praxisorientierte Seminare
- Praxistraining (on-the-job)
- Ermutigung für die Teilnehmer
- Erfolgskontrolle (on-the-job)

▼ ZIELE

- Kundenorientiertes Denken und
  Verhalten fördern
- Effektivität steigern
- Begeistung für die Arbeit auslösen
- Deckungsbeiträge erhöhen

▼ TRAINER

Wolfgang Braun

Ich freue mich auf Ihren Besuch im web:
www.akm-braun.de

ATC
Ausbildungs- und Trainings-
Cooperation

An der Droth 20
30982 Pattensen
Tel.: 0 51 02 / 91 40 41
Fax: 0 51 02 / 90 98 36
eMail: ATC-Wege-zum-Erfolg@
t-online.de

▼ KURZVORSTELLUNG

25 Jahre erfolgreiches Training!
Platon und mehr!
Seminare und Training vor Ort!
Individuell zugeschnittene Seminare,
speziell für Ihr Unternehmen!

▼ ZIELPERSONEN/ZIELSETZUNG

- Haben Sie mit Menschen zu tun?
- Wollen Sie Ihren Umsatz sowie
  Ihre Qualität steigern?
- Wollen Sie eine Personalführung
  einsetzen, die begeistert?
- Wollen Sie zufriedene Mitarbeiter,
  die sich mit Ihrem Unternehmen
  idenitfizieren?

Dann ist die ATC Ihr richtiger Partner!

Freude im Beruf bedeutet
Freude am Leben!

Gern senden wir Ihnen Info-Material zu,
damit Sie die verschiedenen ATC-
Leistungen in Ruhe einsehen können!

▼ UNSER ANGEBOT FÜR SIE!

Sie erhalten einen kostenlosen Analyse-
tag. Wir erstellen ein Marketingkonzept
speziell für Ihr Unternehmen. Sie entscheiden, ob Sie anschließend eine
Partnerschaft mit Ihrer ATC eingehen.
Wir wollen, daß Sie zufrieden sind!

▼ ANSPRECHPARTNER

Klaus Bank
Tel.: 0 51 02 / 91 40 41
Fax: 0 51 02 / 90 98 36
eMail: ATC-Wege-zum-Erfolg@
t-online.de

Dr. Heinz Joachim Bless

Mörsenbroicher Weg 151
40470 Düsseldorf
Telefon: 02 11 / 62 38 17
Telefax: 02 11 / 62 38 18

▼ KURZVORSTELLUNG

25 Jahre Verkaufserfahrung als Inhaber einer Handelsagentur CDH. Seit 1986 Trainer und Gastreferent an den Universitäten Mannheim, Münster, Saarbrücken, Dozent für VKF an der WAK Köln, Co-Autor: Handbuch Verkaufsförderung und Erfolgreiches Verkaufsmanagement.
Seit 1994 Referent bei zahlreichen Tagungen zum Thema Verkaufsförderung mit elektronischen Medien (Multimedia) am POS.
Die umfangreichen Branchenerfahrungen und eigene jahrzehntelange Verhandlungspraxis begünstigen eine lebendige, auf den Einzelfall zugeschnittene Stoffbehandlung.

▼ BRANCHENSCHWERPUNKTE

➤ Computer, Elektronik, Multimedia
➤ Elektro
➤ Bauwirtschaft
➤ Investitionsgüter
➤ Nahrungs- und Genußmittel
➤ Sanitätsprodukte
➤ jeweils Industrie, Groß- und Fachhandel

▼ ZIELPERSONEN

Key-Account-Manager, Führungskräfte, Verkaufsorganisationen, die mit professionellen Einkäufern arbeiten, Ingenieure, Architekten etc., die Anwender beraten und verkaufen. Kundenbetreuer des Innendienstes, technisches Servicepersonal, Einzelhandels-Fachverkäufer des gehobenen Bedarfs.

▼ ZIELSETZUNG UND DURCHFÜHRUNG

Ziel ist, das gesamte Verkaufsteam durch verbessertes Auftreten, überzeugendes Verhandlungsverhalten und gewinnende Kommunikation zu einer der Firmenphilosophie entsprechenden, vorbildlichen Organisation zu machen.
Ich bevorzuge Unternehmen, die ihre Weiterbildungsmaßnahmen mit einem Erfolgsnachweis durchführen wollen. Deshalb sind bei mir von Anfang an Methoden der Ergebnisnachweis beim Training vorgesehen.

▼ REFERENZEN

Referenzliste auf Anforderung oder im Persönlichen Gespräch.

ANSPRECHPARTNER

Dr. Heinz Joachim Bless

▼ IHR ANSPRECHPARTNER

Harald G. Butzko
Mobil: 0170-80 888 96

▼ KURZVORSTELLUNG

In dem Slogan „... for better communication" bündelt sich die Kernkompetenz der butzko consult. Seit 1987 unterstützt Harald G. Butzko Unternehmen bei der Führungskräfte- und Teamentwicklung sowie bei der Durchführung von Vertriebstrainings. Dabei war sein Leitmotiv immer, innovative Trainingsformen für seine Kunden zu entwickeln. Das von ihm mitgeprägte Verfahren „WirtschaftsSuperVision" (WiSV®) hat daran einen großen Anteil.

▼ ZIELSETZUNG

Harald G. Butzko ist Ihnen behilflich, Ihre Visionen und Zielsetzungen wirksam umzusetzen.

▼ NUTZEN

Leistungsfähige Kommunikation ist das „Lebenselixier" erfolgreicher Unternehmungen. Diese leistungsfördernde Kommunikation im Umgang mit Mitarbeitern, Kollegen, Vorgesetzten, Kunden und Lieferanten möglich zu machen, ist die Stärke von Harald G. Butzko.

▼ REFERENZEN

Zu den Kunden von Harald G. Butzko gehören: 3M, AGFA, Bahn AG, Bayer AG, Center Parcs, DKV, Flughafen Düsseldorf, IBM, Janssen-Cilag, Mannesmann Dematic, Novotel, Ruhrkohle AG, R+V Versicherung, SER Quantum, Telekom, Volks- und Raiffeisenbanken, WDR, u.v.a.

▼ MEHR INFORMATIONEN UNTER

www.butzko.de

calvör
Training Coaching Beratung

▼ Kurzportrait

Über zehn Jahre Erfahrung in Vertrieb, Training und Führung der pharmazeutischen Industrie und eine umfangreiche Aus- und Fortbildung sichern Ihnen:
- eine zielorientierte Bedarfsanalyse
- eine zielsichere Methodenwahl
- eine zielgerichtete Durchführung

▼ Teilnehmerprofil

Mitarbeiter und Führungskräfte aus Innen- und Außendienst, die noch souveräner und zielorientierter kommunizieren wollen

▼ Branchenschwerpunkte

- pharmazeutische Industrie
- Health Care Branche
- rund um den Gesundheitsmarkt

calvör
Maren Calvör
Rosengartenstraße 10
71229 Leonberg
Tel. 07152/33 25 04
Fax. 07152/33 25 05
Mobil 0171/794 29 31
www.maren-calvoer.de
Maren.Calvoer@t-online.de

CircleMind & Partner:
Call- und Communication Center Solutions

Wir handeln mit Lösungen.

CircleMind & Partner
Call- und Communication Center Solutions
Standort Salzburg

Arno Fischbacher
Trainer für personale Kommunikation

A- 5020 Salzburg, Steingasse 23
Telefon: +43 (662) 88 79 12
Telefax: +43 (662) 87 25 07
GSM   +43 (664) 342 66 81
           www.CircleMind.de, www.stimme.at
Email.   arno.fischbacher@stimme.at

CircleMind & Partner
Call- und Communication Center Solutions
Standort Hochheim am Main

Heinz Huppertz
Beratung, Training, Seminare

D- 65239 Hochheim am Main, Breslauer Ring 22
Telefon: +49 (700) 48 77 37 89
           +49 (6146) 84 60 37
Telefax: +49 (6146) 84 60 38
           www.CircleMind.de
Email: HeinzHuppertz@CircleMind.de

▼ KONTAKT

Arno Fischbacher

Stimme und personale Kommunikation

Training, Coaching, Beratung

Steingasse 23
A-5020 Salzburg
Telefon: +43 (662) 88 79 12
Telefax: +43 (662) 87 25 07
Email: arno.fischbacher@stimme.at
Internet: www.stimme.at

ANSPRECHPARTNER

Arno Fischbacher

Stimme und personale Kommunikation

Training, Coaching, Beratung

Coach the Coach!

Diplomvolkswirt
Claus von Kutzschenbach
Strategie- und Kommunikationsberatung

▼ MODERATION UND COACHING MARKTORIENTIERTER PROZESSE
- Entwicklung einer wirksamen Unternehmensstrategie,
- Optimierung/Implementation von Vertriebssystemen (u. a. Key-Account-Management und CRM-Einführung),
- Führungs- und Vertriebs-Coaching,
- Motivation der Mitarbeiter.

▼ VITA

Karriere als Wirtschaftsjournalist, mehrjährige Management- und Führungs-Verantwortung, seit 1995 als Unternehmensberater und Coach selbständig.

▼ KUNDEN

Marktorientierte mittelständische Unternehmen.

Herausgeber SALES PROFI,

Mitglied im BDVT,

Associated INSIGHTS international,

Gründungsgesellschafter Internet-Vertriebstraining.de GmbH,

Autor des Buchs „Souverän führen" Gabler-Verlag

Claus von Kutzschenbach

**Wilhelminenstraße 1
D-65193 Wiesbaden**

**Tel.: 06 11 / 52 37 20
Fax: 06 11 / 5 90 05 32**

**E-mail: coach-the-coach@t-online.de
Internet: www.coach-the-coach.de**

dta-Deutsche Trainer- und Führungskräfte.Akademie
Unternehmensberatung BDU
Zertifiziert nach DIN EN ISO 9001
Mitglied im Q-Pool 100

Rechtsform: GmbH, Amtsgericht Hamburg
HRB Hamburg Nr.: 64 460

Geschäftsführer:
Dr. Angelika Hamann
Sabine Stritch IPD

Geschäftssitz:
Tibarg 40
22459 Hamburg
Tel.: 040-58 03 09
Fax: 040-58 32 28
E-Mail: dtaAkademie@
t-online.de
Internet: http://www.dta-
akademie.de

▼ UNTERNEHMENSPHILOSOPHIE

Wenn der Wind des Wandels weht, bauen einige Mauern, andere Windmühlen. Wir wollen gemeinsam mit unseren Klienten Windmühlen bauen, mit der Zielsetzung: »A nders A ls A ndere« ständig der Entwicklung proaktiv eine Nasenlänge voraus zu sein.

Ihr Erfolg ist uns wichtig. Mit uns machen Sie Ihr Unternehmen fit für die Zukunft. Gemeinsam mit uns entwickeln Sie Ihr »Lernendes Unternehmen« an Ihrer täglichen Praxis und Ihren Bedürfnissen orientiert.

Ihr Nutzen:

Unter Einbeziehung der Betroffenen als Beteiligten und der Beteiligten als Betroffenen unterstützen wir Sie bei der ergebnisorientierten Umsetzung Ihrer Unternehmensstrategie auf allen hierarchischen Ebenen im Bereich Personal- und Organisationsentwicklung.

Gern sind wir Ihr Begleiter eines ständigen Wertschöpfungsprozesses innerhalb Ihres Unternehmens. Sie arbeiten dabei mit den »harten« und auch den »weichen« Faktoren zum Nutzen der Organisation und der darin arbeitenden Menschen.

Das Motto:

In einem erfolgreichen Unternehmen ist Jeder für Jeden Kunde!

▼ WEITERE DIENSTLEISTUNGEN

– Aus- und Weiterbildung zum Trainer, Berater, Performance Consultant, Prozessbegleiter, Change Agent
– Performance Improvement
– Aktionslernen
– Selbstmanagement
– Gesundheitsmanagement
– Coaching – auch Einzelcoaching
– Teamentwicklung
– Konfliktmanagement
– Prozess-Kommunikation
– Systemische Transaktionsanalyse zur Organisationsentwicklung
– NLP speziell für Trainer und Berater
– Kundenerfolgssteigerungskonzepte
– Kundencoaching

– Die Gestaltung von kontinuierlichen Verbesserungsprozessen im Kundenkontakt KVP
– Database Marketing

▼ GRÜNDUNGSJAHR DER dta: 1980

Unser Team arbeitet in einer festen Beratungsgemeinschaft mit gemeinsamer Zielsetzung und Ehrenkodex. Fortlaufende Qualifikation und Supervision ist selbstverständlich. Die 12 Trainer und Berater verfügen über abgeschlossene akademische oder vergleichbare Ausbildungen für ihr Beratungs- und Trainingsgebiet. Unsere besondere Stärke liegt in der hohen Flexibilität und dem gezielten Eingehen auf die Kundenbedürfnisse.

▼ REFERENZEN

… lassen wir Ihnen gern zukommen.

▼ KOOPERATIONSPARTNER

dta, Horsham, England
Tel.: 00 44-14 03-25 03 29

▼ SPRACHEN

Deutsch, Englisch – je nach Aufgabenstellung auch Spanisch.

Dr. Angelika Hamann

Sabine Stritch

THOMAS FRICK
Weiterbildung & Training

Allenbacher Str. 1
D-51580 Reichshof
Tel. 0 22 61 / 95 90 09 + 5 39 60
Fax/AB 0 22 61 / 95 90 09

▼ KURZVORSTELLUNG

Thomas Frick ist Verkaufs- & Kommunikationstrainingsexperte speziell für praxisorientierte Seminare im Bereich Verkauf für Einzel-/Großhandel und Industrie. 26 Jahre Einzelhandelserfahrung, 19 Jahre Führungserfahrung als Verkaufsleiter und professionelle Trainingserfahrung seit 1993 bilden die Basis für erfolgreiche, vertriebsorientierte Seminare und Trainings!

● Seit 1993 Mitglied im BDVT (Bundesverband Deutscher Verkaufsförderer und Trainer)
● Seit 1998 Mitglied im BMWA (Bundesverband Mediation in Wirtschaft und Arbeitswelt)
● Seit 2000 Mitglied im MMM-Club (Marketingverein)

▼ SEMINARE & TRAININGS

● Kommunikations- & Verkaufstechniken
● Rhetorik & Körpersprache im Handel
● Führungs-Entwicklungsseminare / Zeit & Organamanagement / Moderation & Präsentation / Telefonmarketing / Teamentwicklung etc.

▼ ZIELGRUPPEN

● Verkaufsmannschaften (Einzelhandel)
● Außen-Innendienstler (GH & Industrie)
● Führungskräfte im unteren bis mittleren Bereich

▼ VORGEHENSWEISE

● Kostenfreies Kennlerngespräch
● Analyse der Entwicklungsfelder
● Zielvereinbarung/Zielabgleich
● Durchführung der Trainingsmaßnahme
● Feedback mit Teilnehmern & Auftraggeber
● Begleitung und Coaching in der Praxisphase (Überwachung der Lerntransferumsetzung und der gemeinsamen Ziele)

▼ ANSPRECHPARTNER

Thomas Frick –
BDVT

GMW

Gesellschaft für
Managemententwicklung
und Weiterbildung mbH

Trainer-Akademie Berlin

Lizenzträger des
Berufsverbandes Deutscher
Verkaufsförderer und Trainer

▼ KURZVORSTELLUNG

Berufsbegleitende Fachqualifizierungen
zum BDVT-geprüften Trainer und Berater

▼ GANZHEITLICHE KOMPLEXE BERATUNG
FÜR DIE BEREICHE

- Personalentwicklung und Training
- Organisationsentwicklung
- Tourismusentwicklung
- Einsatz neuer Medien
- Entwicklung von Internetmarketing-
strategien
- 1:1-Marketing

▼ KONTAKT

GMW mbH
Hohenzollerndamm 152
14199 Berlin

Fon: (030) 82 09 92 94
Fax: (030) 82 09 92 70

gmw.im-web.de
training@gmw.im-web.de

Geschäftsführer:
Dr. Frank Keller
Ralf Bade

▼ ANSPRECHPARTNERIN

Ina Mühlpfordt-Malich

INI HAAKS & PARTNER
LINGUMENTAL-TRAINING
Telefon- und Verhaltenstraining,
Telefonmarketing, Bewußtseins-,
Dienstleistungs- und Verkaufs-
training, Persönlichkeitsentwicklung,
Führungskräftetraining, Dialogprozeß,
Neuro-Linguistisches Programmieren
(NLP), ZILGREI kombinierte Atmungs-
und Haltungstherapie

Postfach 69 02 15
30611 Hannover
Telefon 05 11 / 55 89 75
Telefax 05 11 / 53 77 26

▼ KURZVORSTELLUNG

Ini Haaks gilt als Spezialistin für richtiges Verhalten am Telefon und arbeitet in all ihren Trainings und Seminaren auf der Grundlage des
von ihr maßgeblich entwickelten LINGUMEN-
TAL-TRAININGS. Ausgangspunkt des LINGU-
MENTAL-TRAININGS ist die Verbindung aus
neuesten Erkenntnissen der Gehirnforschung
und der ganzheitlichen SEINs-Betrachtung des
Menschen. Es geht deshalb von der mentalen
Ebene aus und beschäftigt sich vornehmlich
mit geistigen und sprachlichen Ausdrucksformen. Aus dieser Verbindung entsteht eine eu-
tone Arbeits- und Verhaltensweise. Bewusste-
res Denken und Handeln sowie die Anwendung
klarer Ausdrucksformen und das bewusstere
„Hinhören" ermöglichen ein schöpferisches,
wahrhaft humanes Miteinander.

INI HAAKS & Partner setzen in ihren Trainings
und Seminaren stets an der sehr sensiblen
Nahtstelle Kunde/Unternehmen an. An dieser
häufig alles entscheidenden Stelle wird u. a.
auch in Rollenspielen trainiert. Es wird vor allem gelehrt, dass es primär auf eine gesunde
Einstellung zum Selbst und insbesondere zum
Gesprächspartner ankommt. Das WIE des
Kommunizierens gewinnt Gestalt.

▼ ZIELPERSONEN/ZIELGRUPPEN

Unternehmer, Führungskräfte, Manager, Per-
sonalchefs, Mitarbeiter im Ein- und Verkauf,
Verkäufer/innen am Telefon, Telefonservice,
Kundendienst, Sachbearbeiter/innen, Sekre-
tärinnen, Arzthelferinnen, Hotelempfang.
Unternehmen aus Industrie, Handel und Ge-
werbe, Dienstleistungsunternehmen aller Art,
Verbände und Institutionen, Hotels, Ärzte.

▼ TRAINING/SEMINARE/
VERANSTALTUNGEN

Der gute Ton am Telefon. Der Weg zur eigenen
Spitze. Dienstleistung im Unternehmen ist eine
Sache der Einstellung. Lebenskunst im Arbeits-
leben. Das gesunde Betriebsklima. Entspannung im Alltag.

ANSPRECHPARTNER

Ini Haaks

Hanisch + Partner – BDVT –
Analyse, Beratung, Training
für Management und Verkauf

Mühlenweg 41, 46519 Alpen
Telefon 0 28 02 / 68 34
Telefax 0 28 02 / 77 96

▼ KURZVORSTELLUNG

Hanisch + Partner ist ein Trainings- und
Beratungsunternehmen, das im Handel,
der Industrie und in der Dienstleistungs-
branche umfangreiche Erfahrungen
besitzt. Durch ganzheitliche Kommuni-
kations-, Motivations- und Fachtrainings
werden Führungs- und Verkaufskräften
verdeutlicht, wie man durch Freude in
und an seiner Arbeit gewinnbringender
und erfolgreicher seine Arbeit und sein
Leben gestalten kann.

▼ ZIELPERSONEN

Unternehmer/innen, Führungskräfte, Ver-
käufer/innen im Außen- und Innendienst

▼ TRAININGS/LEISTUNGSSCHWERPUNKTE

Führungsverhalten, Management-
Techniken, Grundkenntnisse des Coa-
ching-Gedankens, Kommunikation,
Motivation, Marketing und Verkaufspsychologie, Persönlichkeitsentwicklung

▼ REFERENZEN/KLIENTEN

Jederzeit auf Anfrage,
mit Telefon-Durchwahl-Nummer

▼ ANGEBOT/LEISTUNG/DURCHFÜHRUNG

Bedarfsanalyse, Beratung, kunden-
spezifische Ausarbeitung der Seminar-
unterlagen pro TN

▼ ARBEITS-, LEHR- UND LERNMETHODEN

- Über den Spaß am Lernen, die
Sinnhaftigkeit des Trainings vermitteln
- Lernbarrieren und Konzentrations-
probleme abbauen und die TN für
»Neues« öffnen
- Vermitteltes Wissen in praxisnahen
Plan- und Rollenspielen, auch vor der
Video-Anlage, trainieren

ANSPRECHPARTNER

Georg Hanisch

HEITSCH & PARTNER GmbH
Gesellschaft für Verhaltenstraining, Trainingsberatung und Trainer-vermittlung

Tübinger Straße 126
71088 Holzgerlingen
Telefon: 0 70 31 / 74 76-0
Telefax: 0 70 31 / 74 76 40
E-mail info@heitsch-partner.de
www.heitsch-partner.de

▼ KURZVORSTELLUNG

Heitsch & Partner GmbH ist ein Trainings-institut für langfristige Trainingskonzeptionen. Eine genaue Aufnahme des Leistungsstandortes der Trainings-zielgruppe nach Soll-Profilen und eine klare Zielformulierung fixieren die Maßnahmen.

Heitsch & Partner ist tätig für Groß-unternehmen im Dienstleistungs-, Konsumgüter-, Gebrauchs- und Investitionsgüterbereich. Das konzeptionelle Training ist praxisnah und kreativ gestaltet. Dazu paßt der Leitsatz des Unternehmens „Training erfolgreich erleben".

Alle Trainings können auch in englischer und französischer Sprache durchgeführt werden. Über 35 Großkunden sind gleichzeitig Referenzen des Instituts.

Gründungsjahr 1990 – Erfahrung des Teams: bis zu zehn Jahren pro betreutes Unternehmen.

▼ TRAININGSSCHWERPUNKTE

– Verkaufs- und Vertriebstraining
– Führungstraining
– Organisationsentwicklung
– Key Account Management
– Teamtraining
– Messetraining
– Telefontraining
– Coachausbildung
– Trainerausbildung

▼ ANSPRECHPARTNER

Dieter Heitsch
Geschäftsführer

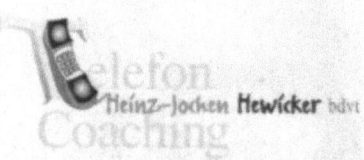

Heinz-Jochen Hewicker BDVT

40476 Düsseldorf
Rolanstr. 12
Tel.: 02 11 / 45 20 29
Fax: 02 11 / 43 22 59
e-Mail: hewicker@t-online.de

▼ KURZVORSTELLUNG

Handwerksmeister, Betriebswirtstudium,
seit über 15 Jahren als Ausbildungsbera-
ter, Gesprächs- und Verhaltens-Trainer
selbständig tätig, Dozent für Konzeption
und VKF an der Westdeutschen Akademie für Kommunikation – WAK, Köln.

▼ TRAININGS-SPEZIALGEBIET

Telefongesprächs-Trainings für:
– Inkasso und Mahnwesen
– Dokumentations- und Informations-
  dienste
– Beratungsdienste
– Telefon-Hotlines
– Stammkunden-Betreuung
– Neukundengewinnung

▼ TEILNEHMENDE PERSONEN

Die Trainings für erfolgreiches Gesprächsverhalten am Telefon werden
speziell für Fachkräfte und MA in den
o. g. Aufgabenbereichen vorbereitet
und durchgeführt.

▼ ARBEITS-METHODIK

Die in Vor-Ort-Analysen bzw. Zielfin-
dungs-Workshops ermittelten Trainings-
Schwerpunkte werden je nach Zielsetzung in bis zu 2 Tage dauernden Teilneh-
merübungen vorbereitet. Das Transfer-
Training erfolgt danach einzeln und
individuell an den Arbeitsplätzen während des normalen Tagesgeschäfts.

▼ ANSPRECHPARTNER

Heinz-Jochen Hewicker
Tel. 02 11 / 45 20 29
Tel. 0 30 / 8 83 27 27

Hans A. Hey BDVT
**Unternehmensberater
für Verkaufsausbildung
Mitglied der Trainergruppe 8**

Goerdelerstraße 126, 74080 Heilbronn
Telefon 0 71 31 / 4 56 59
Telefax 0 71 31 / 4 14 33

▼ KURZVORSTELLUNG

Seit 1969 trainiert Hans A. Hey führende
deutsche Unternehmen, Verbände und
Institutionen in langfristigen Weiterbil-
dungskonzeptionen. Hey ist Spezialist für
praxisnahes, aufgabenbezogenes Verkaufstraining.

▼ BRANCHENSCHWERPUNKTE

Keine. Weil Hey sich voll auf die Ziele und
Aufgaben seiner Klienten konzentriert und
eine hohe emotionale Identifikation zu
seinen Kunden und deren Mitarbeitern
aufbaut, wird in jeder Branche jeweils nur
ein Unternehmen exklusiv betreut.

▼ ZIELPERSONEN

Alle Mitarbeiter mit Verkaufsaufgaben und
Kundenkontakten.

▼ SEMINARE/VERANSTALTUNGEN

Sämtliche Verkaufsthemen werden intensiv
in Seminaren im Intervallsystem und on the
job trainiert.

▼ ZIELSETZUNG

– Personalentwicklung im Vertrieb
– Leistungssteigerung im Verkauf
– Vermittlung professioneller Verkaufs-
  techniken
– Entwicklung der Verkäuferpersönlichkeit
– Positive Eigenmotivation

▼ DURCHFÜHRUNG

Alle Seminare werden überwiegend mit
aktivierenden Lehrmethoden und im
Kleingruppentraining gestaltet.

▼ SONSTIGE LEISTUNGEN/ANGEBOTE

Trainings- und Verkaufsberatung.

▼ REFERENZEN

– Deutscher Trainingspreis in Gold
  (Kategorie Dienstleister)
– Weitere Leistungsbeweise auf Anfrage

▼ ANSPRECHPARTNER

• unternehmens-
  spezifisches,
• transfer-
  gesichertes
  Training

Hans A. Hey, Erfolgstraining
Telefon 0 71 31 / 4 56 59

H.J.W®
Hans-J. Wiegand + Partner
Vertriebsberatung · Trainings-Seminare ·
Telefonmarketing · Marketing-Konzeptio-
nen und -strategien · Coaching
Benther Bergweg 19
30989 Gehrden
Telefon: 0 51 08 / 53 72
Mobilfunk: 01 72 / 5 17 46 00
Telefax: 0 51 08 / 75 16

▼ KURZPORTRÄT

Seit 1979 berät und trainiert HJW markt-
und kundenorientiert führende Unternehmen langfristig im professionellen
Vertriebs- und Marketingmanagement.
Unsere firmeninternen Praktiker-Trai-
nings-Seminare sind nach Analyse vor
Ort konkret bezogen auf Markt, Kunden
und Mitarbeiter.

▼ BRANCHENSCHWERPUNKT

Gebrauchs- und Investitionsgüter-
Industrie, Groß- und Einzelhandel,
Dienstleistungen

▼ ZIELGRUPPEN

– Verkäufer im Innen- und Außendienst
– Mitarbeiter im Telefonverkauf
– Mitarbeiter im Produktmanagement
– Kundendienst- und Servicetechniker
– Führungskräfte aus allen Bereichen

▼ SEMINARE/VERANSTALTUNGEN

Wir führen nur individuelle, firmeninterne
Trainings-Seminare konkret bezogen auf
die gestellte Aufgabe durch. Zum Beispiel:
– Kommunikations-, Verkaufs-, Präsen-
  tations- und Messetraining
– aktives/passives Telefonmarketing/-
  training
– Rhetorik- und Präsentations-Training
– Key-Account-Management
– spezielle Aktions-Trainings-Seminare
– Führungs- und Management-Training
– Coaching im Außen- und Innendienst

Beratung und Konzeptionen:
– Integration von Telefonmarketing-Abtl.
– Unternehmensplanung, -ziele,
  strategische und operative Planung
– systematische Markt- und Gebiets-
  bearbeitung
– Aufbau von professionellen Vertrieben
– Leitung von zielorientierten Workshops
– Beratung Marketing und Vertrieb
– Personalsuche und -auswahl

▼ REFERENZEN

erhalten Sie gerne im persönlichen
Gespräch

▼ ANSPRECHPARTNER

Hans-J. Wiegand, Diplom-Betriebswirt

JEDER MENSCH HAT SEIN PERSÖNLICHES SCHATZKÄSTCHEN.

ES GILT, DIESES ZU ÖFFNEN
UND DIE DARIN VERBORGENEN SCHÄTZE ZU NUTZEN.

KURZPORTRAIT

Wir sind die Essenz aus Erfahrung, Praxis, Ideen und Zukunft.

Kurz gesagt: Das Team für Sie!

ZIELSETZUNG

Wir entwickeln das wichtigste Potential Ihrer Firma – den Menschen. Die persönliche Weiterbildung sowie gezieltes Ausbauen individueller Fähigkeiten, eröffnen Managern, Führungskräften und Mitarbeitern neue Potentiale. Diese Potentiale sichern Ihren Erfolg

ZIELGRUPPEN

- Außen-/Innen-/Kundendienst
- Einzelhandelsverkäufer
- Geschäftsführer
- Telefonverkäufer
- Trainer
- Verkaufsleiter

BRANCHENERFAHRUNG

- Automobilbranche
- Dienstleistungen allgemein
- Finanzdienstleistung
- Handel
- Handwerk
- Reisebranche

NUTZEN SIE IHRE
VERBORGENEN SCHÄTZE!

TRAININGSANGEBOT

- Persönlichkeits-Profil-Analysen
- Persönlichkeitsentwicklung
- NLP (Neuro-Linguistische-Programmierung)
- Mitarbeiterauswahl
- Imageberatung
- Kommunikationstraining
- Motivationstraining
- Telefonverkauf
- Verkaufsmanagement/-techniken
- Führungstraining
- Moderne Umgangsformen
- Trainerausbildung
- Outdoortraining

Alle Seminare werden auf die Bedürfnisse der Unternehmen zugeschnitten.
Daraus wird dann ein Maßnahmen-Katalog erstellt.

ALS ANSPRECHPARTNER STEHEN WIR IHNEN JEDERZEIT GERNE ZUR VERFÜGUNG

ANALYSIEREN BERATEN COACHEN

Grabenstraße 16 • 35085 Ebsdorfergrund

Heinz Rabenau

Telefon	07 00 / HRTraining (07 00 / 47 87 24 64 64)
Telefax	0 64 24 / 9 22 01
Mobil	01 71 / 777 55 99
E-Mail	HRTraining@t-online.de
Internet	http://www.HRTraining.de

INtem Trainergruppe Seßler & Partner GmbH

Mallaustr. 69–73
68219 Mannheim
Tel.: 06 21 / 44 80 48
Fax: 06 21 / 40 94 60
Fax-Abruf-Nummer: 089/7451528-5665
Internet: http://www.intem.de
eMail: zentrale@intem.de

INtem-IntervallSystemTraining

INtem – damit vergessen schwerer wird als lernen.

▼ KURZVORSTELLUNG

INtem – das Institut für Trainingsentwicklung und Methodenforschung entwickelte Verkaufstrainings, die in 6 – 11 Intervallen von je ½ bis 1 Tag durchgeführt werden. Zwischen den Intervallen liegen 1 bis 2 Wochen Umsetzungsphase.

Seit 1989 wird das Training vom Gründer Helmut Seßler mit dem INtem-Trainer-Team in allen Verkaufsbereichen und -branchen trainiert.

▼ TRAINER

Mehr als 40 INtem-Trainer in Deutschland, Österreich, Schweiz, Belgien und Kroatien aus den verschiedensten Branchen mit den unterschiedlichsten Trainingsschwerpunkten. Siehe auch Anbieterverzeichnis auf Seite 114.

▼ TRAININGSSCHWERPUNKTE

- Verkaufstraining
- Training mit Business NLP
- Management Verkauf
- Ziel- und Zeitplanungstraining
- Telefontraining
- VK-Innendiensttraining
- Verkaufs-Trainerausbildung
- Ausbildung DentalBeraterin

▼ TRAININGS/VERANSTALTUNGEN

1. Individuelle, zielgerichtete Firmentrainings gemäß Vereinbarung.
2. Regelmäßig offene Trainings.
3. Die Trainings können in deutscher, englischer, französischer, kroatischer und griechischer Sprache durchgeführt werden.

Bitte fordern Sie Trainingsprogramm und Termine an.

▼ DIE 6 SÄULEN DES INTEM-INTERVALLSYSTEMTRAININGS

- messbares Training
- ganzheitlich ausgerichtet
- teilnehmerorientiertes Erlebnistraining
- Praxistraining mit Umsetzungsphasen
- Training zur Verhaltensänderung
- prozessbegleitendes Training

▼ LITERATUR

Helmut Seßler, »Vom Bankberater zum Beziehungsmanager«, Gabler Verlag, Wiesbaden 1996
Helmut Seßler, »Der BEZIEHUNGS-Manager«, Korter Verlag, Mannheim 1997

▼ REFERENZEN

Referenzliste auf Anfrage.

▼ IHRE ANSPRECHPARTNER ▼

Helmut Seßler   Marion Kling

▼ AUSZEICHNUNG

Deutscher Trainingspreis in Gold – 1994
Deutscher Trainingspreis in Silber – 1998
Weiterbildungs-Innovations-Preis 2000 v. BiBB

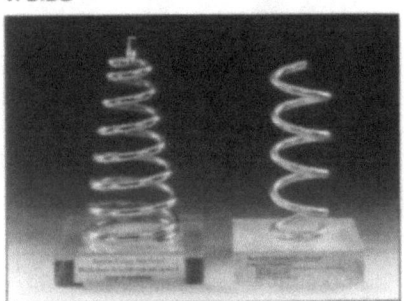

SIHU

Siegfried A. Huth
Unternehmensberatung und Training

Danziger Straße 14
35683 Dillenburg
Telefon 0 27 71 / 69 55 ISDN
Telefax 0 27 71 / 69 92 ISDN

I-2010 Brezzo di Bedero
Belmonte II, Casa 98
Telefon, Telefax 0 03 93 32 / 53 78 59

Funk: 01 71 / 5 06 41 95
E-mail: SiegfriedHuth@t-online.de
Homepages: http://www.bdvt.com/huth

▼ ANSPRECHPARTNER

- zuverlässig
- fair
- zielorientiert
- flexibel

Siegfried A. Huth bzw. Mitarbeiterinnen

▼ KURZVORSTELLUNG

Siegfried A. Huth hat in über 30 Jahren Unternehmen zu beachtlichen Fortschritten und Seminarteilnehmern zu beeindruckenden Karrieren verholfen.

Die Zielgruppen kommen vom Vorstandsmitglied bis zum Auszubildenden aus allen Branchen und Bereichen (Handel, Handwerk, Industrie, Banken, Versicherungen, Handelskammern, Behörden, Universitäten, Akademien, Parteien, Gewerkschaften, Kirchen etc.).

Die Lehrgänge und Workshops werden erfolgsorientiert thematisiert und die Teilnehmer/innen optimal informiert, motiviert und trainiert. Hilfsmittel sind u. a. Arbeits- und Testbogen, gegebenenfalls Video- und Telefontrainingsanlagen. Philosophie: Probleme erkennen, Probleme lösen – Ziele setzen, Ziele erreichen.

Dauer und Kosten der Seminare hängen von der Aufgabenstellung ab.

Siegfried A. Huth schreibt für namhafte Buch- und Zeitungsverlage, er ist Herausgeber und Chefautor der DUDEN (Bibliographisches Institut & F. A. Brockhaus AG):
- „Reden gut und richtig halten"
- „Das Sekretariatshandbuch"

▼ SEMINARTHEMEN UND DIENSTLEISTUNGEN

- Verkauf
- Rhetorik
- Management
- Coaching
- Persönlichkeitsentfaltung
- Korrespondenz
- Telefon
- Messeberatung
- Field Research
- Moderation
- Kongreßredner

KOTTMANN & PARTNER

Schorlemerstr. 26
33098 Paderborn
Telefon 0 52 51 / 68 00 00
Telefax 0 52 51 / 68 00 01
eMail: train@t-online.de

▼ KURZVORSTELLUNG

Wir sind ein Trainerteam mit jahrelanger praktischer Erfahrung aus Führungspositionen in Handel, Einkauf und Vertrieb. Unsere Seminare sind praxisorientiert und bieten ganzheitliche Trainingsansätze für Führungskräfte und Mitarbeiter in Vertrieb und Marketing.

▼ BRANCHENSCHWERPUNKT

- Groß- und Einzelhandel
- Markenartikelindustrie
- Konsumgüterindustrie

▼ ZIELPERSONEN

- Führungskräfte und Mitarbeiter im Verkaufsaußen- und -innendienst
- Mitarbeiter mit entsprechendem Kundenkontakt

▼ SEMINARE/VERANSTALTUNGEN

- Verkaufs- und Verhaltenstraining
- Personalführung und -entwicklung
- Persönlichkeitsentwicklung
- Team-Entwicklung
- Neukunden-Akquisition
- Betriebswirtschaftliche Beweisführung im Verkauf
- Rhetorik/Präsentationstechnik
- Selbstmanagement/Zeitmanagement
- Organisation/Telefonmarketing

▼ ZIELSETZUNG

Das Ziel unserer Seminare ist, die Kommunikation zwischen den jeweiligen Marktpartnern zeitgerecht zu gestalten und Mitarbeitern Verständnis, Problemlösungsfähigkeit und Motivation für ihre Aufgabe zu vermitteln.

▼ SONSTIGE LEISTUNGEN/ANGEBOTE

- Unternehmensberatung
- Firmenspezifische Workshops
- Coaching

Motivation die bleibt. **Martin Limbeck Trainings® Team**

Martin Limbeck Trainings® Team GmbH & Co. KG

Odenwaldstraße 24a
61352 Bad Homburg
Fon 0 61 72 / 45 68 77
Fax 0 61 72 / 45 68 78
motivation@ml-trainings.de
www.ml-trainings.de

▼ WER IST DAS MARTIN LIMBECK TRAININGS® TEAM?

Unser Team besteht aus erfahrenen Verkaufs-, Persönlichkeits- und Managementtrainern. Alle Trainer verfügen über langjährige Berufserfahrung in Industrie, Handel und Dienstleistung. Sie arbeiten ausschließlich für das Martin Limbeck Trainings® Team und haben sich neben einem breiten Basiswissen in den unterschiedlichsten Fachgebieten spezialisiert. Dadurch sind für Sie hohe Qualität, Innovation und Kompetenz garantiert.

▼ WELCHEN NUTZEN ERHALTEN SIE DURCH UNSERE TRAININGS?

✓ Praxisorientiertes Vorgehen
✓ Unternehmensspezifische Lösungen
✓ Ausrichtung aller Trainings auf Ihre einzelnen Unternehmensbereiche und -ziele
✓ Genaue Standortbestimmung der Trainingsteilnehmer durch international bewährte Analyse-Instrumente
✓ Permanente Betreuung und Kontrolle, auch zwischen einzelnen Trainingsintervallen und nach erfolgten Maßnahmen
✓ Beobachtbare und messbare Verhaltensänderungen

▼ WELCHEN WERTEN SIND WIR VERPFLICHTET?

✓ Zeitgemäße, erfolgreiche und motivierende Methodik
✓ Ganzheitliche und praxisorientierte Betrachtungsweise
✓ Respekt vor der Individualität der Persönlichkeit
✓ Auf langfristigen Erfolg ausgerichtetes Handeln

▼ SEMINARE VERANSTALTUNGEN

Sämtliche Verkaufs-, Management- und Persönlichkeitstrainings werden intensiv in Seminaren im Intervallsystem und „on the job" trainiert.

▼ REFERENZEN

Erhalten Sie gerne im persönlichen Gespräch.

ANSPRECHPARTNER

Martin Limbeck

Mitglied im:
Club 55 – Gemeinschaft europäischer Marketing- und Verkaufsexperten BDVT – Bund Deutscher Verkaufsförderer und Trainer

---

Überzeugende Kommunikation

im Verkauf

„mehr Wissen - mehr Können"

So einfach ist das Erfolgsrezept von OptiCall Training. Denn wer mehr weiß und dieses Wissen richtig einsetzt, der kann auch mehr.

Simone Spörl, 37 J. Inhaberin von OptiCall Training, Powerfrau und Trainerin „mit Herz und Verstand".

OptiCall Training ist spezialisiert auf:

- maßgeschneiderte Konzepte für Ihre erfolgreiche (Neu-) Kundenakquisition.
- verbindliche Termine am Telefon.
- Optimierung der professionellen Kommunikation im Verkauf.
- Motivationstraining: Mehr Freude am Verkauf! „Nur was in einem selbst brennt, kann man bei anderen entfachen".
- Verzahnung aller Trainingsinhalte in Theorie und Praxis.
- Unser individuelles Training vor Ort hilft Ihnen, Ihren Know-how Vorsprung unmittelbar, konkret und gewinnbringend im Alltag umzusetzen.

Wer profitiert vom OptiCall Training?

- Vertriebsmitarbeiter/innen im Innen- und Außendienst
- Mitarbeiter mit telefonischem Kundenkontakt

Unser Trainingsteam:

Erfahrene Trainer und Berater mit Erfolgsnachweisen stehen für Ihre individuellen Anforderungen zur Verfügung. Die „Teamchefin" Simone Spörl war 10 Jahre mit großem Erfolg im Außendienst tätig, bevor sie sich 1997 als Trainerin selbständig machte.

OPTICALL ®
TRAINING

Deesbarg 51. 22549 Hamburg, Tel.: 0 40/8 32 53 80. Fax: 0 40/8 32 53 42

E-Mail: info@opticall.de.

Freecall 0800-OptiCall, www.opticall.de

Personal- und
Organisationsentwicklung GmbH
Gangolf Thoennessen & Co.

Rödingsmarkt 33
20459 Hamburg
Tel.: 0 40 / 37 51 80 04
0 40 / 37 51 80 05
Fax: 0 40 / 37 51 80 06

Geschäftsführender
Gesellschafter
Dipl.-Kaufmann
Gangolf Thoennessen

Management by Teamprofit

| Team-Organisation Einführung und Veränderung | Beziehungen managen Zusammenspiel von Unternehmensteilen |

Was versteckt sich hinter Team-Profit?

| Teamarbeit Gewinn bringend einsetzen und leben | Aufgaben und Konflikte Gewinn bringend lösen Teambesprechungen |

Im Internet finden Sie die Lösung!

| Produktinnovation und Verkaufsförderung | Prozesssteuerung Kundenportfolio und Akquisition |

Wenn Sie mehr über uns und unsere Dienstleistungen für den Bereich der Finanzdienstleistung erfahren wollen, so schlagen Sie einfach im Internet unter www.thoennessen.de nach.

Frithjof Pfeiffer und Partner
Vertriebsberatung
Kommunikations- und
Kompetenztraining

Dattelweg 25 B
70619 Stuttgart
Tel.: 07 11 / 47 18 82
Fax: 07 11 / 47 800 63

▼ KURZVORSTELLUNG
Mit jahrzehntelanger (inter)nationaler Erfahrung im Verkauf und Produktmanagement, in Verkaufs- und (Marketing)-Bereichsleitung sowie Kommunikationstraining sieht FP&P seine Aufgabe als „Manager auf Zeit" und führt durch Selbstmotivation und Verbesserung der Handlungskompetenz Menschen zu dauerhaftem Erfolg.

▼ BRANCHENSCHWERPUNKTE/ ZIELGRUPPEN
Führungskräfte und Mitarbeiter aus Industrie, Handel und Dienstleistung sowie Behörden, die durch überzeugende Kommunikation andere Menschen zu als richtig erkannten Zielen führen.

▼ LEISTUNGSPORTRÄT
Durch Hilfe zur Selbsthilfe vorhandene kommunikative Potentiale weiterentwickeln und sowohl für das Unternehmen als auch die eigene Person erfolgreicher nutzen können: dafür werden individuell entwickelte, am Bedarf orientierte und an der Praxis ausgerichtete Kompetenztrainings durchgeführt. Deren Ziele und Ergebnisse liegen in der Weiterentwicklung sowohl des praktizierten Führungsverhaltens als auch der -kommunikation, in der Verbesserung der Verhandlungsführung und im souveränen Umgang mit Konfliktsituationen. Teamtraining und Meisterschulung, überzeugendes Argumentieren und Verhandeln im kundennutzen-orientierten Verkaufen, professioneller Messeauftritt, Telefonmarketing und -verkauf, erfolgreiches Präsentieren von Produkten und Dienstleistungen und sowie Gruppen- und Einzelcoaching vervollständigen das Angebot. Zusammen mit dem Auftraggeber und damit direkt am Bedarf entwickelt Frithjof Pfeiffer ein aufgaben-, personen- und zielbezogenes Konzept, erarbeitet im Training mit den Teilnehmern die angestrebten Ergebnisse und unterstützt diese Menschen bei der Umsetzung des als richtig erkannten Vorgehens.

▼ SONSTIGE LEISTUNGEN
Training und Beratung
auch in englischer Sprache.

▼ REFERENZEN auf Anfrage.

▼ ANSPRECHPARTNER

Frithjof Pfeiffer

Lippstädter Trainer im BDVT

Axel Haltenhof
Internet-Trainer & Berater

Goethestraße 29
59555 Lippstadt
Tel. 0 29 41-24 52 16
Fax 0 29 41-24 52 18
eMail axel@haltenhof.de
http://www.rauchzeichen.de

Gerhard Heidemann
Kommunikationstrainer

Geiststraße 49 c
59555 Lippstadt
Tel. 0 29 41-5 94 83
Fax 0 29 41-5 94 97
eMail info@erfolgsakademie.de
http://www.erfolgsakademie.de

Bernd Raffler
Trainer & Berater

Conzestraße 32
59557 Lippstadt
Tel. 0 29 41-2 21 44
Fax 0 29 41-2 37 97
eMail: office@raffler-training.de
http://www.raffler-training.de

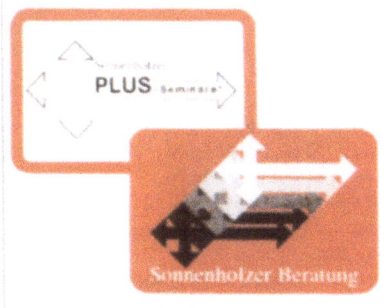

Sonnenholzer Beratung
Gruber Straße 2
D- 85551 Kirchheim bei München
Tel. 089-99020444
Fax 089-99020445
http://www.sonnenholzer.de
eMail: sonnenholzer@sonnenholzer.de

Wir sind Lizenzpartner des BDVT im Bereich der Trainer- und Beraterausbildung. Nach erfolgreichem Abschluß erhalten Sie bei uns das Diplom "BDVT geprüfter Trainer und Berater"

Wir bilden seit 10 Jahren erfolgreich Trainer aus

Trainerausbildung

Kommunikation Management Verkauf

Konzept 1
Dauer 9 Wochenenden
jeweils 1 Wochenende
pro Monat
Konzept 2
Dauer 6 mal 3 Tage
jeweils 3 Tage
pro Monat

Sigrid Höbler-Schmid
Dieter A. Sonnenholzer

Stempfle
Vertriebsentwicklung durch Training

Uhlandstr. 21
74072 Heilbronn
Fon: +49 71 31 / 67 94 04
Fax: +49 71 31 / 67 94 06
Mobil: +49 172 / 6 30 70 22
Email: Stempfle-Heilbronn@t-online.de
Internet:
www.vertriebsentwicklung.de

▼ KURZVORSTELLUNG

Wir sind im Vertrieb erfahrene Trainer, die auf der Basis fundierter betriebswirtschaftlicher und psychologischer Kenntnisse Vertriebsentwicklungsschritte gemeinsam mit ihren Kunden gehen.

Dabei stimmen wir die verschiedenen Unternehmensbereiche wie:

– Controlling
– Marketing
– Personalentwicklung
– Innen-/Außendienst und andere

auf die angestrebte Zielsetzung ein, um den notwendigen Gleichklang zu erreichen.

▼ ZIELSETZUNG

Wir wollen, daß Sie in Ihrem Markt meßbar mehr erreichen.

▼ BRANCHENSCHWERPUNKTE

Keine, denn
➤ Sie haben das Branchenwissen
➤ und wir das Wissen um Methoden und Techniken.

▼ REFERENZEN

Gerne. Fordern Sie sie an.

▼ KONTAKT

Stempfle
Vertriebsentwicklung durch Training

Uhlandstr. 21
74072 Heilbronn
Fon: +49 71 31 / 67 94 04
Fax: +49 71 31 / 67 94 06
Email: Stempfle-Heilbronn@t-online.de
Internet:
www.vertriebsentwicklung.de

VERKAUFSTRAINING
Ursula Widmann-Rapp
kompetent · engagiert · explosiv

ANSPRECHPARTNER

Ursula Widmann-Rapp

● **kompetent**: Trainerin mit über 15jähriger Erfahrung, erfolgreiches Verkaufstraining für Sparkassen, Versicherungen, Handwerker, Dienstleister, Ausbildung von Trainern u. a.

● **engagiert***: Unbedingter Wille zum Erfolg, beste Trainingsnoten von Auftraggebern und Teilnehmern, herausragendes Engagement im BDVT

● **explosiv**: in Ideen, in unternehmensspezifischen Projekten im Erfolg
→ **Testen Sie selbst!**

▼ TRAININGSSCHWERPUNKTE

Verkaufstraining (Gesprächsführung, Kaufsignale, Einwandbehandlung, Preis- und Abschlusssicherheit), Kundenkontakt und Verkaufspsychologie, Coaching on-the-job, Planspiele zur Optimierung des Verkaufsverhaltens, effektive Beschwerde-Management-Systeme

▼ TRAININGSZIELE

Verkaufskompetenz, Flexibilität in der Verhandlungssicherheit und Erfolg im beruflichen Alltag der Teilnehmer.

*Ursula Widmann-Rapp ist seit Jahren in führenden Funktionen im BDVT tätig, Mitglied der TrainerGruppe 8, Gründungsgesellschafterin der Internet-Vertriebstraining.de GmbH. Werdegang/Ausbildung: Marketingfachfrau, Diplompolitologin, Suggestopädin (DGSL) und NLP-Practitioner (GANLP).

Ursula Widmann-Rapp
Verkaufstrainerin

Hollerstraße 12
80995 München
Tel.: 0 89 / 1 50 17 79
Fax: 0 89 / 1 50 17 99
E-Mail: UrsulaWidmannRapp@
CompuServe.com

Wohltorfer Trainer Team GmbH

Ernst-Richard Peters-Kiehn
Kiehns Hof 1
21521 Wohltorf
Telefon 0 41 04 / 13 80
Telefax 0 41 04 / 72 75
e-mail:
pk@wtt.wohltorfer.de

Susanne Muth
Nordschleswigstr. 2
45259 Essen
Telefon 02 01 / 84 65 64 2
Telefax 02 01 / 84 65 64 3
e-mail:susanne.muth.@t-online.de

▼ KURZVORSTELLUNG

Das Wohltorfer Trainer Team ist eine Gruppe von selbständigen Beratern/Trainern aus unterschiedlichen Fachgebieten, alle mit langjähriger Beratungs- und Trainingserfahrung.

▼ BRANCHENSCHWERPUNKTE

– Dienstleistungsunternehmen
– Automobilindustrie
– Baustoffindustrie
– Assekuranz
– Investitionsgüterindustrie

▼ WAS WIR FÜR SIE TUN KÖNNEN

WTT gibt Ihnen die erforderliche Unterstützung und Sicherheit bei der Entwicklung Ihres Unternehmens. Als externer Partner helfen wir Ihnen, die Potentiale Ihrer Mitarbeiter zu erkennen und im Sinne Ihrer Unternehmensziele zu nutzen.

▼ WIR FÖRDERN IHREN UNTERNEHMENSERFOLG DURCH

– Management/Begleitung von Entwicklungsprozessen
– Training in allen Bereichen menschlichen Verhaltens
– Moderation
– Workshops
– Coaching und Beratung
– Teamentwicklung
– Personalauswahl

▼ REFERENZEN

Referenzliste auf Anfrage.

▼ ANSPRECHPARTNER

Ernst-Richard Peters Kiehn
Susanne Muth

Wir machen Verkaufen erfolgreich.

Verkäufer sollen

verkaufen.

Erfolgreiches Verkaufen

basiert auf jeder Menge

Training. Trainer brauchen

Unternehmen, die wollen,

dass ihre Verkäufer

erfolgreich verkaufen.

Schenken Sie
Ihrem Kunden doch mal
ein **Lächeln.**

Vielleicht sollten Sie
Ihren Kunden
heiraten,
um mal wieder mit ihm
ins Gespräch zu kommen.

Stellen Sie sich vor,
Sie sind von sich
und Ihren Fähigkeiten
nicht nur total überzeugt,
sondern **Sie sind**
wirklich gut.
Aber keiner nimmt davon Notiz.

Sprechen Sie mit uns,

wenn Sie erfolgreich

verkaufen möchten.

Produkte, Dienstleistungen

oder sich selbst.

»DieTrainerAG«
bringt Sie ins Gespräch.

»DieTrainerAG«
AktienGesellschaft

Robert-Bosch-Straße 1

61267 Neu-Anspach/Taunus

Tel. 0 60 81/96 35 23

Fax 0 60 81/96 35 26

E-Mail: DieTrainerAG@t-online.de

Anbieter-
verzeichnis

Im Folgenden eine Übersicht wichtiger Anbieter von Verkaufstrainings. Zur besseren Orientierung sind die Trainingsinstitute nach relevanten Zielgruppen, Branchenschwerpunkten sowie Leistungsschwerpunkten geordnet. Darüber hinaus finden Sie eine Auflistung der selbstständigen Trainer und Berater im BDVT nach Alphabet und Postleitzahlengebieten.

Trainings- und Leistungsschwerpunkte

Anbieter	BDVT-Mitglied	Verkaufsförderung	CAS-Einführung, Einsatz	CBT/WBT	Coaching, Supervision	Erlebnisorientierte Lernmethoden	Führung	Jahresgespräche	Key-Account-Management	Konfliktmanagement	Körpersprache	Messetraining	Motivation	Personalentwicklung	Persönlichkeit, Mentaltraining	Persönlichkeitsanalysen	Präsentationstraining	Projektmanagement	Rhetorik, Kommunikation	Selbst- und Zeitmanagement	Teamtraining	Telefontraining	Train the Trainer	Unternehmensberatung	Verkauf, Vertriebstraining	Wirkungs-, Erfolgskontrolle, Controlling
ADM Institut Andreas Dolle Kilianstraße 65 A 33098 Paderborn Tel. (0 52 51) 2 25 40 Fax (0 52 51) 2 25 46 → Siehe auch Porträt S. 90	X				X	X	X		X	X	X			X	X				X	X	X		X	X	X	X
AKM Praktiker Training Wolfgang Braun Am Wiesengarten 9 63584 Gründau Tel. (0 60 58) 85 69 Fax (0 60 58) 90 61 19 → Siehe auch Porträt S. 90	X	X			X				X	X			X		X				X	X	X				X	X
Franz H. Baeck Strategische Vertriebs- beratung Dr.-Heinr.-Winter-Straße 7 64646 Heppenheim Tel. (0 62 52) 7 16 70 Fax (0 62 52) 98 20 10	X	X					X			X	X				X									X	X	
Dr. H. J. Bless BDVT Mörsenbroicher Weg 151 40470 Düsseldorf Tel. (02 11) 62 38 17 Fax (02 11) 62 38 18 E-Mail: HBless@csi.com http://www.bless.de → Siehe auch Porträt S. 91	X			X				X					X				X								X	
A. Breil & Team August J. Breil, Trainer + Berater BDVT Mainzer Allee 54 71640 Ludwigsburg Tel. (0 71 41) 25 00 61 Tel. (01 72) 7 42 44 30 Fax (0 71 41) 25 00 61 E-Mail: Breilteam@AOL.com	X				X	X	X	X	X				X	X	X				X	X	X					
Detlev Brumm **Training & Seminare** Hallweg 77 74523 Schwäbisch Hall Postfach 13 01 22 74512 Schwäbisch Hall Tel. (0 79 07) 98 82 10 Fax (0 79 07) 98 82 28 E-Mail: Detlev.Brumm@ t-online.de http://www.brumm- training.de	X				X				X	X				X			X		X			X			X	

ANBIETERVERZEICHNIS

	Automobil	Bauwirtschaft	Chemie, Pharma	Dienstleistung	EDV	Energie	Fachhandel	Finanzdienstleister, Immobilien	Groß- und Einzelhandel	Handwerk	Hotel, Gastronomie	Informationstechnologie	Investgüter	Konsumgüter	Medien	Öffentliche Träger, Parteien	Telekommunikation	Transport, Logistik	Umweltschutz	Verbände, Non Profit	Außendienst	Direktverkauf	Freie Handelsvertreter	Führungskräfte	Geschäftsführung	Innendienst, Service	Key-Account-Manager	Personalentwickler	Produkt-, Marketingmanager	Trainer	Verkaufsingenieure
			X	X		X							X	X							X			X	X						
	X	X	X			X	X		X	X			X								X	X	X			X					X
		X								X			X							X	X			X					X		X
		X		X					X			X	X				X				X		X				X				X
	X	X	X				X						X						X								X	X	X	X	
	X		X		X	X			X				X								X	X	X			X					X

Trainings- und Leistungsschwerpunkte

Anbieter	BDVT-Mitglied	Verkaufsförderung	CAS-Einführung, Einsatz	CBT/WBT	Coaching, Supervision	Erlebnisorientierte Lernmethoden	Führung	Jahresgespräche	Key-Account-Management	Konfliktmanagement	Körpersprache	Messetraining	Motivation	Personalentwicklung	Persönlichkeit, Mentaltraining	Persönlichkeitsanalysen	Präsentationstraining	Projektmanagement	Rhetorik, Kommunikation	Selbst- und Zeitmanagement	Teamtraining	Telefontraining	Train the Trainer	Unternehmensberatung	Verkauf, Vertriebsberatung	Wirkungs-, Erfolgskontrolle, Controlling
Calvör Training – Coaching – Beratung Maren Calvör, Rosengartenstraße 10, 71229 Leonberg, Tel. (0 71 52) 33 25 04, Fax (0 71 52) 33 25 05, Tel. (01 71) 7 94 29 31, E-Mail: Maren.Calvoer@t-online.de → Siehe auch Porträt S. 92	X				X		X		X				X						X		X		X		X	
CircleMind Heinz Huppertz, Breslauer Ring 22, 65239 Hochheim a. M., Tel. (07 00) 48 77 37 89, http://www.circlemind.de → Siehe auch Porträt S. 92	X																				X					
Coach the Coach! Claus von Kutzschenbach, Wilhelminenstraße 1, 65193 Wiesbaden, Tel. (06 11) 52 37 20, Fax (06 11) 5 90 05 32, http://www.coach-the-coach.de → Siehe auch Porträt S. 92	X			X	X		X	X	X									X						X	X	
Hartmut Detemple Verkaufsberatung, Lebacher Straße 80, 66113 Saarbrücken, Tel. (06 81) 9 71 70 20, Fax (06 81) 73 04 86	X	X							X	X					X						X			X	X	
DM Training Dieter Mikolasch, Ameisenkamp 39, 22523 Hamburg, Tel. (0 40) 5 71 10 15, Fax (0 40) 5 71 10 11, http://www.dm-training.de					X		X		X				X	X			X	X	X	X	X				X	
dta – Deutsche Trainer- und Führungskräfte-Akademie Unternehmensberatung BDU, Dr. Angelika Hamann, Tibarg 40, 22459 Hamburg, Tel. (0 40) 58 03 09, Fax (0 40) 58 32 28, E-Mail: dtaAkademie@t-online.de → Siehe auch Porträt S. 93	X			X	X	X	X	X	X	X			X	X	X	X	X	X	X	X	X	X	X	X	X	X

	Branchen																				Zielgruppen										
	Automobil	Bauwirtschaft	Chemie, Pharma	Dienstleistung	EDV	Energie	Fachhandel	Finanzdienstleister, Immobilien	Groß- und Einzelhandel	Handwerk	Hotel, Gastronomie	Informationstechnologie	Investgüter	Konsumgüter	Medien	Öffentliche Träger, Parteien	Telekommunikation	Transport, Logistik	Umweltschutz	Verbände, Non Profit	Außendienst	Direktverkauf	Freie Handelsvertreter	Führungskräfte	Geschäftsführung	Innendienst, Service	Key-Account-Manager	Personalentwickler	Produkt-, Marketingmanager	Trainer	Verkaufsingenieure
			X	X																	X		X		X				X		
	X		X				X																		X						
				X							X	X		X									X	X		X				X	
				X			X								X						X		X	X	X	X					
				X		X									X						X		X	X	X	X					X
	X	X	X	X		X	X	X	X				X	X		X	X	X		X	X	X	X	X	X	X	X	X	X	X	X

Trainings- und Leistungsschwerpunkte

	BDVT-Mitglied	Verkaufsförderung	CAS-Einführung. Einsatz	CBT/WBT	Coaching. Supervision	Erlebnisorientierte Lernmethoden	Führung	Jahresgespräche	Key-Account-Management	Konfliktmanagement	Körpersprache	Messetraining	Motivation	Personalentwicklung	Persönlichkeit, Mentaltraining	Persönlichkeitsanalysen	Präsentationstraining	Projektmanagement	Rhetorik. Kommunikation	Selbst- und Zeitmanagement	Teamtraining	Telefontraining	Train the Trainer	Unternehmensberatung	Verkauf, Vertriebstraining	Wirkungs-. Erfolgskontrolle, Controlling
FETZNER Telefontraining Eva-Maria Fetzner Blücherstraße 30 b 75177 Pforzheim Postfach 10 05 46 75105 Pforzheim Tel. (0 72 31) 56 33 60 Fax (0 72 31) 56 33 62	X				X		X		X				X						X			X			X	
W. Franck-Training Wolfgang Franck Albert-Schweitzer-Straße 2 24119 Kronshagen Tel. (04 31) 54 60 45 Fax (04 31) 54 60 46 http://www.wfranck-training.de	X				X					X	X			X	X		X				X				X	
Ralph Frenzel IWP Vertragspartner Beimoorweg 10 22927 Großhansdorf Tel. (0 41 02) 69 70 36 Fax (0 41 02) 69 70 37 E-Mail: ralph@frenzel-training.de; http://www.frenzel-training.de	X				X	X	X	X	X	X			X		X		X				X	X			X	
FRICK Weiterbildung & Training – Thomas Frick Allenbacher Straße 1 51580 Reichshof Tel. (0 22 61) 5 39 60 Fax (0 22 61) 95 90 09 → Siehe auch Porträt S. 93	X	X			X	X	X	X	X	X			X	X	X	X		X	X	X	X				X	X
GMW mbH Hohenzollerndamm 152 14199 Berlin Tel. (0 30) 82 09 92 94 Fax (0 30) 82 09 92 70 http://www.gmw.im-web.de → Siehe auch Porträt S. 94	X				X	X	X	X	X	X	X	X	X			X	X	X	X	X	X	X	X	X	X	X
INI HAAKS & PARTNER Lingumental-Training Postfach 69 02 15 30611 Hannover Tel. (05 11) 55 89 75 Fax (05 11) 53 77 26 → Siehe auch Porträt S. 94					X		X		X	X	X	X									X	X	X		X	
Hanisch + Partner BDVT Analyse, Beratung, Training für Management und Verkauf Mühlenweg 41, 46519 Alpen Tel. (0 28 02) 68 34 Fax (0 28 02) 77 96 → Siehe auch Porträt S. 94					X		X		X	X	X		X	X	X	X	X	X	X	X	X					

	Branchen																				Zielgruppen										
	Automobil	Bauwirtschaft	Chemie, Pharma	Dienstleistung	EDV	Energie	Fachhandel	Finanzdienstleister, Immobilien	Groß- und Einzelhandel	Handwerk	Hotel, Gastronomie	Informationstechnologie	Investgüter	Konsumgüter	Medien	Öffentliche Träger, Parteien	Telekommunikation	Transport, Logistik	Umweltschutz	Verbände, Non Profit	Außendienst	Direktverkauf	Freie Handelsvertreter	Führungskräfte	Geschäftsführung	Innendienst, Service	Key-Account-Manager	Personalentwickler	Produkt-, Marketingmanager	Trainer	Verkaufsingenieure
	X	X	X				X	X				X		X	X					X	X	X		X		X					
		X	X	X	X							X		X						X	X		X	X	X	X					X
			X	X	X	X	X	X	X	X	X	X	X			X	X				X	X	X	X		X	X			X	X
		X					X		X			X					X			X	X		X	X							
		X	X	X	X		X		X	X	X	X			X	X								X					X		X
	X	X					X		X	X		X		X	X	X	X	X	X		X	X	X	X	X	X				X	X
		X					X			X	X			X	X						X					X	X	X		X	X

Trainings- und Leistungsschwerpunkte

Anbieter	BDVT-Mitglied	Verkaufsförderung	CAS-Einführung, Einsatz	CBT/WBT	Coaching, Supervision	Erlebnisorientierte Lernmethoden	Führung	Jahresgespräche	Key-Account-Management	Konfliktmanagement	Körpersprache	Messetraining	Motivation	Personalentwicklung	Persönlichkeit, Mentaltraining	Persönlichkeitsanalysen	Präsentationstraining	Projektmanagement	Rhetorik, Kommunikation	Selbst- und Zeitmanagement	Teamtraining	Telefontraining	Train the Trainer	Unternehmensberatung	Verkauf, Vertriebstraining	Wirkungs-, Erfolgskontrolle, Controlling
HEITSCH & PARTNER GMBH Tübinger Straße 126 71088 Holzgerlingen Tel. (0 70 31) 74 76 0 Fax (0 70 31) 74 76 40 http://www.HEITSCH-PARTNER.DE → Siehe auch Porträt S. 95	X				X		X	X	X	X	X			X		X	X	X	X	X	X	X	X		X	
hemeyer trainings Karl Hemeyer Humboldtstraße 22 14193 Berlin Tel. (0 30) 8 91 14 11 Fax (0 30) 8 03 94 31	X						X	X	X	X	X			X			X			X	X	X	X			
Heinz-Jochen Hewicker BDVT Uhlandstraße 144 10719 Berlin Tel. (0 30) 8 83 27 27 Fax (0 30) 8 83 23 92 und Rolandstraße 12 40476 Düsseldorf Tel. (02 11) 45 20 29 Fax (02 11) 43 22 59 → Siehe auch Porträt S. 96	X	X			X				X					X			X			X			X		X	X
Hans A. Hey BDVT Goerdelerstraße 126 74080 Heilbronn Tel. (0 71 31) 4 56 59 Fax (0 71 31) 4 14 33 → Siehe auch Anzeige S. 35 und Porträt S. 96	X				X	X	X		X		X		X				X			X		X	X		X	
HJW + Partner Training + Coaching Hans-J. Wiegand Brenther Bergweg 19 30989 Gehrden Tel. (0 51 08) 53 72 Fax (0 51 08) 75 16 → Siehe auch Porträt S. 96																										
Hans Hobelsberger & Partner Institut für angewandte Führungs- und Verkaufs- psychologie Kramerstraße 7 82061 Neuried Tel. (0 89) 7 55 33 53 Fax (0 89) 7 59 47 58 http://www.erfolgsfaktor-mensch.de	X				X		X		X	X		X	X	X	X	X			X			X	X		X	X

	Branchen																				Zielgruppen										
	Automobil	Bauwirtschaft	Chemie, Pharma	Dienstleistung	EDV	Energie	Fachhandel	Finanzdienstleister, Immobilien	Groß- und Einzelhandel	Handwerk	Hotel, Gastronomie	Informationstechnologie	Investgüter	Konsumgüter	Medien	Öffentliche Träger, Parteien	Telekommunikation	Transport, Logistik	Umweltschutz	Verbände, Non Profit	Außendienst	Direktverkauf	Freie Handelsvertreter	Führungskräfte	Geschäftsführung	Innendienst, Service	Key-Account-Manager	Personalentwickler	Produkt-, Marketingmanager	Trainer	Verkaufsingenieure
		X	X		X			X					X	X			X				X			X	X	X				X	
	X		X									X			X	X	X	X		X	X	X	X	X	X	X	X	X	X	X	X
	X		X			X		X	X				X				X				X	X		X		X					
	X	X	X	X	X	X	X	X	X	X	X	X	X	X	X	X	X	X	X	X	X	X		X	X					X	X
	X		X	X	X	X	X	X	X					X	X						X			X	X	X	X				X

Trainings- und Leistungsschwerpunkte

	BDVT-Mitglied	Verkaufsförderung	CAS-Einführung, Einsatz	CBT/WBT	Coaching, Supervision	Erlebnisorientierte Lernmethoden	Führung	Jahresgespräche	Key-Account-Management	Konfliktmanagement	Körpersprache	Messetraining	Motivation	Personalentwicklung	Persönlichkeit, Mentaltraining	Persönlichkeitsanalysen	Präsentationstraining	Projektmanagement	Rhetorik, Kommunikation	Selbst- und Zeitmanagement	Teammanagement	Telefontraining	Train the Trainer	Unternehmensberatung	Verkauf, Vertriebstraining	Wirkungs-, Erfolgskontrolle, Controlling
hp trainings Angelika & Bernd Höcker Dasselstraße 16 50674 Köln Tel. (02 21) 9 23 08 14 Fax (02 21) 9 23 08 15 E-Mail: hptrainings@ netcologne.de http://www.hptrainings.de	X				X	X	X			X		X	X	X			X		X	X	X	X			X	X
HRTraining Heinz Rabenau Grabenstraße 16 35085 Ebsdorfergrund Tel. (07 00)-HRTraining Tel. (07 00) 47 87 24 64 64 Fax (0 64 24) 9 22 01 http://www.HRTraining.de → *Siehe auch Anzeige S. 97*	X				X	X	X	X	X	X	X	X	X		X	X	X		X	X	X	X	X		X	X
implus Trainings AG Aegetholzstraße 11 CH-9443 Widnau/SG Tel. (00 41-71) 7 22 38 88 Gerhard Jantzen Am Königswingert 40 67157 Wachenheim Tel. (0 63 22) 6 36 02 Fax (0 63 22) 6 86 84	X				X		X		X	X	X	X	X	X	X	X	X	X	X	X	X	X	X		X	X
INtem Trainergruppe Seßler & Partner GmbH Helmut Seßler Mallaustraße 69–73 68219 Mannheim Tel. (06 21) 44 80 48 Fax (06 21) 40 94 60 http://www.intem.de → *Siehe auch Porträt S. 98*	X				X	X	X		X	X	X	X		X	X	X			X	X		X	X		X	X
INtem Trainergruppe Seßler & Partner GmbH Marion Kling Mallaustraße 69–73 68219 Mannheim Tel. (06 21) 44 80 48 Fax (06 21) 40 94 60 http://www.intem.de → *Siehe auch Porträt S. 98*	X				X	X	X		X	X	X	X		X	X	X			X	X		X	X		X	X
INtem Trainergruppe Seßler & Partner GmbH Ardeschyr Hagmeier Mallaustraße 69–73 68219 Mannheim Tel. (06 21) 44 80 48 Fax (06 21) 40 94 60 http://www.intem.de → *Siehe auch Porträt S. 98*	X				X	X	X		X	X	X	X		X	X	X			X	X		X	X		X	X

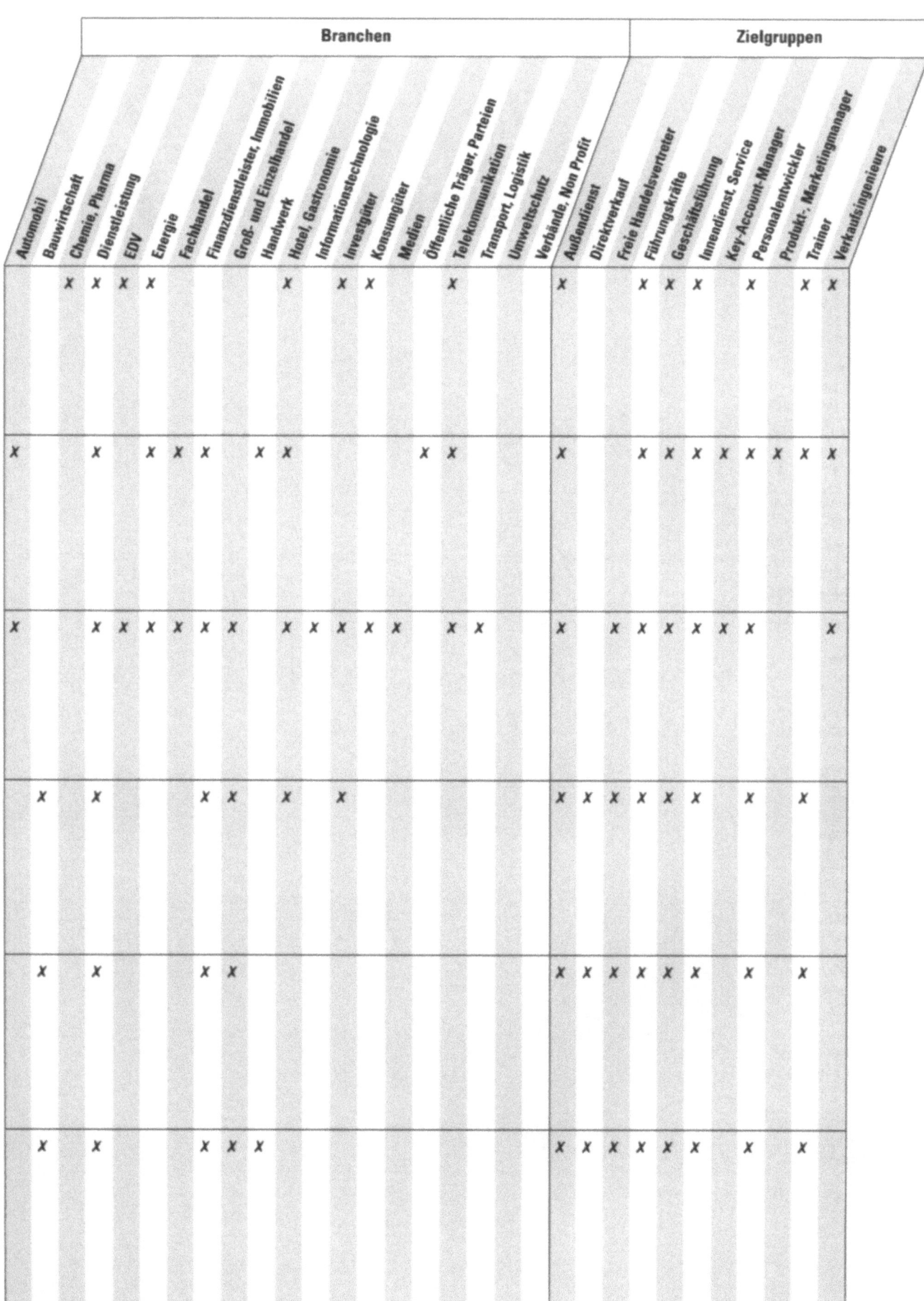

Branchen: Automobil · Bauwirtschaft · Chemie, Pharma · Dienstleistung · EDV · Energie · Fachhandel · Finanzdienstleister, Immobilien · Groß- und Einzelhandel · Handwerk · Hotel, Gastronomie · Informationstechnologie · Investgüter · Konsumgüter · Medien · Öffentliche Träger, Parteien · Telekommunikation · Transport, Logistik · Umweltschutz · Verbände, Non Profit

Zielgruppen: Außendienst · Direktverkauf · Freie Handelsvertreter · Führungskräfte · Geschäftsführung · Innendienst, Service · Key-Account-Manager · Personalentwickler · Produkt-, Marketingmanager · Trainer · Verkaufsingenieure

Trainings- und Leistungsschwerpunkte

Anbieter	BDVT-Mitglied	Verkaufsförderung	CAS-Einführung u. Einsatz	CBT/WBT	Coaching, Supervision	Erlebnisorientierte Lernmethoden	Führung	Jahresgespräche	Key-Account-Management	Konfliktmanagement	Körpersprache	Messetraining	Motivation	Personalentwicklung	Persönlichkeit, Mentaltraining	Persönlichkeitsanalysen	Präsentationstraining	Projektmanagement	Rhetorik, Kommunikation	Selbst- und Zeitmanagement	Teamtraining	Telefontraining	Train the Trainer	Unternehmensberatung	Verkauf, Vertriebstraining	Wirkungs-, Erfolgskontrolle, Controlling
KOMMUNIKATIONS-ENTWICKLUNG Norbert Kasper, Niemöllerstraße 3, 07546 Gera, Tel. (03 65) 43 87 10, Fax (03 65) 43 87 11, http://www.norbertkasper.de	X				X	X	X		X	X		X	X		X	X			X	X	X	X			X	
KOTTMANN & PARTNER Thomas Kottmann, Schorlemer Straße 26, 33098 Paderborn, Tel. (0 52 51) 68 00 00, Fax (0 52 51) 68 00 01 → Siehe auch Porträt S. 99	X	X			X	X	X	X	X	X	X	X	X	X	X	X	X	X	X	X	X	X	X		X	
DIRK KREUTER Verkaufstraining BDVT Dirk Kreuter, Hamburger Straße 11, 22083 Hamburg, Tel. (0 40) 5 59 52 21, Fax (0 40) 5 50 36 12, E-Mail: DIRKKREUTER@VERKAUFSTRAINER.DE, http://www.Verkaufstrainer.de → Siehe auch Anzeige S. 32	X				X	X	X		X	X	X		X	X	X				X	X	X	X		X	X	
Geneviève Kriso INtem-Trainergruppe, Dr.-Wirth-Straße 6 b, 67434 Neustadt, Tel. (0 63 21) 3 38 08, Fax (0 63 21) 3 38 08	X																			X		X			X	
Prof. Dr. Rolf Lange Management-Beratungs- und Trainings-Institut, Beerenstraße 23, 15344 Strausberg, Tel. (0 33 41) 2 77 93, Fax (0 33 41) 2 77 20	X				X		X		X		X			X		X	X			X				X	X	
Hans-Günther Lemke Training für Führung und Verkauf, Basenberg 22, 32457 Porta Westfalica, Tel. (0 57 06) 1518, Fax (0 57 06) 95 55 48	X	X					X													X	X	X			X	

	Automobil	Bauwirtschaft	Chemie, Pharma	Dienstleistung	EDV	Energie	Fachhandel	Finanzdienstleister, Immobilien	Groß- und Einzelhandel	Handwerk	Hotel, Gastronomie	Informationstechnologie	Investgüter	Konsumgüter	Medien	Öffentliche Träger, Parteien	Telekommunikation	Transport, Logistik	Umweltschutz	Verbände, Non Profit	Außendienst	Direktverkauf	Freie Handelsvertreter	Führungskräfte	Geschäftsführung	Innendienst, Service	Key-Account-Manager	Personalentwickler	Produkt-, Marketingmanager	Trainer	Verkaufsingenieure
			X			X	X	X	X											X	X		X	X	X			X			
	X		X	X	X		X		X			X	X	X							X		X	X	X	X	X	X			
			X	X		X		X	X			X	X	X			X				X	X	X	X	X	X	X		X		X
				X																	X							X			
	X	X	X					X													X		X	X	X			X			
								X						X							X			X			X				

	BDVT-Mitglied	Verkaufsförderung	CAS-Einführung, Einsatz	CBT/WBT	Coaching, Supervision	Erlebnisorientierte Lernmethoden	Führung	Jahresgespräche	Key-Account-Management	Konfliktmanagement	Körpersprache	Messetraining	Motivation	Personalentwicklung	Persönlichkeit, Mentaltraining	Persönlichkeitsanalysen	Präsentationstraining	Projektmanagement	Rhetorik, Kommunikation	Selbst- und Zeitmanagement	Teammanagement	Telefontraining	Train the Trainer	Unternehmensberatung	Verkauf, Vertriebstraining	Wirkungs-, Erfolgskontrolle, Controlling
Martin Limbeck Trainings Team® GmbH & CO. KG i. Gr. Odenwaldstraße 24 a 61352 Bad Homburg Tel. (0 61 72) 45 68 77 Fax (0 61 72) 45 68 78 E-Mail: motivation@ml-trainings.de http://www.ml-trainings.de → Siehe auch Porträt S. 99	X				X	X		X	X	X	X	X		X	X	X			X	X	X	X	X		X	
LUCAS CONSULTING TEAM Brombeerweg 47 22339 Hamburg Tel. (0 40) 59 36 06 70 Fax (0 40) 59 36 06 72 http://www.lucasst.de					X		X	X	X	X			X	X	X	X	X	X	X	X	X	X	X	X	X	X
MB Training & Vertriebsberatung A. Michael Bald BDVT Buchenstraße 21 b 42855 Remscheid Tel. (0 21 91) 93 12 68 Fax (0 21 91) 93 12 69 E-Mail: MBALD@t-online.de	X						X	X					X										X	X	X	
Merritt & Lauer Wolfgang Lauer Paul Lincke Ufer 7 10999 Berlin Tel. (0 30) 4 25 45 24 Fax (0 30) 61 28 83 74	X	X			X	X				X							X		X	X					X	
Outdoor Centre GmbH Hans-Georg Renner Eifelstraße 33, 50677 Köln Tel. (02 21) 3 10 03 77 Fax (02 21) 3 10 03 78 http://www.outdoor-centre.de → Siehe auch Anzeige S. 52	X				X							X							X		X	X				
Pfeiffer & Partner Frithjof Pfeiffer Dattelweg 25 B 70619 Stuttgart Tel. (07 11) 47 18 82 Fax (07 11) 4 78 00 63 → Siehe auch Porträt S. 101	X	X			X	X	X	X	X	X		X					X		X		X	X			X	X
Bernd Raffler Institut BVW Conzestraße 32 59557 Lippstadt Tel. (0 29 41) 2 21 44 Fax (0 29 41) 2 37 97 E-Mail: Raffler.bdvt@t-online.de http://www.Raffler.de → Siehe auch Porträt S. 101	X				X				X	X		X	X				X	X		X		X		X	X	

	Branchen																				Zielgruppen										
	Automobil	Bauwirtschaft	Chemie, Pharma	Dienstleistung	EDV	Energie	Fachhandel	Finanzdienstleister, Immobilien	Groß- und Einzelhandel	Handwerk	Hotel, Gastronomie	Informationstechnologie	Investgüter	Konsumgüter	Medien	Öffentliche Träger, Parteien	Telekommunikation	Transport, Logistik	Umweltschutz	Verbände, Non Profit	Außendienst	Direktverkauf	Freie Handelsvertreter	Führungskräfte	Geschäftsführung	Innendienst, Service	Key-Account-Manager	Personalentwickler	Produkt-, Marketingmanager	Trainer	Verkaufsingenieure
	x	x	x	x	x	x	x	x			x	x	x	x			x	x	x		x	x	x	x	x	x	x			x	x
		x	x	x	x	x		x	x	x	x	x	x	x	x		x			x	x	x	x	x	x	x	x	x	x	x	x
			x		x									x							x			x			x				
				x				x	x			x		x							x			x	x	x					
	x	x	x	x	x	x	x		x	x	x	x	x		x		x	x	x	x				x	x				x	x	x
	x	x	x	x			x		x	x			x	x			x				x	x		x		x	x		x		x
			x				x		x	x											x			x	x	x					

Trainings- und Leistungsschwerpunkte

Anbieter	BDVT-Mitglied	Verkaufsförderung	CAS-Einführung, Einsatz	CBT/WBT	Coaching, Supervision	Erlebnisorientierte Lernmethoden	Führung	Jahresgespräche	Key-Account-Management	Konfliktmanagement	Körpersprache	Messetraining	Motivation	Personalentwicklung	Persönlichkeit, Mentaltraining	Persönlichkeitsanalysen	Präsentationstraining	Projektmanagement	Rhetorik, Kommunikation	Selbst- und Zeitmanagement	Teamtraining	Telefontraining	Train the Trainer	Unternehmensberatung	Verkauf, Vertriebsberatung	Wirkungs-, Erfolgskontrolle, Controlling
Rosenberger Dr. Walter Rosenberger Berater für Unternehmen und Führungskräfte Im Zwinger 3 71229 Leonberg Tel. (0 71 52) 2 26 27 Fax (0 71 52) 2 43 21					X		X		X					X						X	X					
Hans Schmitz Training – Personalentwicklung Obere Lindenstraße 17 51381 Leverkusen Tel. (0 21 71) 3 05 23 Fax (0 21 71) 34 68 09	X				X	X	X		X	X			X	X			X		X	X	X	X	X		X	
Sonnenholzer Beratung Sonnenholzer PLUS-Seminare Sigrid Höbler-Schmid Gruber Straße 2 85551 Kirchheim/München Tel. (0 89) 99 02 04 44 Fax (0 89) 99 02 04 45 http://www.Sonnenholzer.de → Siehe auch Porträt S. 101	X				X		X		X	X	X	X	X	X	X	X	X	X	X	X	X	X	X	X	X	X
Stempfle Vertriebsentwicklung durch Training Uhlandstraße 21 74072 Heilbronn Tel. (0 71 31) 67 94 04 und (01 72) 6 30 70 22 Fax (0 71 31) 67 94 06 E-Mail: Stempfle-Heilbronn@t-online.de http://www.vertriebs entwicklung.de → Siehe auch Porträt S. 102	X				X		X		X	X	X	X		X					X	X		X	X		X	X
Gangolf Thoennessen & Co. Personal- und Organisations-entwicklung GmbH Rödingsmarkt 33 20459 Hamburg Tel. (0 40) 37 51 80 04 Fax (0 40) 37 51 80 06 → Siehe auch Porträt S. 100	X				X	X	X		X	X			X	X	X	X	X	X	X	X	X	X	X	X	X	
Die Trainer AG Robert-Bosch-Straße 1 61267 Neu-Anspach/Ts. Tel. (0 60 81) 96 35 23 Fax (0 60 81) 96 35 26 E-Mail: DieTrainerAg@ t-online.de → Siehe auch Porträt S. 103	X	X			X	X	X	X	X	X		X	X	X	X	X	X	X	X	X	X	X	X	X	X	X

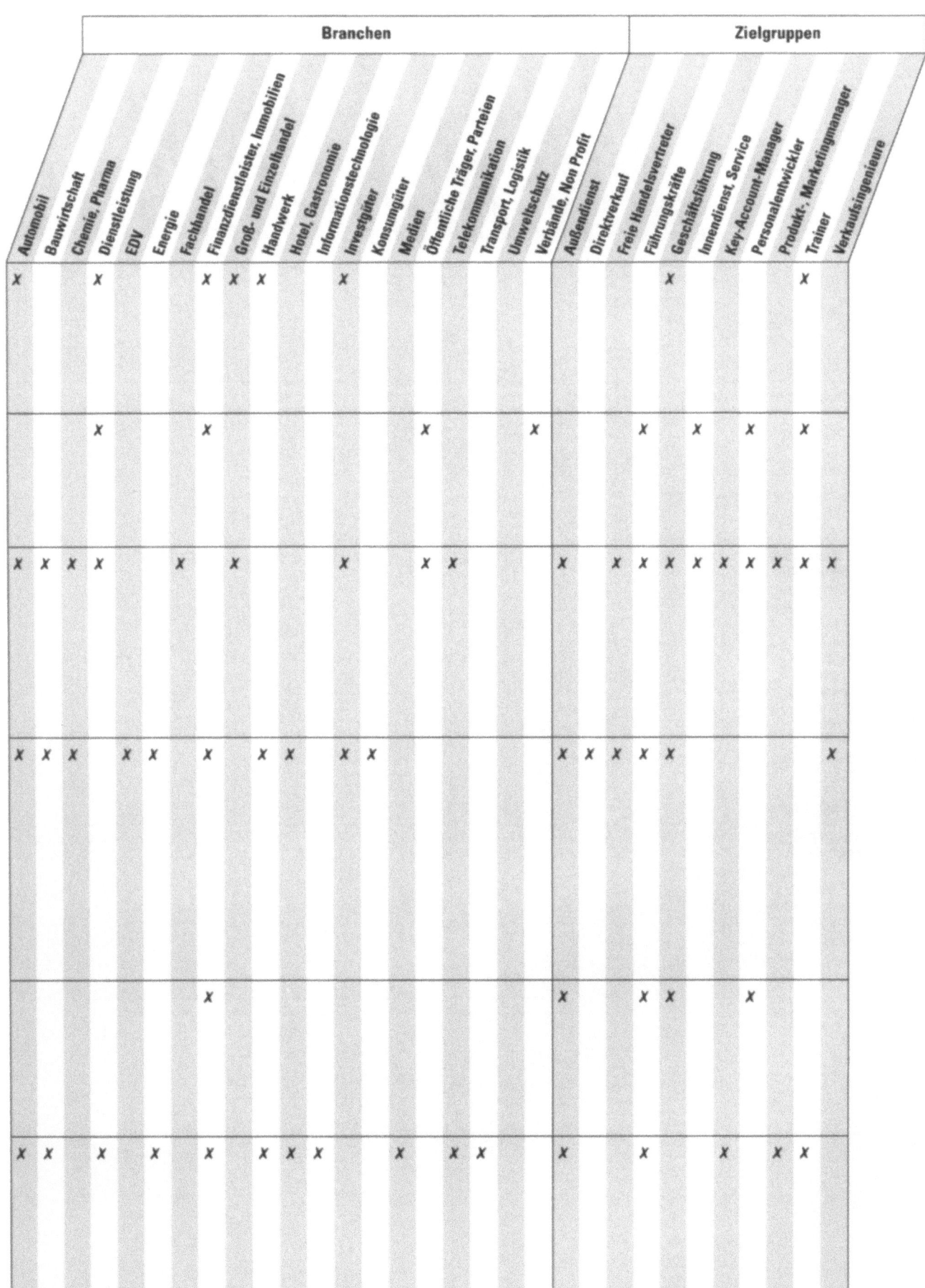

Trainings- und Leistungsschwerpunkte

	BDVT-Mitglied	Verkaufsförderung	CAS-Einführung, Einsatz	CBT/WBT	Coaching, Supervision	Erlebnisorientierte Lernmethoden	Führung	Jahresgespräche	Key-Account-Management	Konfliktmanagement	Körpersprache	Messetraining	Motivation	Personalentwicklung	Persönlichkeit, Mentaltraining	Persönlichkeitsanalysen	Präsentationstraining	Projektmanagement	Rhetorik, Kommunikation	Selbst- und Zeitmanagement	Teammanagement	Telefontraining	Train the Trainer	Unternehmensberatung	Verkauf, Vertriebsberatung	Wirkungs-, Erfolgskontrolle, Controlling
TUBUS Berlin Peter Winkler Ernststraße 90 A 13509 Berlin Tel. (0 30) 43 55 42 15 Fax (0 30) 43 55 42 16	X				X	X				X			X										X	X	X	
Verkaufstraining Team München Ursula Widmann-Rapp Hollerstraße 12 80995 München Tel. (0 89) 1 50 17 79 Fax (0 89) 1 50 17 99 → Siehe auch Porträt S. 102	X				X	X			X	X									X				X		X	
VERTRIEBSBERATUNG + VERKAUFSTRAINING Manfred & Renate Rottmar BDVT Immenfeldstraße 12 72766 Reutlingen-Reicheneck Tel. (0 71 21) 4 44 07 Fax (0 71 21) 49 10 01	X				X			X	X			X		X			X		X	X	X	X	X		X	
WBS TRAINING AG Gabriele Schaub Breitscheidstraße 65 70176 Stuttgart Tel. (07 11) 6 66 43 18 Fax (07 11) 6 66 43 43			X	X	X	X	X		X				X	X	X		X		X	X	X	X	X	X	X	X
WOHLTORFER TRAINER TEAM GMBH Ernst-Richard Peters-Kiehn Kiehns Hof 1 21521 Wohltorf Tel. (0 41 04) 13 80 Fax (0 41 04) 72 75 http://www.wtt.wohltorfer.de → Siehe auch Porträt S. 102	X				X		X	X	X	X	X	X	X				X	X	X	X	X	X		X	X	X

Branchen																				Zielgruppen										
Automobil	Bauwirtschaft	Chemie, Pharma	Dienstleistung	EDV	Energie	Fachhandel	Finanzdienstleister, Immobilien	Groß- und Einzelhandel	Handwerk	Hotel, Gastronomie	Informationstechnologie	Investgüter	Konsumgüter	Medien	Öffentliche Träger, Parteien	Telekommunikation	Transport, Logistik	Umweltschutz	Verbände, Non Profit	Außendienst	Direktverkauf	Freie Handelsvertreter	Führungskräfte	Geschäftsführung	Innendienst, Service	Key-Account-Manager	Personalentwickler	Produkt-, Marketingmanager	Trainer	Verkaufsingenieure
		X				X									X		X			X	X		X			X			X	
X		X				X		X												X	X	X				X	X			X
X							X	X				X	X							X				X	X	X				
X	X	X	X	X				X			X	X		X	X	X							X				X		X	
X	X	X				X	X	X	X	X		X	X		X	X	X			X	X	X	X	X	X	X	X			X

SELBSTSTÄNDIGE TRAINER UND BERATER IM BDVT

Postleitzahlengebiet 0

01187 Dresden
Mende, Andreas

01705 Freital
Müller, Karen

04107 Leipzig
Lakov, Dr. Ilona

04129 Leipzig
Weigert, Heidi

04157 Leipzig
Horvath, Astrid

04179 Leipzig
Höhne, Roswitha

04317 Leipzig
Simon, Dr. Hans-Peter

04416 Markkleeberg
Stolle, Dr. Emil

04448 Wiederitzsch
Krötenheerdt, Peter H.

04600 Altenburg
Preuß, Dr. Wolfgang

04626 Schmölln
Jorks, Martina

04683 Belgershain
Brunzlaff, Dr. Roswitha

06108 Halle
Maurer, Horst

06122 Halle
Dallmann, Dr. Joachim

06126 Halle
Kluck, Ulrike

06184 Ermlitz
Henke, Dr. Mareile

06311 Helbra
Schneider, Monika

06493 Ballenstedt
Diebler, Theodor

07546 Gera
Kasper, Norbert

Postleitzahlengebiet 1

10245 Berlin
Brocke, Karsten

10318 Berlin
Henseler, Dr. Rosemarie

10627 Berlin
Hoffmann, Mathias

10629 Berlin
Steinkat, Renate

10707 Berlin
Müller, Claudia

10717 Berlin
Biesler, Franziska

10719 Berlin
Hewicker, Heinz Jochen

10999 Berlin
Lauer, Wolfgang

12159 Berlin
Sprang, van Milou

12205 Berlin
Maser, Dieter

12277 Berlin
Wende, Willi

12351 Berlin
Weise, Peter

13051 Berlin
Bode, Wilhelm Gottfried

13125 Berlin
Lindemann, Dr. Petra

13156 Berlin
Hahn, Joachim

13187 Berlin
Kubitzki, Kerstin

13467 Berlin
Weißer, Oliver

13469 Berlin
Lochmann, Fred W.

13505 Berlin
Olschewski, Siegfried

13509 Berlin
Winkler, Peter

14050 Berlin
Schmeding-Wiegel, Hannelore

14163 Berlin
Wolff, Hartmut H.

14167 Berlin
Peters, Stephan

15344 Strausberg
Hass, Dr. Volkwin

15344 Strausberg
Lange, Dr. Rolf

16259 Neulietzegöricke
Borkenhagen, Eckhard

18055 Rostock
Reimann, Dr. Monika

18055 Rostock
Schmidt, Frank

18147 Rostock
Box, Dr. Hans-Jürgen

19055 Schwerin
Petersdorf, Norbert

19061 Schwerin
Pulmer, Peter

19063 Schwerin
Gerlach, Wolf-Peter

Postleitzahlengebiet 2

20099 Hamburg
Bergmann, Sabin

20249 Hamburg
Walter, Henry

20251 Hamburg
Anton, Dr. Fred

20251 Hamburg
Plößer, Ingeborg

20355 Hamburg
Hradetzky, Reinhard

20457 Hamburg
Nagler, Christoph

20457 Hamburg
Oldenburg, Stefan

20457 Hamburg
Rath, Norbert

21033 Hamburg
Klose, Ortwin

21217 Bullenhausen
Krausz-Scholz, Hans E.

21244 Buchholz
Blessing, Gerd R.

21244 Buchholz
Heduschke, Bernd

21266 Jesteburg
Tiemann, Dr. Jürgen

21279 Hollenstedt
Fasch, Axel

21335 Lüneburg
Strube, Günther

21339 Lüneburg
Ritter, Roland

21354 Bleckede/Radegast
Grinda, Holger P.

21465 Reinbek
Stempel, Hans

21521 Wohltorf
Peters-Kiehn, Ernst-Richard

21522 Hittbergen
Zunker, Jürgen

22083 Hamburg
Kreuter, Dirk

22087 Hamburg
Thoennessen, Gangolf

22115 Hamburg
Loerkens, Nicolas

22335 Hamburg
Dehnbostel, Sylvia

22339 Hamburg
Lucas, Michael

22399 Hamburg
Schuster, Rolf

22453 Hamburg
Stritch, Sabine

22459 Hamburg
Hamann, Dr. Angelika

22459 Hamburg
Pischetsrieder, Gerd

22525 Hamburg
Bohne, Silke

22559 Hamburg
Semkowsky, Reinhard

22587 Hamburg
Schmitt, Tom

22765 Hamburg
Niel, Friedhelm

22767 Hamburg
Cisewski, Sven von

22844 Norderstedt
Böhme-Köst, Peter

22844 Norderstedt
Treder, Klaus

22850 Norderstedt
Göldner, Wolfgang

22850 Norderstedt
Schmitt, Peter

22851 Norderstedt
Struck, Helmut Gerd

22927 Großhansdorf
Frenzel, Ralph

22927 Großhansdorf
Steffen, Wolfgang

23701 Eutin
Freerk, Hans

23701 Eutin
Lorenzen, Claus

23966 Wismar
Lemke, Margit

24119 Kronshagen
Franck, Wolfgang

24576 Bad Bramstedt
Noss, Karsten

24594 Hohenwestedt
Isernhagen, Joachim

24613 Aukrug
Schwarz, Wolfgang

24768 Rendsburg
Frantzen, Jochen

24888 Loit
Wagner, Klaus-D.

25421 Pinneberg
Kubbe, Klaus Her.

25462 Rellingen
Voss, Reiner

25479 Ellerau
Wirtz, Helmut E.

25555 Lockstedt
Michael, Klaus Berthold

27283 Verden
Pade, Wolfgang

27798 Hude
Bokemeyer, Peter

28359 Bremen
Kindermann, Burkhard

28790 Schwanewede
Fischer, Harald

29336 Nienhagen
Dehnbostel, Falk

30161 Hannover
Dannenberg, Klaus

30453 Hannover
Leenders, Gerd

30559 Hannover
Simon-van de Ven, Thea

30611 Hannover
Haaks, Ini

30625 Hannover
Brose, Volker

30657 Hannover
Franck, Roland

30827 Garbsen/Berenbostel
Siemens, Karl W.

30890 Barsinghausen
Hoffmann, Christa

30926 Seelze
Seedorff, Wera

30938 Burgwedel
Gröne, Dr. Alois

30966 Hemmingen
Zahn, M.-Peter

30982 Pattensen
Bank, Klaus

30989 Gehrden
Wiegand, Hans-Jürgen

31028 Gronau
Siegert-Anders, Christine

31134 Hildesheim
Lenfers, Henner

31139 Hildesheim
Kitter-Ohlms, Käte

31174 Schellerten
Hübner, Peter

31174 Schellerten
Nothdurft, Siegfried

31180 Giesen-Emmerke
Kindler, Werner

31275 Lehrte-Arpke
Müller-Gransee, Manfred

31275 Lehrte
Wagner, Burkhard

31295 Burgdorf
Tschorn, Michael

31535 Neustadt
Ziegler, Heinz

31582 Nienburg
Hüffmann, Dr. Peter

31655 Stadthagen
Bartels, Günther

31688 Nienstädt
Gierse-Westermeier, Maria

31707 Bad Eilsen
Wellpott, Birgit

31737 Rinteln
Mense, Paul Egon

31832 Springe
Bünten, Klaus F.

31832 Springe
Rohr, Bernd

31840 Hessisch Oldendorf
Hoffmann, Dieter

32051 Herford
Mörling, Erika

32457 Porta Westfalica
Lemke, Hans-Günther

32584 Löhne
Budde, Andre

32758 Detmold
Liebhart, Manfred

33098 Paderborn
Dolle, Andreas

33098 Paderborn
Kottmann, Thomas

33100 Paderborn
Lehmann, Nicole Jeannine

33102 Paderborn
Bartels, Wolfgang

33102 Paderborn
Blum, Simone

33330 Gütersloh
Haubold, Gerd

33330 Gütersloh
Verhoeven, Irmgard

33332 Gütersloh
Knobloch, Johann Peter

33602 Bielefeld
Gran, Ingrid

33602 Bielefeld
Otto, Wolfgang

33607 Bielefeld
Nolting, Wilhelm

33659 Bielefeld
Zütphen, Frank

33699 Bielefeld
Lorenzen, Christiaan F.

33775 Versmold
Geisselhart, Oliver

33803 Steinhagen
Damis, Heinz H. E.

33824 Werther
Weber, Hans

33829 Borgholzhausen
Axer, Jörg

34119 Kassel
Schroeter, Helmut

34128 Kassel
Zacharias, Gottfried

34292 Ahnatal
Flato, Ehrhard

35066 Frankenberg
Kehmann, Winfried

35085 Ebsdorfergrund
Rabenau, Heinz

35102 Lohra
Prittwitz und Gaffron, Joachim-Bernhard von

35390 Gießen
Lontke, Joachim

35394 Gießen
Lohr, Andreas

35440 Linden
Stelzer, Bernd

35444 Biebertal
Roth, Martin

35683 Dillenburg
Huth, Siegfried A.

35764 Sinn
Nelles-Pfaff, Maria

36093 Künzell
Neuland, Michèle

36124 Eichenzell
Neuland, Erich

37079 Göttingen
Feuerstein, Olaf

37083 Göttingen
von Knauer, Hans

37085 Göttingen
Fender, Paul

37186 Moringen
Bahr, Siegfried

37284 Waldkappel
Rockstroh, Volker

37547 Kreiensen
Zintel, Arno E.

38104 Braunschweig
Gläsener, Hans Joachim

38154 Königslutter
Lutz, Peter

38226 Salzgitter
Kuleßa, Carsten

38228 Salzgitter
Schapals, Karl-Friedrich

38259 Salzgitter
Armbrecht, Michael

38304 Wolfenbüttel
von Hein, Dr. Joachim

38440 Wolfsburg
Kuhnert, Wolf H.

38533 Rethen
Müller, Annette

39108 Magdeburg
Willberg, Elke

39110 Magdeburg
Spröte, Dr. sc. Werner

39112 Magdeburg
Kramer, Denise

39114 Magdeburg
Schmietendorf, Jörg

39116 Magdeburg
Buchmann, Dipl.-Ing. Steffen

39124 Magdeburg
Unger, Hannelore

39130 Magdeburg
Lindemann, Peter

39164 Domersleben
Konrad, René

39171 Schwaneberg
Lubosch, Erika

39171 Altenweddingen
Thormeyer, Dr. Barbara

39179 Ebendorf
Hosse, Stefan

39326 Farsleben
Maier, Bernhard

40217 Düsseldorf
Fuhrberg, Torsten

40225 Düsseldorf
Siebert, Dirk

40235 Düsseldorf
Rückholz, Jörg-Kristian

40237 Düsseldorf
Kater, Dr. Wolfgang

40470 Düsseldorf
Bless, Dr. Heinz J.

40477 Düsseldorf
Weber, Henry

40489 Düsseldorf
Kratzmann, Rainer

40547 Düsseldorf
Krökel, Andreas

40549 Düsseldorf
Frey, Ulrich Dirk

40629 Düsseldorf
Nikol, Ulrich

40644 Meerbusch
Brockmann, Helga

40667 Meerbusch
Joop, Dieter

40667 Meerbusch
Michael, Bernd

40668 Meerbusch
Kaiser, Elisabeth

40670 Meerbusch
Meier-Maletz, Max

40699 Erkrath
Bender-Hörmandinger, Christa

40699 Erkrath
Schmitt, Günter E.

40721 Hilden
Schmidt, Detlev

40822 Mettmann
Bader, Peter M.

40822 Mettmann
Dietze, Ulrich

40822 Mettmann
Piontek, Wolfgang

40878 Ratingen
Gerhold, Roger

41238 Mönchengladbach-Rheydt
Speis, Marlis Margarete

41462 Neuss
Meis, Rolf F.

41468 Neuss
Six, Holger

41541 Dormagen
Kubis, Eckhard

42111 Wuppertal
Honermann, Alfred

42279 Wuppertal
Niehaus, Kurt R.

42327 Wuppertal
Schmitz, Michael

42549 Velbert
Götzenberger, Jürgen

42699 Solingen
Bremshey, Peter

42699 Solingen
Schuren, Johannes E.

42855 Remscheid
Bald, A. Michael

44263 Dortmund
Ficinus, Robert

44272 Dortmund
Klaassen, Martin

44534 Lünen
Blau, Robert A.

44577 Castrop-Rauxel
Ristau, Wolfhard

44791 Bochum
Siebold, Angela

44799 Bochum
Bromkamp, Norbert

44869 Bochum
Ratzkowski, Jürgen

45136 Essen
Peagitsch, Horst

45219 Essen
Gampe, Rolf

45239 Essen
Ewe, Claus

45259 Essen
Berndt, Norbert

45259 Essen
Cristofolini, Peter M.

45472 Mülheim a. d. Ruhr
Eul, Friedrich

45476 Mülheim
Sprenger, Heinz

45481 Mülheim an der Ruhr
Wieschen, Frank aus der

45481 Mülheim
Wieschen, Thomas aus der

45659 Recklinghausen
Stierle, Jürgen

46519 Alpen
Hanisch, Georg

46539 Dinslaken
Schommers, Rolf Christian

46562 Voerde
Weinkath, Wolfgang

47445 Moers
Winkler, Martin

47447 Moers
Roloffs, Bernd

47574 Goch
Wieninger, Michael

47799 Krefeld
Hain, Claudia

47802 Krefeld
Schmitz, Christoph

47809 Krefeld
Birmes, Rolf

47809 Krefeld
Holeczek, Frank

47809 Krefeld
Schober, Jutta

47811 Krefeld
Oberließen, Klaus

47839 Krefeld
Athanasopoulos, Charalampos

47877 Willich
Beriault, Michael

47877 Willich
Heinemeyer, Helmut

47877 Willich
Kliss, Wolfgang

47877 Willich
Seyfarth, Achim

47906 Kempen
Datené, Gerd

47906 Kempen
Hollstein, Jürgen

47918 Tönisvorst
Niederberger, Christoph

48147 Münster
Slaby, Stefan

48155 Münster
Kriener, Wolfgang

48155 Münster
Potthoff, Jürgen

48161 Münster
Vedder, Michael

48249 Dülmen
Mende, Jürgen

48291 Telgte
Kückelmann, Rolf

48301 Nottuln
Härtel, Martin

48308 Senden
Tiigi, Ursula

48336 Sassenberg
Gärtner, Karl-Heinz

48720 Rosendahl-Osterwick
Pfeifer, Karl Heinz

49078 Osnabrück
Schäper, Rüdiger

49479 Ibbenbüren
Keeve, Heinz

Postleitzahlengebiet 5

50126 Bergheim
Bornhäußer, Andreas

50259 Pulheim
Butzko, Harald G.

50321 Brühl
Hoffstadt, Andreas

50354 Hürth
Heinsberg, Elmar

50374 Erftstadt
Zerres, Peter

50509 Köln
Grunwald, Hans-Ulrich

50668 Köln
Rachow, Axel

50672 Köln
Koehler, Klaus J.

50674 Köln
Höcker, Angelika

50674 Köln
Höcker, Bernd

50677 Köln
Berkovics sen., Pal

50677 Köln
Renner, Hans-Georg

50735 Köln
Hirsch, Hermann

50737 Köln
Langguth, Veronika

50858 Köln
Dresbach, Karla

50858 Köln
Turanli, Heike

50931 Köln
Frankel, Clive

50933 Köln
Kulhay, Hans-Dieter

50968 Köln
Kehne, Dieter

50969 Köln
Thoenes, Hans-Jakob

50996 Köln
Weiss, Heinz S.

50999 Köln
Prager-Arns, Evelyn

51065 Köln
Perseke, Peter

51069 Köln
Goebels-Lukaszczyk, Monika

51381 Leverkusen
Schmitz, Hans

51427 Bergisch Gladbach
Richter, Renate

51429 Bergisch Gladbach
Florian, Erwin

51429 Bergisch Gladbach
Heinevetter, Anne

51491 Overath
Lindig, Jochen

51545 Waldbröl
Vogt, Reinhold

51580 Reichshof
Frick, Thomas

52076 Aachen
Laven, Anna

52428 Jülich
Schmitz, Hans Josef

52428 Jülich
Schmitz, Helga

52445 Titz
Schmidt, Birgit

52525 Heinsberg
Minkenberg, Hans-Georg

53111 Bonn
Menninger, Siegfried

53127 Bonn
Turowski-Willeck, Regina

53332 Bornheim
Stüer, Georg

53545 Ockenfels
Linnow, Hiltraud

53604 Bad Honnef
Gillner, Manfred

53757 Sankt Augustin
Brecht, Norbert

53783 Eitorf
Nordheim, Sabine Anita

53797 Lohmar
Didier-Weihs, Marita

53859 Niederkassel
Dybbert, Volker

53859 Niederkassel
Hausmann, Dorothee

53881 Flamersheim
Stern-Reichert, Monika

54550 Daun
Thönnes, Günter

55120 Mainz
Kugler, Wolfgang-Wilhelm

55122 Mainz
Kreck, Sibylle

55130 Mainz
Tosch, Michael

55413 Weiler
Labaek-Noeller, Anette

55442 Stromberg
Krüger, Günter H.

56076 Koblenz
Reifenschneider, Dieter

56329 Sankt Goar am Rhein
Ripp, Gerd

56330 Kobern-Gondorf
Alderath, Karl

56472 Hardt
Mühling, Rainer

56858 Würrich
Thomas, Andrea

57076 Siegen
Bernshausen, Dietmar

57299 Burbach
Kreutz, Werner

57627 Hachenburg
Baldus, Vinzenz

57629 Malberg
Kaufmann, Manfred

57638 Neitersen
Sulimma, Dirk

58006 Hagen
Kock, Ewald

58313 Herdecke
Schmidt, Friedrich Wilhelm

58553 Halver
Fulda, Hans C.

59457 Werl
Meyer, Bernd

59555 Lippstadt
Haltenhof, Axel

59555 Lippstadt
Heidemann, Gerhard

59557 Lippstadt
Raffler, Bernd

59558 Lippstadt
Christ, Jürgen

59872 Meschede
Ricks, Hans-Wilhelm

Postleitzahlengebiet 6

60325 Frankfurt
Müller, Dr. Susanne

60386 Frankfurt
Tisch, Petra

60598 Frankfurt
Schoemen, Juergen

60599 Frankfurt
Schilling, Dr. Silke

61169 Friedberg
Schnaubelt, Michael

61184 Karben
Grikscheit, Erich

61184 Karben
Heider, Dr. Joachim

61250 Usingen
Grote, Uwe Ottmar

61267 Neu-Anspach
Gausepohl, Karl-Heinz

61267 Neu-Anspach
May, Herbert H.

61273 Wehrheim
Marowsky, Karl Heinz

61273 Wehrheim
Schneider, Raimund

61348 Bad Homburg
Schreyer, Michael

61352 Bad Homburg
Limbeck, Martin

61381 Friedrichsdorf
Daniel, Ewald

61462 Königstein
Scholz, Uwe

61476 Kronberg
Hübner, Erwin

61476 Kronberg
Werner, Lothar H.G.

63110 Rodgau
Kröpelin, Hans-Peter

63110 Rodgau
Schön, Siegfried

63128 Dietzenbach
Weixler, Dietmar

6314 Unterägeri
Rudel, Uli J.

63150 Heusenstamm
Werlich, Eberhard

63263 Neu-Isenburg
Weckesser, Peter Michael

63584 Gründau
Braun, Wolfgang

63584 Gründau
Schmidt, Wolf-D.

63739 Aschaffenburg
Eulenstein, Elisabeth

63743 Aschaffenburg
Spreiter, Dr. Michael

63785 Obernburg/Main
Ramge, Mattias

63849 Leidersbach
Lackner, Alfred

64380 Roßdorf
Kohn, Jochen

64569 Nauheim
Pelzer, Antje

64625 Bensheim
Geyer, Günther

64646 Heppenheim
Baeck, Franz H.

65187 Wiesbaden
Koch, Achim

65193 Wiesbaden
Geide, Peter

65193 Wiesbaden
Kutzschenbach, Claus von

65205 Wiesbaden
Pieper, Paul

65232 Taunusstein
Frost, Reiner

65239 Hochheim
Huppertz, Heinz

65396 Walluf
Schilling, Jürgen

65399 Kiedrich
Kirsten, Jürgen S.

65510 Hünstetten
Labude, Dr. Christoh

65618 Selters
Kleinschmidt, Doris

65764 Kelkheim/Taunus
Pawlik, Henning

65779 Kelkheim/Ts.
Hupp, Elmar

65779 Kelkheim
Töller, Thomas

65830 Kriftel
Lange, Bernhard M.

65934 Frankfurt
Hirz, Rudolf

66113 Saarbrücken
Detemple, Hartmut

66119 Saarbrücken
Niemann, Burkhard

66128 Saarbrücken (Gersweiler)
Seifried, Gerhard

66459 Kirkel
Bauer, Udo

67061 Ludwigshafen
Balde, Ulrich

67063 Ludwigshafen
Scholze, Uwe

67141 Neuhofen
Hilsberg, Frank

67157 Wachenheim
Jantzen, Gerhard

67165 Waldsee
Wiek, Dr. Ulrich

67240 Bobenheim-Roxheim
Urlaub, Karlheinz

67346 Speyer
Mönig, Hedi

67434 Neustadt/Weinstr.
Kriso, Geneviève

67454 Haßloch
Pein, Michael

67551 Worms
Frieß, Rainer

68161 Mannheim
Hohler, Franz

68219 Mannheim
Seßler, Helmut

68723 Schwetzingen
Albrecht, Rüdiger

68789 St Leon-Rot
Engelhardt, Ulrich

68789 St. Leon-Rot
Raabe, Ernst Richard

69118 Heidelberg
Marschall, Wolfgang

69181 Leimen
Philipp, Uwe

69221 Dossenheim
Morasch, Ulrich

69469 Weinheim
Bumiller, Stefan

69469 Weinheim
Gerbitz, Günter

69493 Hirschberg
Rosenau, Arne

Postleitzahlengebiet 7

70176 Stuttgart
Schreier, Margit M.

70182 Stuttgart
Schretzmann-Kittel, Elke

70192 Stuttgart
Bosler, Rose-Martina

70499 Stuttgart
Calvör, Maren

70619 Stuttgart
Pfeiffer, Frithjof

70771 Leinfelden-Echterdingen
Linek, Martin Rüdiger

71032 Böblingen
Stumber, Peter

71088 Holzgerlingen
Heitsch, Dieter

71126 Gäufelden
Scherle, Heinz

71206 Leonberg
Prasse, Dittmar

71229 Leonberg
Rosenberger, Dr. Walter

71336 Waiblingen(Hohenacker)
Lehmann, Rolf G.

71638 Ludwigsburg
Huf, Dietrich

71640 Ludwigsburg
Breil, August J.

71642 Ludwigsburg
Denzel, Eberhard

71717 Beilstein
Detroy, Erich-Norbert

71723 Großbottwar
Maurer, Ewald F.

71732 Tamm
Erfle, Walter

71737 Kirchberg
Hildenbrand, Claus-Dieter

72218 Wildberg
Schmidt, Peter

72469 Meßstetten-Oberdigisheim
Triebe, Rainer

72766 Reutlingen
Rottmar, Manfred

73033 Göppingen
Haase, Hans Ulrich

73431 Aalen
von Berg, Wilfried

73631 Rudersberg
Wohlfarth, Klaus

73760 Ostfildern
Hempel, Ulrich

73760 Ostfildern
Ringelhan, Franz

74072 Heilbronn
Stempfle, Lothar

74080 Heilbronn
Hey, Hans A.

74189 Weinsberg
Ziegler, Gerhard

74211 Leingarten
Wagner, Rudolf

74219 Möckmühl
Salau, Tamara

74223 Flein
Busch, Uwe

74232 Abstatt
Bandilla, Manfred

74249 Jagsthausen
Büdenbender, Felix M.

74523 Schwäbisch Hall
Brumm, Detlev

74653 Künzelsau
Gauker, Wolfram

74889 Sinsheim
Hagmaier, Uwe Ardeschyr

74906 Bad Rappenau
Lutz, Hans-Günter

75177 Pforzheim
Fetzner, Eva-Maria

75196 Remchingen
Gay, Friedbert

75233 Tiefenbronn
Sailer, Günter

75382 Althengstett
Frey, Eberhard

75417 Mühlacker
Straub, Wolfgang

76133 Karlsruhe
Dullenkopf, Michael

76133 Karlsruhe
Mostafa, Andreas

76137 Karlsruhe
Siefermann, Gerd

76332 Bad Herrenalb
Brand, Waldemar

76337 Waldbronn
Wessel, Dieter

76344 Eggenstein-Leopoldshafen
Ritter, Karin

76571 Gaggenau
Rimark, Jürgen

76870 Kandel
Caspari, Victoria

77770 Durbach
Kalmbach, Gerd

77887 Sasbachwalden
Wallig, J. Helmut

78056 Villingen-Schwenningen
Engel, Peter

78343 Gaienhofen / Bodensee
Reich, Dr. Heinzjürgen

79104 Freiburg
Hornung, Dr. Artur

79104 Freiburg
Kenzelmann, Peter

79108 Freiburg
Fischer, Marc

79110 Freiburg
Stempel, Sieglinde

79115 Freiburg
Binder-Kissel, Ute

79238 Ehrenkirchen
Oßwald, Heinz

79256 Buchenbach
Esselborn, Richard-F.

79299 Wittnau
Suchan, Klaus V.

79312 Emmendingen
Wenzlau, Andreas

79341 Kenzingen
Höfer, Hartmut

79341 Kenzingen
Höfer, Ute

79761 Waldshut/Tiengen
Scheelen, Frank M.

Postleitzahlengebiet 8

80331 München
Wandinger, Thomas Michael

80469 München
Strobl, Doris

80687 München
Riedel-Wagner, Friedrich

80799 München
Martens, Jens-Uwe

80802 München
Pink, Ruth

80804 München
Geissler, Christian

80807 München
Bühl, Prof. Robert

80995 München
Müller, Gerdi

80995 München
Thieme, Kurt H.

80995 München
Widmann-Rapp, Ursula

81249 München
Beschinsky, Hermann

81479 München
Kühner, Udo

81479 München
Philippi, Reinhard

81479 München
Westphal, Rüdiger

81541 München
Kölsch, Hubert

81545 München
Trinker, Alexander

81667 München
Baron, Gabriele

81825 München
Hartan, Manfred

82018 Taufkirchen
Eibl, Albert

82031 Grünwald
Herdin, Gabriele

82049 Pullach
Freiherr von Quernheim, Peter

82061 Neuried
Gundl, Christian

82061 Neuried
Hobelsberger jun., Hans

82110 Germering
Giebel, Gernot

82178 Puchheim
Engl, Wolfgang F.

82178 Puchheim
Gelzhäuser, Klaus-Peter

82178 Puchheim
Härlin, Angelika

82178 Puchheim
Waller, Bernd-Dieter

82216 Gernlinden
Huber, Johann

82219 Eichenau
Schönell, Hans-Werner

82223 Eichenau
Krichel, Manfred

82256 Fürstenfeldbruck
Röben, Peter

82266 Inning
Herbst, Peter

82327 Tutzing
Kraus, Frieder

82335 Berg, Starnberger See
Büschen, Hartwig

82343 Pöcking-Starnberg
Volke, Peter R.

82362 Weilheim
Kretschmar, Dietrich

82467 Garmisch-Partenkirchen
Hörmandinger, Rudolf

82467 Garmisch-Partenkirchen
Köhler, Karl-Heinz

82497 Unterammergau
Vogt, Hans

**82541 Ammerland/
Starnberger See**
Nickel, Rolf

82547 Eurasburg
Neubarth, Rolf

83026 Rosenheim
Hopmann, Manfred J.

83043 Bad Aibling
Kapff, Sixt Dietrich von

**83104 Tuntenhausen /
OT Beyharting**
Halbritter, Karin Danielle

83229 Aschau-Sachrang
Müller, Dr. Rudolf

83569 Vogtareuth
Schlee, Maximilian Peter

83737 Irschenberg
Wisst, Peter

84061 Ergoldsbach
Lotz, Erich

85049 Ingolstadt
Lang, Dr. Ewald

85051 Ingolstadt
Rackl, Herbert A.

85092 Kösching
Krause, Michael W.

85356 Freising
Rücker, Wolfgang

85386 Eching-Deutenhausen
Nickl, Manfred

85551 Kirchheim/München
Höbler-Schmid, Sigrid

85551 Kirchheim/ München
Sonnenholzer, Dieter A.

85591 Vaterstetten
Behnken, Michael H.

85658 Egmating
Möglich, Gabriele

85716 Unterschleißheim
Bodel, Klaus

85737 Ismaning
Umstätter, Stefan

86482 Aystetten
Erlat, Michael

86872 Scherstetten
Stöger, Helmut

86919 Utting
Telgmann, Wiltrud M.

86946 Issing
Mult, Jakob Josef

87452 Altusried
Birmelin, Rolf

87487 Wiggensbach
Prinz, Anita

87490 Börwang
Köhler, Hans-Uwe L.

87509 Immenstadt
Forster, Rainer

87549 Untermaiselstein
Haggenmüller, Gerhard

88079 Kressbronn
Saile, Walter K.

88213 Ravensburg
List, Dr. Stephan

88239 Wangen/Allg.
Hipp, Peter

88250 Weingarten
Krauß, Ute C.

88263 Horgenzell
Schlegel, Peter P.

88480 Achstetten
Heigel, Harald

8862 Überlingen
Bach, Walter

88662 Überlingen
Bosch, Peter

89250 Senden-Aufheim
Seidel, Jürgen

89259 Senden
Orendi, Siegfried

89275 Elchingen
Kneher, Manfred

Postleitzahlengebiet 9

90409 Nürnberg
Friese, Franz

90429 Nürnberg
Gekeler, Christel

90453 Nürnberg
Albert, Roland

90482 Nürnberg
Helbig, Walter

90491 Nürnberg
Brodbeck, Volker

91058 Erlangen
Wolff, Ernst

91077 Kleinsendelbach
Mahler, Ursula

91080 Uttenreuth
Stargalla, Leopold

91207 Lauf
Büttner, Joachim

91217 Hersbruck
Winkler, Jürgen

91352 Hallerndorf
Reuter, Guido

91361 Pinzberg
Edelhäuser, Hans

91413 Neustadt
Zügler, Georg

91522 Ansbach
Görmer, Michael Bernd

93055 Regensburg
Heyse, Prof. Dr. Volker

93486 Runding
Stürmer, G. Oskar

94032 Passau
Stichling, Axel

94034 Passau
Wagner, Erwin

94369 Rain
Roth, Manfred

94379 St. Englmar
Berand, Klaus M.

96047 Bamberg
Bastian, Thomas H.

96111 Hirschaid
Gehringer M.A., Joachim

97074 Würzburg
Graf, Prof. Dr. Gerhard

97076 Würzburg
Tast, Wolfgang

97082 Würzburg
Starkmann, Manuela

97424 Schweinfurt
Kolos, Andreas

97645 Ostheim
Schmalen, Bruno

97659 Burgwallbach
Krämer, Hans-Peter

99084 Erfurt
Sendler, Jens

99096 Erfurt
Piehler, Tiana

99096 Erfurt
Topp, Dr. Barbara

99425 Weimar
Schütz, Ronald

Ausland

A-4614 Marchtrenk
Zehetner, Friedrich

A-6922 Wolfurt
Zimmermann, Heinrich

A-8010 Graz
Notbauer, Heinz

CH-3053 Münchenbuchsee
Wynistorf, Werner

CH-4710 Balsthal
Frietsch, Hermann

CH-6430 Schwyz
Gianella, Brunello

CH-8634 Hombrechtikon-Zürich
Nievergelt, Rolf W.

CH-8832 Wollerau
Zosso, Jean-Pierre

CH-8906 Bonstetten
Meierhofer, Lukas

E-03180 Torrevieja
Buttler, Dieter

HR-42000 Varazdin
Sulak, Prof dr. sc. Franjo

NL-3735 KJ Bosch en Duin
Lauf, Johannes A.

Stand der Angaben: 1. April 2000

A

Albert, Roland
Training und Beratung
Alfons-Stauder-Straße 81
90453 Nürnberg
Tel. (09 11) 6 38 38 55
Fax (09 11) 6 38 38 27

Albrecht, Rüdiger
ABConsult Personal- und
Organisationsentwicklung
Antonisstraße 10 a
68723 Schwetzingen
Tel. (0 62 02) 2 10 26
Fax (0 62 02) 2 10 26

Alderath, Karl
Bahnhofstraße 34
56330 Kobern-Gondorf
Tel. (0 26 07) 46 26
Fax (0 27 07) 60 16

Anton, Dr. Fred
Dr. Anton Training und Beratung
Erikastraße 178
20251 Hamburg
Tel. (0 40) 48 87 42
Fax (0 40) 48 37 98

Armbrecht, Michael
M. Armbrecht Seminare-
Coaching-
Personalentwicklung
Lange Wanne 26A
38259 Salzgitter
Tel. (0 53 41) 39 52 21
Fax (0 53 41) 39 65 67

Athanasopoulos, Charalampos
Verkaufstrainer
INtem-Trainer
Waldnieler Straße 7
47839 Krefeld
Fax (0 93 65) 41 41

Axer, Jörg
Am Landbach 5 b
33829 Borgholzhausen
Tel. (0 54 21) 24 62
Fax (0 54 21) 47 73

B

Bach, Walter
K + B Seminare Walter Bach
Nußdorfer Straße 6
8862 Überlingen
Tel. (0 75 51) 83 88 01
Fax (0 75 51) 83 88 02

Bader, Peter M.
Peter Bader Training
Klein Goldberg 32
40822 Mettmann
Tel. (0 21 04) 98 36 74
Fax (0 21 04) 98 36 75

Baeck, Franz H.
Dr. Winter Straße 7
64646 Heppenheim
Tel. (0 62 52) 7 16 70

Bahr, Siegfried
Trainer
Sudetenstraße 5
37186 Moringen
Tel. (0 55 54) 39 06 21
Fax (0 55 54) 99 81 31

Bald, A. Michael
MB Training & Vertriebsberatung
Buchenstraße 21 b
42855 Remscheid
Tel. (0 21 91) 93 12 68
Fax (0 21 91) 93 12 69

Balde, Ulrich
trainieren-moderieren-beraten
Bleichstraße 19
67061 Ludwigshafen
Tel. (06 21) 51 12 02
Fax (06 21) 51 12 95

Baldus, Vinzenz
Service Concept
Barrwiese 3
57627 Hachenburg
Tel. (0 26 62) 46 71
Fax (0 26 62) 52 15

Bandilla, Manfred
SIT & S.O.S. System im Training
Seminar-Organisations-Service
Schozachstraße 86
74232 Abstatt
Tel. (0 70 62) 69 78
Fax (0 70 62) 91 00 66

Bank, Klaus
ATC – Ausbildungs- und
Trainings-Cooperation
An der Droth 20
30982 Pattensen
Tel. (0 51 02) 91 40 41
Fax (0 51 02) 90 98 36

Baron, Gabriele
Text & Training
Innere Wiener Straße 12
81667 München
Tel. (0 89) 48 95 27 82
Fax (0 89) 48 95 28 23

Bartels, Günther
Bankdirektor
Volksbank Stadthagen eG
Marktstraße 7
31655 Stadthagen
Tel. (0 57 21) 7 81-139
Fax (0 57 21) 7 81-148

Bartels, Wolfgang
companion
engineering team
Cheruskerstraße 2 c
33102 Paderborn
Tel. (0 52 51) 52 94 10
Fax (0 52 51) 52 94 05

Bastian, Thomas H.
TBA Thomas H. Bastian
Akademie
Franz-Ludwig-Straße 5 c
96047 Bamberg
Tel. (09 51) 2 08 25 50
Fax (09 51) 9 23 00 60

Bauer, Udo
Dipl.-Päd. für Berufs- und
Erwachsenenbildung
Friedenstraße 25
66459 Kirkel
Tel. (0 68 41) 8 16 85
Fax (0 68 41) 8 16 85

Behnken, Michael H.
MBTO
Training + Organisation
Heinrich-Marschner-Straße 48
85591 Vaterstetten
Tel. (0 81 06) 35 84 70
Fax (0 81 06) 35 84 71

Bender-Hörmandinger, Christa
C/B/H Personal- und
Organisationsentwicklung
Gut Koxberg 1
40699 Erkrath
Tel. (02 11) 9 24 79 11
Fax (02 11) 9 24 79 12

Berand, Klaus M.
Apart-Hotel Predigtstuhl GmbH
& Co. KG
Am Predigtstuhl 2
94379 St. Englmar
Tel. (0 99 65) 98 91

Bergmann, Sabin
CONTELLE Telefontraining
An der Alster 3
20099 Hamburg
Tel. (0 40) 28 40 30-0
Fax (0 40) 28 40 30-40

Beriault, Michael
Trainer
INtem-Trainer
Bonnenring 89
47877 Willich
Tel. (0 21 54) 20 26 01
Fax (0 21 54) 20 26 03

Berkovics sen., Pal
Rolandstraße 8
50677 Köln
Tel. (02 21) 23 22 19, 24 62 38
Fax 23 19 55

Berndt, Norbert
Dipl.-Betriebswirt
Personality-Training
Elsaßstraße 36
45259 Essen
Tel. (02 01) 46 06 64
Fax (02 01) 46 74 67

Bernshausen, Dietmar
Bernshausen Marketing
Kommunikation GmbH
Im kalten Born 14
57076 Siegen
Tel. (02 71) 4 89 70 90
Fax (02 71) 4 85 33 63

Beschinsky, Hermann
Trainer
Lisbergstraße 17
81249 München
Tel. (0 89) 8 71 49 91
Fax (0 89) 8 71 49 91

Biesler, Franziska
Güntzelstraße 3
10717 Berlin
Tel. (0 30) 3 13 79 00
Fax (0 30) 23 13 24 90

Binder-Kissel, Ute
Wege zum Kunden
Unternehmensberatung
Christophstraße 28
79115 Freiburg
Tel. (07 61) 44 15 18
Fax (07 61) 44 15 19

Birmelin, Rolf
Birmelin & Partner GmbH
Management-Beratung
und Training
Haus Oberhofen 32
87452 Altusried
Tel. (0 83 73) 9 80 60
Fax (0 83 73) 89 17

Birmes, Rolf
Training & Trainer Ges. für
Mitarbeiterförderungskonzepte
Am Oelvebach 121
47809 Krefeld
Tel. (0 21 51) 95 79-0
Fax (0 21 51) 95 79-15

Blau, Robert A.
BSCG BLAU & SCHOLZ
CONSULTING GROUP GMBH
Hainbuchenstraße 5
44534 Lünen
Tel. (0 23 06) 5 36 72
Fax (0 23 06) 5 18 30

Bless, Dr. Heinz J.
Mörsenbroicher Weg 151
40470 Düsseldorf
Tel. (02 11) 62 38 17
Fax (02 11) 62 38 18

Blessing, Gerd R.
Training Manager
Schlehenweg 7
21244 Buchholz
Tel. (0 41 87) 63 66
Fax (0 41 87) 31 21 35

Blum, Simone
Image Training
Löher Straße 2
33102 Paderborn
Tel. (0 52 51) 54 19 54
Fax (0 52 51) 54 19 54

Bode, Wilhelm Gottfried
Ahrenshooper Straße 14
13051 Berlin
Tel. (01 71) 4 10 21 57
Fax (0 30) 9 22 03 09

Bodel, Klaus
Stadionstraße 116
85716 Unterschleißheim
Tel. (0 89) 3 10 78 08

Böhme-Köst, Peter
Kommunikationsberater
Vorsitzender des Beirats BDVT
Steindamm 1
22844 Norderstedt
Tel. (0 40) 5 22 87 75
Fax (0 40) 5 22 41 91

Bohne, Silke
OPC
Brunckhorstweg 25
22525 Hamburg
Tel. (0 40) 31 79 07 00
Fax (0 40) 31 79 07 01

Bokemeyer, Peter
Hohe Furt 2
27798 Hude
Tel. (0 44 08) 29 72

Borkenhagen, Eckhard
Dorfstraße 81
16259 Neulietzegöricke
Tel. (0 33 44) 34 72
Fax (0 33 44) 34 72

Bornhäußer, Andreas
ACT Arbeitsgemeinschaft
Creative
Communications & Trainings
Bahnstraße 16
50126 Bergheim
Tel. (0 22 71) 47 82-0
Fax (0 22 71) 47 82-20

Bosch, Peter
CC Corporate Communication
GmbH
Zum Rebösch 1
88662 Überlingen
Tel. (07 55) 1 71 87
Fax (07 55) 1 71 87

Bosler, Rose-Martina
Vertriebs- und Management-
Training
Salzmannweg 16
70192 Stuttgart
Tel. (07 11) 2 56 03 03
Fax (07 11) 2 56 03 04

Box, Dr. Hans-Jürgen
Martin-Luther-King-Allee 27
18147 Rostock
Tel. (03 81) 69 46 48
Fax (03 81) 45 27 99

Brand, Waldemar
Im Wiesengrund 27
76332 Bad Herrenalb
Tel. (0 70 83) 48 27

Braun, Wolfgang
AKM Praktiker Training
Am Wiesengarten 9
63584 Gründau
Tel. (0 60 58) 85 69
Fax (0 60 58) 90 61 19

Brecht, Norbert
N. Brecht GmbH
Eckenerstraße 29 b
53757 Sankt Augustin
Tel. (0 22 41) 92 41 63
Fax (0 22 41) 92 41 64

Breil, August J.
A Breil & Team
Mainzer Allee 54
71640 Ludwigsburg
Tel. (0 71 41) 25 00 61
Fax (0 71 41) 25 00 61

Bremshey, Peter
kogag Bremshey & Domning
GmbH
Schorberger Straße 66
42699 Solingen
Tel. (02 12) 26 06-125
Fax (02 12) 26 06-200

Brocke, Karsten
Brain & Sale-
Seminare
Palmkernzeile 1
10245 Berlin
Tel. (0 30) 29 00 10 48
Fax (0 30) 29 49 41 54

Brockmann, Helga
Postfach 21 17
40644 Meerbusch
Tel. (0 21 59) 47 75
Fax (0 21 59) 52 82 21

Brodbeck, Volker
Marketing-Training
Mörikestraße 3 a
90491 Nürnberg
Tel. (09 11) 59 44 88
Fax 5 98 04 69

Bromkamp, Norbert
Sykes Bochum
Tele Serive Team GmbH
Königsallee 178 a
44799 Bochum
Tel. (02 34) 9 76 10
Fax (02 34) 97 61-100

Brose, Volker
vbc business communication
Kirchröder Straße 8
30625 Hannover
Tel. (05 11) 55 81 01
Fax (05 11) 55 81 02

Brumm, Detlev
Training & Seminare
Hallweg 77
74523 Schwäbisch Hall
Tel. (0 79 07) 98 82 10
Fax (0 79 07) 98 82 28

Brunzlaff, Dr. Roswitha
Trainerin
Mittelweg 4b
04683 Belgershain
Tel. (03 43 47) 5 15 46
Fax (03 43 47) 5 15 04

Buchmann, Dipl.-Ing. Steffen
Trainer und Verkaufsförderer
Am Schraderhof 13
39116 Magdeburg
Tel. (03 91) 6 22 59 05

Budde, Andre
INtem-Trainer
Berthold-Brecht-Straße 21
32584 Löhne
Tel. (0 57 32) 77 46

Büdenbender, Felix M.
Im Bannholz 36
74249 Jagsthausen
Tel. (0 62 98) 59 40

Bühl, Prof. Robert
Wolf & Bühl
Frankfurter Ring 193 a
80807 München
Tel. (0 89) 34 11 84
Fax (0 89) 3 51 55 65

Bumiller, Stefan
Constructive Training –
INtem-Trainer
Klingenweg 16
69469 Weinheim
Tel. (0 62 01) 59 05 22
Fax (0 62 01) 59 05 21

Bünten, Klaus F.
Unternehmensberater
Lärchenstraße 1
31832 Springe
Tel. (0 50 45) 73 84

Busch, Uwe
Training für Verkaufsreflexe
Goethestraße 9
74223 Flein
Tel. (0 71 31) 57 08 08
Fax (0 71 31) 57 90 80

Büschen, Hartwig
Stephanienweg 9
82335 Berg, Starnberger See
Tel. (0 81 78) 55 54

Buttler, Dieter
Geschäftsführer
die-trainer-werkstatt GmbH
Plaza Auriga 207
E-03180 Torrevieja

Büttner, Joachim
Cotrain Beratung + Schulung
Gartenäckerweg 5
91207 Lauf
Tel. (0 91 23) 98 10 51
Fax (0 91 23) 98 10 52

Butzko, Harald G.
butzko consult
Schneewittchenweg 15
50259 Pulheim
Tel. (0 22 38) 96 08 40
Fax (0 22 38) 96 08 42

C

Calvör, Maren
Training, Beratung &
Coaching
Schildkrötenweg 16
70499 Stuttgart
Tel. (07 11) 8 60 16 93
Fax (07 11) 8 60 16 94

Caspari, Victoria
Catema
Telefonmarketing,
Telefontraining
Bismarkstraße 28
76870 Kandel
Tel. (0 72 75) 6 13 96
Fax (0 72 75) 86 18

Christ, Jürgen
Unternehmensberatung und
Personaltraining GmbH
Wiesenweg 6
59558 Lippstadt
Tel. (0 29 41) 65 71 91
Fax (0 29 41) 6 00 21

Cisewski, Sven von
von Cisewski + Partner
Fischmarkt 18
22767 Hamburg
Tel. (0 40) 3 17 69 06-0
Fax (0 40) 3 17 69 06 66

Cristofolini, Peter M.
Am Hagenbusch 5
45259 Essen
Tel. (02 01) 78 20 21
Fax (02 01) 7 22 31 11

D

Dallmann, Dr. Joachim
Managementtrainer
Am Tulpenbrunnen 7/41
06122 Halle
Tel. (03 45) 2 32 31 37

Damis, Heinz H. E.
Traubenstraße 6
33803 Steinhagen
Tel. (0 52 21) 84 07 07
Fax (0 52 21) 84 07 12

Daniel, Ewald
Beratung Training BDVT
Wiener Straße 11 b
61381 Friedrichsdorf
Tel. (0 61 72) 7 17 79
Fax (0 61 72) 7 96 53

Dannenberg, Klaus
Firma Monika Warnecke
Seminare für das Management
Kranckestraße 6
30161 Hannover
Tel. (05 11) 6 96 51 21
Fax (05 11) 6 96 63 21

Datené, Gerd
team-training & transfer (ttt)
Beratung und Training
Rosenstraße 28
47906 Kempen
Tel. (0 21 52) 51 07 77
Fax (0 21 52) 51 06 81

Dehnbostel, Falk
Vorstandsvorsitzender
DEPiTA Holding AG
Im Nordfeld 13
29336 Nienhagen
Tel. (0 51 44) 9 87 20
Fax (0 51 44) 98 72-39

Dehnbostel, Sylvia
Präsidentin
CCI Consulting AG
Flughafenstraße 52 a
22335 Hamburg
Tel. (0 40) 5 32 99-215
Fax (0 40) 53 29 91 00

Denzel, Eberhard
Schurwaldstraße 12
71642 Ludwigsburg
Tel. (0 71 44) 57 35

Detemple, Hartmut
Trainer
Lebacher Straße 80
66113 Saarbrücken
Tel. (06 81) 73 04 86
Fax (06 81) 73 04 86

Detroy, Erich-Norbert
ERICH-NORBERT DETROY
DETROY CONSULTANTS
INTERNATIONAL
Kelterstraße 10
71717 Beilstein
Tel. (0 70 62) 58 51-3
Fax (0 70 62) 57 03

Didier-Weihs, Marita
OPEN DOOR
Student Exchange e.V.
Salgert 27
53797 Lohmar
Tel. (0 22 46) 72 38
Fax (0 22 46) 1 85 58

Diebler, Theodor
Trainer und Berater BDVT
Allee 61
06493 Ballenstedt
Tel. (03 94 83) 8 27 00
Fax (03 94 83) 8 27 00

Dietze, Ulrich
Geschäftsführer
DV Deutsche Vertriebsberatung
Hasselbeckstraße 73
40822 Mettmann
Tel. (0 21 04) 95 84 20
Fax (0 21 04) 95 84 22

Dolle, Andreas
ADM Marketing & Vertrieb
Kilianstraße 65 a
33098 Paderborn
Tel. (0 52 51) 2 25 40
Fax (0 52 51) 2 25 46

Dresbach, Karla
Dipl.-Kauffrau
Wilhelm-von-Capitaine-
Straße 16
50858 Köln
Tel. (02 21) 48 38 83
Fax (02 21) 9 48 43 93

Dullenkopf, Michael
Bismarckstraße 61
76133 Karlsruhe
Tel. (07 21) 2 37 42

Dybbert, Volker
MeteorTeam
Auf dem Wingert 76
53859 Niederkassel
Tel. (02 28) 45 57 30
Fax (02 28) 45 57 90

E

Edelhäuser, Hans
Hans Edelhäuser und Partner
Keilbrunnen 32
91361 Pinzberg
Tel. (01 72) 8 10 18 18
Fax (0 91 91) 1 46 37

Eibl, Albert
Dipl.-Psychologe
Postfach 11 32
82018 Taufkirchen
Tel. (0 89) 6 13 10 62
Fax (0 89) 6 13 66 79

Engel, Peter
MOD Strategie-Training
Brenzstraße 21
78056 Villingen-Schwenningen
Tel. (0 77 20) 6 79 16
Fax (0 77 20) 6 38 60

Engelhardt, Ulrich
Verkaufstrainer
Gladiolenweg 4
68789 St Leon-Rot
Tel. (0 62 27) 5 26 97
Fax (0 62 27) 5 54 15

Engl, Wolfgang F.
Verkaufs- und
Managementtrainer
Rainerstraße 37
82178 Puchheim
Tel. (0 89) 89 02 08 81
Fax (0 89) 8 00 29 68

Erfle, Walter
Bismarckstraße 28
71732 Tamm
Tel. (0 71 41) 60 50 51
Fax (0 71 41) 60 54 97

Erlat, Michael
Creatives Management GmbH
Sonnenweg 16
86482 Aystetten
Tel. (08 21) 48 71 11
Fax (08 21) 4 86 23 96

Esselborn, Richard-F.
Dipl.-Betriebswirt
Birkenstraße 4 c
79256 Buchenbach
Tel. (0 76 61) 98 06 00
Fax (0 76 61) 98 06 01

Eul, Friedrich
Eul & Partner
Unternehmensberatung und
Management Training
Kleiststraße 86–88
45472 Mülheim a. d. Ruhr
Tel. (02 08) 78 18 20
Fax (02 08) 78 18 21

Eulenstein, Elisabeth
Implus Training
Beratung Coaching
Roßmarkt 33 a
63739 Aschaffenburg
Tel. (0 60 21) 2 65 67
Fax (0 60 21) 2 98 18

Ewe, Claus
Pastorsacker 30
45239 Essen
Tel. (02 01) 40 59 40

F

Fasch, Axel
MCG Management Consulting
Group
Dr. Oetting, Fasch & Partner
Oldendorfer Straße 33
21279 Hollenstedt
Tel. (0 41 65) 8 14 34
Fax (0 41 65) 8 14 80

Fender, Paul
Training Paul Fender
Hannah-Vogt-Straße 1
37085 Göttingen
Tel. (05 51) 7 66 42
Fax (05 51) 7 66 71

Fetzner, Eva-Maria
FETZNER Telefontraining
Blücherstraße 30 b
75177 Pforzheim
Tel. (0 72 31) 56 33 60
Fax (0 72 31) 56 33 62

Feuerstein, Olaf
Geschf. Direktor
HOTEL FREIZEIT IN
Dransfelder Straße 3
37079 Göttingen
Tel. (05 51) 90 01-0
Fax (05 51) 90 01-100

Ficinus, Robert
Ges. für Unternehmensberatung
und Personalentwicklung
Nortkirchenstraße 57
44263 Dortmund
Tel. (02 31) 57 35 24
Fax (02 31) 57 19 87

Fischer, Harald
Fischer C B S
Coaching Beratung Schulung
Oltmanns Kamp 2
28790 Schwanewede
Tel. (04 21) 65 53 00
Fax (04 21) 65 53 00

Fischer, Marc
marc fischer consulting
Karlsruher Straße 50
79108 Freiburg
Tel. (07 61) 5 10 93 30
Fax (07 61) 5 10 93 31

Flato, Ehrhard
implus Training + Beratung
Dessauer Straße 3
34292 Ahnatal
Tel. (0 56 09) 95 85
Fax (0 56 09) 65 87

Florian, Erwin
Ziele – Training – Meisterschaft
Pehlengarten 8
51429 Bergisch Gladbach
Tel. (0 22 04) 91 18 22
Fax (0 22 04) 91 18 24

Forster, Rainer
Rainer Forster
Training & Beratung BDVT
Auf den Ecken 11
87509 Immenstadt
Tel. (0 83 23) 9 84 84
Fax (0 83 23) 9 84 85

Franck, Roland
Im Eichholz 62 A
30657 Hannover
Tel. (05 11) 90 25 60
Fax (05 11) 9 02 56 10

Franck, Wolfgang
W-Franck-Training
Albert-Schweitzer-Straße 2
24119 Kronshagen
Tel. (04 31) 54 60 45

Frankel, Clive
Verkaufs- und
Managementtrainer
Landgrafenstraße 97
50931 Köln
Tel. (02 21) 40 46 18
Fax (02 21) 4 00 21 56

Frantzen, Jochen
Frantzen
Personaltraining
Sonderburger Allee 22
24768 Rendsburg
Tel. (0 43 31) 2 62 56
Fax (0 43 31) 5 53 46

Freerk, Hans
Plöner Straße 26
23701 Eutin
Tel. (0 45 21) 7 46 61
Fax (0 45 21) 7 45 57

Freiherr von Quernheim, Peter
Diplom-Betriebswirt
QT-Training
Gottfried-Winter-Straße 21
82049 Pullach
Tel. (0 89) 7 93 45 43,
79 36 77 25

Frenzel, Ralph
Institut für
Wirtschaftpädagogik
Beimoorweg 10
22927 Großhansdorf
Tel. (0 41 02) 69 70 36
Fax (0 41 02) 69 70 37

Frey, Eberhard
Dipl.-Ing.
Beratung und Training
Gartenstraße 36
75382 Althengstett
Tel. (0 70 51) 92 68 18
Fax (0 70 51) 92 68 37

Frey, Ulrich Dirk
Frey Beaumont-Bennett
Schanzenstraße 20
40549 Düsseldorf
Tel. (02 11) 5 58 24-0
Fax (02 11) 55 15 39

Frick, Thomas
Allenbacher Straße 1
51580 Reichshof
Tel. (0 22 61) 95 90 09
Fax (0 22 61) 95 90 09

Friese, Franz
Diplom-Physiker
Am Stadtpark 122
90409 Nürnberg
Tel. (09 11) 5 10 92 48

Frieß, Rainer
Management- und
Verkaufstrainer
Mendelssohnstraße 14
67551 Worms
Tel. (0 62 47) 64 90
Fax (0 62 47) 90 52 41

Frietsch, Hermann
MUSICA COSMETIC &
FRIETSCH SEMINAR AG
Sagmattstraße 9
CH-4710 Balsthal
Tel. (00 41-62) 3 91 00 21
Fax (00 41-62) 3 91 00 22

Frost, Reiner
pro Coach – Kommunikation im
Unternehmen
Gottfried-Keller-Straße 4 h
65232 Taunusstein
Tel. (0 61 28) 93 48 63
Fax (0 61 28) 93 48 64

Fuhrberg, Torsten
MCO Markekting Communication
Organisation GmbH
Elisabethstraße 14
40217 Düsseldorf
Tel. (02 11) 38 60 00
Fax (02 11) 3 86 00 60

Fulda, Hans C.
Elsterweg 14
58553 Halver
Tel. (0 23 53) 21 50
Fax (0 23 53) 26 65

G

Gampe, Rolf
Dipl.-Kaufmann
Hauptstraße 101
45219 Essen
Tel. (0 20 54) 8 56 42

Gärtner, Karl-Heinz
Vertriebs- und Verkaufstrainer
Institut Walter Konopka
Waterort 11
48336 Sassenberg
Tel. (0 54 26) 7 37
Fax (0 54 26) 7 38

Gauker, Wolfram
Berner Straße 4
74653 Künzelsau
Tel. (0 79 40) 1 21-196
Fax (0 79 40) 12 11 39

Gausepohl, Karl-Heinz
KH Gausepohl & Partner
Vertriebscoaching und Training
Ludwig-Beck-Weg 30
61267 Neu-Anspach
Tel. (0 60 81) 96 24 84
Fax (0 60 81) 96 24 85

Gay, Friedbert
DISG-Training GmbH
Königsbacherstraße 21
75196 Remchingen
Tel. (0 72 32) 36 99-22
Fax (0 72 32) 36 99-42

Gehringer M.A., Joachim
Vision & Praxis Team
Verkaufs- und
Führungskräftetrainer
Postfach 10 17
96111 Hirschaid
Tel. (0 95 43) 40-336
Fax (0 95 43) 40-339

Geide, Peter
Trainer
Wilhelminenstraße 38
65193 Wiesbaden
Tel. (06 11) 52 20 27
Fax (06 11) 52 20 28

Geisselhart, Oliver
TEAMGEISSELHART
Training & Beratung
Veilchenstraße 9
33775 Versmold
Tel. (0 54 23) 9 50 90
Fax (0 54 23) 95 09 10

Geissler, Christian
Commax Consulting
Simmernstraße 1
80804 München
Tel. (0 89) 36 03 84-0
Fax (0 89) 36 03 84-38

Gekeler, Christel
Bärenschanzstraße 11
90429 Nürnberg
Tel. (09 11) 28 68 81
Fax (09 11) 2 87 99 37

Gelzhäuser, Klaus-Peter
Herbststraße 4 a
82178 Puchheim
Tel. (0 89) 80 44 17
Fax (0 89) 8 00 29 97

Gerbitz, Günter
G. Gerbitz Training
Ahornstraße 6
69469 Weinheim
Tel. (0 62 01) 18 32 43
Fax (0 62 01) 18 32 44

Gerhold, Roger
Factory GmbH
Agentur f. Kommunikation
Kaiserswerther Straße 49–51
40878 Ratingen
Tel. (0 21 02) 2 04 60
Fax (0 21 02) 2 10 33

Gerlach, Wolf-Peter
Unternehmensberatung
Justus-von-Liebig-Straße 44
19063 Schwerin
Tel. (03 85) 2 01 12 74
Fax (03 85) 2 01 12 75

Geyer, Günther
Narzissenweg 6
64625 Bensheim
Tel. (0 62 51) 6 88 47

Gianella, Brunello
UBG Network
Gartenlaubenstrasse 15
CH-6430 Schwyz
Tel. (00 41-41) 8 13 05 01
Fax (00 41-41) 8 13 05 05

Giebel, Gernot
Giebel-Consult
Otto-Wagner-Straße 6
82110 Germering
Tel. (0 89) 8 94 96 60
Fax (0 89) 84 06 18 69

Gierse-Westermeier, Maria
Supervision Coaching
Kommunikations- und
Organisationsberatung
Großer Kamp 41
31688 Nienstädt
Tel. (0 57 21) 92 27 15
Fax (0 57 21) 92 33 20

Gillner, Manfred
Im Blümeling 24
53604 Bad Honnef
Tel. (0 22 24) 56 46
Fax (0 22 24) 7 69 53

Gläsener, Hans Joachim
Best-Team Gläsener
Beratung-Erwachsenenbildung
Am Kreuzteich 6 b
38104 Braunschweig
Tel. (05 31) 37 65 78
Fax (05 31) 37 65 79

Goebels-Lukaszczyk, Monika
Kommunikation + Training
Diepeschrather Straße 55
51069 Köln
Tel. (02 21) 68 18 79
Fax (02 21) 68 18 79

Göldner, Wolfgang
Lütjenmoor 44
22850 Norderstedt
Tel. (0 40) 52 11 06 30
Fax (0 40) 52 11 06 61

Görmer, Michael Bernd
INtem-Trainer
Dombach im Loch 18
91522 Ansbach
Tel. (09 81) 6 51 18
Fax (09 81) 6 64 87

Götzenberger, Jürgen
Götzenberger & Partner
Mettmanner Straße 172
42549 Velbert
Tel. (0 20 51) 2 29 50
Fax 2 29 50, (01 61) 1 22 45 40

Graf, Prof. Dr. Gerhard
Keesburgstraße 26 d
97074 Würzburg
Tel. (09 31) 7 70 73, 4
Fax (09 31) 8 48 72

Gran, Ingrid
Gran & Partner
Falkstraße 5 b
33602 Bielefeld
Tel. (05 21) 96 60 60
Fax (05 21) 9 66 06 22

Grikscheit, Erich
Assenheimer Straße 10
61184 Karben
Tel. (0 60 39) 4 26 01

Grinda, Holger P.
Am Deich 11
21354 Bleckede/Radegast
Tel. (0 58 57) 97 78 77
Fax (0 58 57) 97 78 87

Gröne, Dr. Alois
GPM Gröne Projekt- und
Managementberatung
Im Klimt 12
30938 Burgwedel
Tel. (0 51 39) 98 71 11
Fax (0 51 39) 98 71 44

Grote, Uwe Ottmar
ProFiTrain
Emminghausstraße 23
61250 Usingen
Tel. (0 60 81) 91 17 03
Fax (0 60 81) 91 17 04

Grunwald, Hans-Ulrich
Grunwald Training & Coaching
Postfach 27 03 09
50509 Köln
Tel. (02 21) 9 23 18 44
Fax (02 21) 9 23 18 43

Gundl, Christian
Am Jägerstern 28
82061 Neuried
Tel. (0 89) 7 55 91 11
Fax (0 89) 7 55 91 11

H

Haaks, Ini
Ini Haaks & Partner
Lingumental-Training
Postfach 69 02 15
30611 Hannover
Tel. (05 11) 55 89 75
Fax (05 11) 53 77 26

Haase, Hans Ulrich
Kommunikationstraining
Quäkerstraße 15
73033 Göppingen
Tel. (0 71 61) 38 80 20
Fax (0 71 61) 38 80 22

Haggenmüller, Gerhard
Psycholog. Berater und Trainer
Pfarrweg 3
87549 Untermaiselstein
Tel. (01 71) 9 82 02 41

Hagmaier, Uwe Ardeschyr
INtem-Trainer
Rosenhofstraße 18
74889 Sinsheim
Tel. (06 21) 8 10 07-33

Hahn, Joachim
Walhallastraße 29
13156 Berlin
Tel. (0 30) 2 31 72 73

Hain, Claudia
Verkaufs- und Führungstraining
Maus & Hain
Dreikönigenstraße 31
47799 Krefeld
Tel. (0 21 51) 6 91 41
Fax (0 21 51) 61 13 81

Halbritter, Karin Danielle
Trainerin und Beraterin
Schönauer Straße 16
83104 Tuntenhausen / OT
Beyharting
Tel. (0 80 71) 9 33 09
Fax (0 80 71) 9 33 08

Haltenhof, Axel
Rauchzeichen GmbH
Goethestraße 29
59555 Lippstadt
Tel. (0 29 41) 96 02 40
Fax (0 29 41) 96 02 60

Hamann, Dr. Angelika
DTA-AKADEMIE
Tibarg 40
22459 Hamburg
Tel. (0 40) 58 03 09
Fax (0 40) 58 32 28

Hanisch, Georg
Mühlenweg 41
46519 Alpen
Tel. (0 28 02) 68 34
Fax (0 28 02) 77 96

Härlin, Angelika
AH-Seminare
Egenhofer Straße 79
82178 Puchheim
Tel. (0 89) 80 66 05
Fax (0 89) 89 92 94 75

Hartan, Manfred
Selbhornstraße 24
81825 München
Tel. (0 89) 9 93 55 00
Fax (0 89) 93 63 68

Härtel, Martin
Hummelbachtal 19
48301 Nottuln
Tel. (0 25 97) 63 72, 66 62
Fax (0 25 97) 87 49

Hass, Dr. Volkwin
H.U.B Dr. Hass & Partner
Unternehmensberatung
Uhlandstraße 22
15344 Strausberg
Tel. (0 33 41) 31 12 49
Fax (0 33 41) 21 97 02

Haubold, Gerd
Training für Führung,
Telefon und Vertrieb
Plauener Straße 14
33330 Gütersloh
Tel. (0 52 41) 33 75 75
Fax (0 52 41) 33 75 76

Hausmann, Dorothee
Auf dem Wingert 76
53859 Niederkassel
Tel. (02 28) 45 01 40

Heduschke, Bernd
T.E.A.M.
Dibberser Mühlenweg 71
21244 Buchholz
Tel. (0 41 81) 28 29 25
Fax (0 41 81) 28 29 26

Heidemann, Gerhard
Trainer/Geschäftsführer
TOPTEAM
Geiststraße 49c
59555 Lippstadt
Tel. (0 29 41) 7 24 56
Fax (0 29 41) 7 24 57

Heider, Dr. Joachim
Falkensteinstraße 2
61184 Karben
Tel. (0 60 39) 4 37 19

Heigel, Harald
Training und Coaching
Talblick 10
88480 Achstetten
Tel. (01 71) 8 00 99 06
Fax (0 73 92) 9 30 02

Heinemeyer, Helmut
GHTI the power of people GmbH
Bahnstraße 28
47877 Willich
Tel. (0 21 54) 4 98 50
Fax (0 21 54) 49 85 13

Heinevetter, Anne
Training BDVT
Reginharstraße 24
51429 Bergisch Gladbach
Tel. (0 22 04) 5 32 78
Fax (0 22 04) 5 32 78

Heinsberg, Elmar
Beratung und Training
Grippekovener Straße 68
50354 Hürth
Tel. (0 22 33) 3 47 01

Heitsch, Dieter
Heitsch & Partner
Tübinger Straße 126
71088 Holzgerlingen
Tel. (0 70 31) 74 76-0, -20
Fax (0 70 31) 74 76-40

Helbig, Walter
Sparkassen- und Bankseminare
Schupfer Straße 20
90482 Nürnberg
Tel. (01 72) 8 11 80 04

Hempel, Ulrich
Kommunikations- &
Verhaltenstraining
Vordere Hassen 22
73760 Ostfildern
Tel. (0 71 58) 80 90
Fax (0 71 58) 94 00 51

Henke, Dr. Mareile
Dipl.-Psychologin
Theodor-Apel-Straße 32
06184 Ermlitz
Tel. (03 42 04) 1 43 00
Fax (03 42 04) 1 42 99

Henseler, Dr. Rosemarie
Training und Coaching für
Führungskräfte und
Vertiebskräfte
Hoher Wallgraben 7
10318 Berlin
Tel. (0 30) 5 08 26 00
Fax (0 30) 5 08 26 10

Herbst, Peter
Kellerberg 15
82266 Inning
Tel. (0 89) 5 51 07-0

Herdin, Gabriele
Management Training
Ludwig-Anzengruber-Straße 4
82031 Grünwald
Tel. (0 89) 6 41 47 14
Fax (0 89) 6 41 29 43

Hewicker, Heinz Jochen
Trainer für telefonisches
und persönliches
Gesprächsverhalten
Uhlandstraße 144
10719 Berlin
Tel. (0 30) 8 83 27 27
Fax (0 30) 8 83 23 92

Hey, Hans A.
Unternehmensberater für
Verkaufsausbildung
Ehrenpräsident BDVT
Goerdelerstraße 126
74080 Heilbronn
Tel. (0 71 31) 4 56 59
Fax (0 71 31) 4 14 33

Heyse, Prof. Dr. Volker
TfP Trainingszentrum für
Personalentwicklung
Zur Hohen Linie 13
93055 Regensburg
Tel. (09 41) 4 61 32 33
Fax (09 41) 4 61 32 34

Hildenbrand, Claus-Dieter
cct
consulting coaching transfer
Birkenweg 13
71737 Kirchberg
Tel. (0 71 44) 3 84 60
Fax (0 71 44) 3 42 48

Hilsberg, Frank
EVM Beratung
INtem-Trainer
In der Almel 31
67434 Neustadt
Tel. (0 62 36) 41 54 43
Fax (9 62 36) 41 54 44

Hipp, Peter
Rupertus-Neß-Straße 17/1
88239 Wangen/Allg.
Tel. (0 75 22) 8 03 94
Fax (0 75 22) 8 02 45

Hirsch, Hermann
Dipl.-Kaufmann
Managementberatung
Aus- und Fortbildung
Feldgärtenstraße 129
50735 Köln
Tel. (02 21) 9 35 28 86
Fax (02 21) 9 35 28 87

Hirz, Rudolf
best result consulting + training
Franz-Simon-Straße 21
65934 Frankfurt
Tel. (0 69) 38 30 42
Fax (0 69) 38 36 87

Hobelsberger jun., Hans
Institut für Führungs- und
Verkaufspsychologie
Kramerstraße 7
82061 Neuried
Tel. (0 89) 7 55 45 97, 7 55 33 53

Höbler-Schmid, Sigrid
Sonnenholzer Beratung
Trainings und
Unternehmensberatung
Gruber Straße 2
85551 Kirchheim/München
Tel. (0 89) 99 02 04 44
Fax (0 89) 99 02 04 45

Höcker, Angelika
hp trainings
angelika und bernd höcker
Dasselstraße 16
50674 Köln
Tel. (02 21) 9 23 08 14
Fax (02 21) 9 23 08 15

Höcker, Bernd
hp trainings
angelika und bernd höcker
Dasselstraße 16
50674 Köln
Tel. (02 21) 9 23 08 14
Fax (02 21) 9 23 08 15

Höfer, Hartmut
Höfer & Partner
Unternehmensberatung
Üsenbergerstraße 14
79341 Kenzingen
Tel. (0 76 44) 91 30 64
Fax (0 76 44) 91 30 65

Höfer, Ute
Höfer & Partner
Vizepräsidentin BDVT
Üsenbergerstraße 14
79341 Kenzingen
Tel. (0 76 44) 91 30 64
Fax (0 76 44) 91 30 65

Hoffmann, Christa
Moderation Training Beratung
Kreterholzweg 2
30890 Barsinghausen
Tel. (0 51 05) 80 83 50
Fax (0 51 05) 80 83 51

Hoffmann, Dieter
Akademie für absatzwirtschaftl.
Aus- und Weiterbildung
Von-Mengerssen-Straße 11
31840 Hessisch Oldendorf
Tel. (0 51 52) 95 41 44
Fax (0 51 52) 9 52 54

Hoffmann, Mathias
MH Unternehmensanalysen &
Personalentwicklung
Krumme Straße 61
10627 Berlin
Tel. (0 30) 3 13 76 51

SELBSTSTÄNDIGE TRAINER UND BERATER IM BDVT

Hoffstadt, Andreas
HOFFSTADT Beratung Training
Coaching
Erich-Kästner-Straße 1
50321 Brühl
Tel. (0 22 32) 3 30 07
Fax (0 22 32) 3 30 08

Hohler, Franz
O 3, 1
68161 Mannheim
Tel. (06 21) 10 22 12

Höhne, Roswitha
Mathiesenstraße 5
04179 Leipzig
Tel. (03 41) 4 51 23 00

Holeczek, Frank
Training & Trainer
Am Oelvebach 121
47809 Krefeld
Tel. (0 21 51) 95 79-0
Fax (0 21 51) 95 79-15

Hollstein, Jürgen
Hollstein & Partner
Training und Management
Rosenstraße 20
47906 Kempen
Tel. (0 21 52) 51 03 62
Fax (0 21 52) 51 03 62

Honermann, Alfred
Zum Lohbusch 31 A
42111 Wuppertal
Tel. (02 02) 44 04 77
Fax (02 02) 2 45 90 20

Hopmann, Manfred J.
Dipl.-Kaufmann
Am Sennfeld 13
83026 Rosenheim
Tel. (0 80 31) 6 65 84
Fax (0 80 31) 6 32 16

Hörmandinger, Rudolf
Dipl.-Betriebswirt
C/B/H
Schloßangerstraße 12 b
82467 Garmisch-Partenkirchen

Hornung, Dr. Artur
Mind Innovation
Lambertusstraße 10
79104 Freiburg
Tel. (07 61) 55 53 98
Fax (07 61) 55 53 38

Horvath, Astrid
Horvath
Personaltraining
Strelitzer Straße 39
04157 Leipzig
Tel. (03 41) 9 11 70 86
Fax (03 41) 9 11 70 96

Hosse, Stefan
Trainer
Lindenstraße 4 a
39179 Ebendorf
Tel. (03 91) 2 51 21 00

Hradetzky, Reinhard
Geschäftsführung
LOGOS Beratung und
Entwicklung
Holstenwall 5
20355 Hamburg
Tel. (0 40) 34 35 94
Fax (0 40) 34 35 84

Huber, Johann
Am Lindenhof 4
82216 Gernlinden
Tel. (0 81 42) 9 53 04
Fax (0 81 42) 4 06 98

Hübner, Erwin
Training Media GmbH
Vizepräsident BDVT
Frankfurter Straße 26
61476 Kronberg
Tel. (0 61 73) 95 59 50
Fax (0 61 73) 95 59 59

Hübner, Peter
Am Rittergut 3
31174 Schellerten
Tel. (0 30) 72 32 21 03
Fax (0 30) 72 32 21 05

Huf, Dietrich
Geschäftsführer
ps personality styling GmbH
Preyßstraße 5
71638 Ludwigsburg
Tel. (0 71 41) 9 25 05
Fax (0 71 41) 92 28 81

Hüffmann, Dr. Peter
CT Datentechnik GmbH
Trainer und Verkaufsförderer
Eschenstraße 2
31582 Nienburg
Tel. (0 50 21) 97 24-22
Fax (0 50 21) 97 24 72

Hupp, Elmar
e.h.p.v.
Breslauer Straße 23
65779 Kelkheim/Ts.
Tel. (0 61 95) 7 47 02

Huppertz, Heinz
coaching-seminar-training
Breslauer Ring 22
65239 Hochheim
Tel. (07 00) 48 77 37 89
Fax (0 61 46) 84 60 38

Huth, Siegfried A.
Unternehmensberatung /
Training
Danziger Straße 14
35683 Dillenburg
Tel. (0 27 71) 69 55
Fax (0 27 71) 69 92

I

Isernhagen, Joachim
Weddelbrook 9
24594 Hohenwestedt
Tel. (0 48 71) 21 22

J

Jantzen, Gerhard
implus Training & Beratung
Am Königswingert 40
67157 Wachenheim
Tel. (0 63 22) 6 36 02
Fax (0 63 22) 6 86 84

Joop, Dieter
Blumenstraße 11
40667 Meerbusch
Tel. (0 21 05) 27 55

Jorks, Martina
Quality Training
Weidengrundring 3
04626 Schmölln
Tel. (0 34 91) 6 21 23
Fax (0 34 91) 6 13 09

K

Kaiser, Elisabeth
EKO Tagungen
Rottstraße 67
40668 Meerbusch
Tel. (0 21 50) 46 78
Fax (0 21 50) 47 99

Kalmbach, Gerd
Im Jeuch 6
77770 Durbach
Tel. (07 81) 9 48 53 91
Fax (07 81) 9 48 53 92

Kapff, Sixt Dietrich von
Kolbermoorer Straße 19
83043 Bad Aibling
Tel. (0 89) 30 10 70

Kasper, Norbert
Kommunikationsentwicklung
Norbert Kasper
Niemöllerstraße 3
07546 Gera
Tel. (03 65) 43 87 10
Fax (03 65) 43 87 11

Kater, Dr. Wolfgang
Dr. Kater Marketing GmbH
Lindemannstraße 30
40237 Düsseldorf
Tel. (02 11) 9 14 56-0, -21, -22
Fax (02 11) 67 24 45

Kaufmann, Manfred
MKT Manfred Kaufmann Training
Weiherstraße 7
57629 Malberg
Tel. (0 27 47) 93 01 33

Keeve, Heinz
Heinz Keeve + Partner
Rudolf-Diesel-Straße 32
49479 Ibbenbüren
Tel. (0 54 51) 9 41 40
Fax (0 54 51) 1 67 78

Kehmann, Winfried
Gemündener Straße 20
35066 Frankenberg
Tel. (0 64 51) 2 28 85
Fax (0 64 51) 2 26 01

Kehne, Dieter
Ebert, Kehne & Partner BDVT
Mehlemer Straße 18
50968 Köln
Tel. (02 21) 38 78 21
Fax (02 21) 38 78 22

Kenzelmann, Peter
Avio Verkaufstrainings-
unternehmen
Sautierstraße 25
79104 Freiburg
Tel. (07 61) 3 19 65 68
Fax (07 61) 3 19 65 69

Kindermann, Burkhard
Achterstraße 7 b
28359 Bremen
Tel. (04 21) 2 58 69 40
Fax (04 21) 2 58 69 41

Kindler, Werner
Kisu Kindler Support GmbH
Trainer und Berater
Gutenbergstraße 5
31180 Giesen-Emmerke
Tel. (0 51 21) 6 00 86 83

Kirsten, Jürgen S.
Dipl.-Betriebswirt
Hinter den Zäunen 27
65399 Kiedrich
Tel. (0 61 24) 1 27 13

Kitter-Ohlms, Käte
Training Verkaufsförderung ! do-
it Unternehmensberatung
Coaching
Sohldfeld 187
31139 Hildesheim
Tel. (0 51 21) 26 86 88
Fax (0 51 21) 26 86 89

Klaassen, Martin
Martin Klaassen GmbH
Postfach 41 02 26
44272 Dortmund
Tel. (02 31) 5 56 92 63
Fax (02 31) 5 56 92 62

Kleinschmidt, Doris
Ringstraße 9
65618 Selters
Tel. (0 64 75) 82 23
Fax (0 64 75) 87 63

Kliss, Wolfgang
VertriebsAgenturPharma
Beratung – Konzepte – Schulung
– Training
Brückenstraße 43
47877 Willich
Tel. (01 72) 2 98 73 75
Fax (0 21 56) 48 13 29

Klose, Ortwin
o.k.-team
Beratung und Firmentraining
Billwerder Straße 40
21033 Hamburg
Tel. (0 40) 7 24 60 77,
     (0 40) 7 24 60 82
Fax (0 40) 7 24 60 86

SELBSTSTÄNDIGE TRAINER UND BERATER IM BDVT

Kluck, Ulrike
c/o Pasemann
Training Coaching
EHM Welck Straße 9
06126 Halle
Tel. (03 37 62) 4 20 10
Fax (03 37 62) 4 20 11

Kneher, Manfred
Kneher & Partner Compass
Trainer Network
Im Ried 7
89275 Elchingen
Tel. (0 73 08) 66 03
Fax (0 73 08) 71 42

Knobloch, Johann Peter
Knobloch CONSULT
Management &
Personalberatung
Hochstraße 4
33332 Gütersloh
Tel. (0 52 41) 91 50 50
Fax (0 52 41) 91 50 55

Koch, Achim
Tiefenthaler Straße 13
65187 Wiesbaden
Tel. (06 11) 84 49 00
Fax (06 11) 84 49 00

Kock, Ewald
Ewald Kock und Partner
Postfach 649
58006 Hagen
Tel. (0 23 31) 3 16 57
Fax (0 23 31) 2 65 26

Koehler, Klaus J.
Rechtsanwalt
Hohenzollernring 84
50672 Köln
Tel. (02 21) 16 02 51 81
Fax (02 21) 1 60 25 29

Köhler, Hans-Uwe L.
Training und Beratung
Am Forsthaus 20
87490 Börwang
Tel. (0 83 04) 56 57
Fax (0 83 04) 50 40

Köhler, Karl-Heinz
Trainer und Berater
Gsteigstraße 16
82467 Garmisch-Partenkirchen
Tel. (0 88 21) 7 34 88
Fax (0 88 21) 7 34 43

Kohn, Jochen
PROCESS
Business Success Kohn &
Heppner GbR
Arheilger Weg 11
64380 Roßdorf
Tel. (0 61 54) 62 70 10
Fax (0 61 54) 6 27 01 11

Kolos, Andreas
Logo-Pharm Computersysteme
GmbH
Geschäftsführer Vertrieb
Karl-Grötz-Straße 5
97424 Schweinfurt
Tel. (0 97 21) 7 84 50
Fax (0 97 21) 7 84 52

Kölsch, Hubert
Netzwerk Erwachsenenbildung
Welfenstraße 37
81541 München
Tel. (0 89) 48 95 34 81
Fax (0 89) 48 95 34 81

Konrad, René
Training & Beratung
Hinter der Bauerwand 01
39164 Domersleben
Tel. (03 92 09) 5 04 34, (01 71) 4
75 26 90

Kottmann, Thomas
KOTTMANN & PARTNER
Schorlemerstraße 26
33098 Paderborn
Tel. (0 52 51) 68 00 00
Fax (0 52 51) 68 00 01

Kramer, Denise
Dienstleistungsagentur für
Kommunikation, Coordination,
PR
Jean-Burger-Straße 4 a
39112 Magdeburg
Tel. (03 91) 5 31 13 41
Fax (03 91) 5 31 13 43

Krämer, Hans-Peter
ANALYSE BERATUNG TRAINING
Krämer & Partner Consulting
Liesbachstraße 3
97659 Burgwallbach
Tel. (0 97 75) 85 00 10
Fax (0 97 75) 85 00 11

Kratzmann, Rainer
Bernd Scherer Training
Arnheimer Straße 100
40489 Düsseldorf
Tel. (02 11) 40 02 06
Fax (02 11) 40 02 41

Kraus, Frieder
Dipl.-Kaufmann
Hauptstraße 89 a
82327 Tutzing
Tel. (0 81 58) 30 01
Fax 30 03

Krause, Michael W.
Fortbergstraße 2
85092 Kösching
Tel. (0 84 56) 96 38 20

Krauß, Ute C.
Training, Kommunikation,
Beratung
Thumbstraße 54
88250 Weingarten
Tel. (07 51) 5 57 36 20
Fax (07 51) 5 57 38 21

Krausz-Scholz, Hans E.
cms hamburg
coaching management survival
Elbdeich 128 b
21217 Bullenhausen
Tel. (0 40) 7 68 50 40
Fax (0 40) 7 68 82 71

Kreck, Sibylle
Ricarda-Huch-Straße 11
55122 Mainz
Tel. (0 61 31) 38 35 49

Kretschmar, Dietrich
COMPASS TRAINER NETWORK
Training und Beratung
Trifthofstraße 17
82362 Weilheim
Tel. (08 81) 54 58
Fax (08 81) 6 31 04

Kreuter, Dirk
Vertriebstrainer BDVT
Hamburger Strasse 11
22083 Hamburg
Tel. (0 40) 5 59 52 21
Fax (0 40) 5 50 36 12

Kreutz, Werner
P. O. S.-team
Trainingsinstitut/
Unternehmensberatung
Stöckerstraße 38
57299 Burbach
Tel. (0 27 36) 5 03 45
Fax (9 27 36) 5 05 79

Krichel, Manfred
Trainer
Käthe-Vollath-Weg 3
82223 Eichenau
Tel. (0 81 41) 79 84
Fax (0 81 41) 79 84

Kriener, Wolfgang
Geschäftsführender
Gesellschafter
Kriener & Potthoff
Münsterstraße 109
48155 Münster
Tel. (0 25 06) 9 30 90
Fax (0 25 06) 93 09 50

Kriso, Geneviève
INTEM-Trainergruppe
Dr.-Wirth-Straße 6 b
67434 Neustadt/Weinstr.
Tel. (0 63 21) 3 38 08
Fax (0 63 21) 3 38 08

Krökel, Andreas
LINDNER HOTELS AG
Direktor Operation
Emanuel-Leutze-Straße 17
40547 Düsseldorf
Tel. (02 11) 59 97-373
Fax (02 11) 59 97-348

Kröpelin, Hans-Peter
Limburger Straße 49
63110 Rodgau
Tel. (0 61 06) 7 22 43
Fax (0 61 06) 7 22 43

Krötenheerdt, Peter H.
Geschäftsführer O.V.K.
Training –
Coaching – Beratung
Eschenweg 16
04448 Wiederitzsch
Tel. (03 41) 9 11 49 76
Fax (03 41) 9 11 49 77

Krüger, Günter H.
Verkaufstrainer BDVT
Hasenweg 17
55442 Stromberg
Tel. (0 67 24) 9 56 53
Fax (0 67 24) 9 56 54

Kubbe, Klaus Her.
Horn 10
25421 Pinneberg
Tel. (0 40) 58 41 43
Fax (0 40) 58 21 54

Kubis, Eckhard
Unternehmens-und
Personalberatung
Am Schneckenacker 17
41541 Dormagen
Tel. (01 61) 3 21 01 86
Fax (0 21 33) 7 33 36

Kubitzki, Kerstin
Dipl.-Psychologin
Florastraße 73
13187 Berlin
Tel. (0 30) 4 85 92 46
Fax (0 30) 48 09 66 41

Kückelmann, Rolf
Trainer
Bischof Ludolf Weg 12
48291 Telgte
Tel. (0 25 04) 72 97 15

Kugler, Wolfgang-Wilhelm
Obere Bogenstraße 4
55120 Mainz
Tel. (0 61 31) 68 74 08

Kühner, Udo
IM TEAM
Unternehmensberatung
Karl-Singer-Straße 1
81479 München
Tel. (0 73 61) 98 62-23
Fax (0 73 61) 98 62-26

Kuhnert, Wolf H.
Trainer TAM
Siegfried-Ehlers-Straße 5
38440 Wolfsburg
Tel. (0 53 61) 29 11 16
Fax (0 53 61) 1 40 40

Kuleßa, Carsten
Trainer
Suthwiesenstraße 15
38226 Salzgitter
Tel. (0 51 52) 95 41 44
Fax (0 51 52) 9 52 54

Kulhay, Hans-Dieter
Kulhay Kommunikation
Leinsamenweg 108
50933 Köln
Tel. (02 21) 4 97 20 30
Fax (02 21) 4 97 20 22

Kutzschenbach, Claus von
COACH THE COACH!
Strategie- und
Kommunikationsberatung
Wilhelminenstraße 1
65193 Wiesbaden
Tel. (06 11) 52 37 20
Fax (06 11) 9 50 05 32

L

Labaek-Noeller, Anette
Trainerin/Verkaufsförderin
Diedesbergweg 5
55413 Weiler
Tel. (0 61 32) 78 08 43
Fax (0 67 21) 3 32 58

Labude, Dr. Christpoh
Training,
Consulting & More
Steinkaut 12
65510 Hünstetten
Tel. (0 61 26) 5 76 74
Fax (0 61 26) 98 80 78

Lackner, Alfred
Sommerstraße 36 A
63849 Leidersbach

Lakov, Dr. Ilona
Trainerin/Beraterin
Paul-Grüner-Straße 68
04107 Leipzig
Tel. (03 41) 9 61 45 41

Lang, Dr. Ewald
I T O Individuum Team
Organisation GmbH
Unternehmungsberatungs GmbH
Eichenwaldstraße 91
85049 Ingolstadt
Tel. (08 41) 49 29 90
Fax (08 41) 4 92 99 49

Lange, Bernhard M.
Dipl.-Betriebswirt
Lange & Partner GmbH
Staufenstraße 10 b
65830 Kriftel
Tel. (0 61 92) 9 98 40
Fax (0 61 92) 4 27 99

Lange, Dr. Rolf
Management-Beratungs- und
Trainings-Institut
Beerenstraße 23
15344 Strausberg
Tel. (0 33 41) 2 22 55
Fax (0 33 41) 2 77 93

Langguth, Veronika
Trainerin
Neusser Straße 720 bb
50737 Köln
Tel. (02 21) 7 40 54 30
Fax (02 21) 7 40 56 21

Lauer, Wolfgang
Merrit & Lauer
Paul-Lincke-Ufer 7
10999 Berlin
Tel. (0 30) 4 25 45 24
Fax (0 30) 61 28 83 74

Lauf, Johannes A.
Bremlaan 30
NL-3735 KJ Bosch en Duin
Tel. (00 31-30) 28 55 81

Laven, Anna
Gut Brandenburg
Baumgarsweg 24
52076 Aachen
Tel. (0 24 08) 78 80
Fax (0 24 08) 61 32

Leenders, Gerd
Mitglied des Ehrenrats BDVT
Tegtmeyerallee 13
30453 Hannover
Tel. (05 11) 40 75 37

Lehmann, Nicole Jeannine
MitMensch Kommunikations-
und Personaltraining
Technologiepark 12
33100 Paderborn
Tel. (0 52 51) 6 66 13
Fax (0 52 51) 6 66 14

Lehmann, Rolf G.
Medienreport Verlags-GmbH
AV-Beratung
Hegnacher Straße 30
71336 Waiblingen (Hohenacker)
Tel. (0 71 51) 2 33-31
Fax (0 71 51) 2 33-38

Lemke, Hans-Günther
Training für Führung
und Verkauf
Basenberg 22
32457 Porta Westfalica
Tel. (0 57 06) 15 18
Fax (0 57 06) 95 55 48

Lemke, Margit
Gerberstraße 30
23966 Wismar
Tel. (0 38 41) 28 76 23
Fax (0 38 41) 28 76 23

Lenfers, Henner
DIE TRAINER GmbH Hildesheim
Training & Beratung BDU-
CMC/BDVT
Knollenstraße 9
31134 Hildesheim
Tel. (0 51 21) 97 86-0
Fax (0 51 21) 97 86 15

Liebhart, Manfred
vitana
GESUNDE ERNÄHRUNG GMBH
Am Gelskamp 3
32758 Detmold
Tel. (0 52 31) 63 05 02
Fax (0 52 31) 63 05 15

Limbeck, Martin
Martin Limbeck Trainings
Odenwaldstraße 24 a
61352 Bad Homburg
Tel. (0 61 72) 45 68 77
Fax (0 61 72) 45 68 78

Lindemann, Dr. Petra
Trainerin
Straße 52 Nr. 17
13125 Berlin
Tel. (0 30) 9 43 23 78
Fax (0 30) 9 43 23 78

Lindemann, Peter
Training/Beratung/Moderation
Hans-Grade-Straße 54
39130 Magdeburg
Tel. (03 91) 7 22 25 83

Lindig, Jochen
Lindig + Partner
Training & Beratung
Im Höhngesgarten 23
51491 Overath
Tel. (0 22 06) 91 03 81
Fax (0 22 06) 91 03 82

Linek, Martin Rüdiger
Linek Beratung und Training
Stettener Hauptstraße 66
70771 Leinfelden-Echterdingen
Tel. (07 11) 9 03 58 53
Fax (07 11) 9 03 58 54

Linnow, Hiltraud
Verkaufs- und Personalberatung
Auf der Heide 13
53545 Ockenfels
Tel. (0 26 44) 69 17
Fax (0 26 44) 69 17

List, Dr. Stephan
Training Beratung Konzepte
Rabenweg 13
88213 Ravensburg
Tel. (07 51) 7 92 00
Fax (07 51) 7 92 01

Lochmann, Fred W.
Lochmann-Seminare
Dianastraße 13
13469 Berlin
Tel. (0 30) 4 11 51 46
Fax (0 30) 4 11 13 87

Loerkens, Nicolas
L-K-M & Partner –
Gesellschaft für
Beratung, Personalmanagement
Asbrookdamm 11
22115 Hamburg
Tel. (0 40) 73 92 59 38
Fax (0 40) 73 92 59 38

Lohr, Andreas
Hasenfpad 18
35394 Gießen
Tel. (06 41) 9 48 32 94

Lontke, Joachim
Joachim Lontke Marketing
GmbH
Neue Bäue 13
35390 Gießen
Tel. (06 41) 93 10 10
Fax (06 41) 9 31 01 11

Lorenzen, Christian F.
Trainer
Rintelner Straße 50
33699 Bielefeld
Tel. (0 52 02) 88 46 39
Fax (0 52 02) 88 46 46

Lorenzen, Claus
Lorenzen Vertriebsberatung
Am Rosengarten 9
23701 Eutin
Tel. (0 45 11) 7 49 47

Lotz, Erich
Profil- Erich Lotz Erfolgstraining
Banaterstraße 1
84061 Ergoldsbach
Tel. (0 87 71) 36 76
Fax (0 87 71) 36 17

Lubosch, Erika
Trainerin
Am Röthegraben 9
39171 Schwaneberg
Tel. (03 92 05) 2 01 85

Lucas, Michael
LUCAS
Personalberatung & Training
Brombeerweg 47
22339 Hamburg
Tel. (0 40) 59 36 06 70
Fax (0 40) 59 36 06 72

Lutz, Hans-Günter
GLI
Individualtraining
Lange Mauer 4
74906 Bad Rappenau
Tel. (0 72 64) 91 35 35
Fax (0 72 64) 91 35 36

Lutz, Peter
Buchenring 82
38154 Königslutter
Tel. (0 53 53) 26 00
Fax (0 53 53) 26 00

M

Mahler, Ursula
Managementtraining-
Personalentwicklung-
Verkaufstraining
Sendelmühle
91077 Kleinsendelbach
Tel. (0 91 26) 88 71
Fax (0 91 26) 3 04 03

Maier, Bernhard
Trainer
Konsumstraße 12
39326 Farsleben
Tel. (03 92 01) 2 43 49
Fax (03 90 52) 2 93

Marowsky, Karl Heinz
Rhönstraße 5
61273 Wehrheim
Tel. (0 64 75) 16 54
Fax (0 64 75) 87 99

Marschall, Wolfgang
Training Coaching
Projektsupervision
Am Gutleuthofhang 23
69118 Heidelberg
Tel. (0 62 21) 80 03 30
Fax (0 62 21) 60 05 50

Martens, Jens-Uwe
IWL Martens Lehrsysteme GmbH
Unternehmensberatung
Türkenstraße 70
80799 München
Tel. (0 89) 28 81 53-0
Fax (0 89) 28 81 53 25

Maser, Dieter
Werkstatt Text und Konzeption
Carstennstraße 19
12205 Berlin
Tel. (0 30) 8 17 61 56
Fax (0 30) 8 17 92 82

Maurer, Ewald F.
Luisenstraße 34
71723 Großbottwar
Tel. (0 71 44) 28 20

Maurer, Horst
Personalberatung – Training –
Coaching
Martha-Brautzsch-Straße 11
06108 Halle
Tel. (03 45) 2 94 18 00
Fax (93 45) 2 94 18 01

May, Herbert H.
May Training
Stockheimer Weg 8
61267 Neu-Anspach
Tel. (0 60 81) 96 35 23
Fax (0 60 81) 96 35 26

Meierhofer, Lukas
Friedmattstrasse 25
CH-8906 Bonstetten
Tel. (01) 7 00 35 28
Fax (01) 7 00 42 57

Meier-Maletz, Max
Vorsitzender Ehrenrat BDVT
An der Reick 13
40670 Meerbusch
Tel. (0 21 59) 70 11
Fax (0 21 59) 8 19 18

Meis, Rolf F.
OCCI-DENS CONSULTING
Gesundheitswesen &
verarbeitendes Gewerbe
Petunienstraße 82
50127 Bergheim

Mende, Andreas
Beratung & Training
Alfred-Darre-Weg 5 a
01187 Dresden
Tel. (03 51) 4 22 53 00
Fax (03 51) 4 22 53 00

Mende, Jürgen
Trainer
Im Ried 9
48249 Dülmen
Tel. (0 25 90) 94 63 18,
     (01 72) 8 56 44 30
Fax (0 25 90) 94 63 18

Menninger, Siegfried
Dipl.-Fachberater
Adenaueralle 13
53111 Bonn
Tel. (02 28) 21 71 51

Mense, Paul Egon
Mense Training + Beratung
Dankerser Straße 41
31737 Rinteln
Tel. (0 57 51) 91 75 57
Fax (0 57 51) 91 75 58

Meyer, Bernd
Schloß Lohe
59457 Werl
Tel. (0 29 22) 39 10
Fax (0 29 22) 8 10 87

Michael, Bernd
Am Hövel 9
40667 Meerbusch
Tel. (02 11) 3 80 70

Michael, Klaus Berthold
Trainer und Berater
Springhoe 7
25555 Lockstedt
Tel. (0 48 26) 51 76

Minkenberg, Hans-Georg
Roermonder Straße 128
52525 Heinsberg
Tel. (0 24 52) 8 75 37
Fax (0 24 52) 78 92

Möglich, Gabriele
g.s.m.
prozesse & training
Steinweg 2
85658 Egmating
Tel. (0 89) 7 69 64 42
Fax (0 89) 7 69 63 59

Mönig, Hedi
IMAGE BERATUNG
Salierstraße 23
67346 Speyer
Tel. (0 62 32) 2 66 92
Fax (0 62 32) 62 92 69

Morasch, Ulrich
Innovation Research Heidelberg
GmbH
Ringstraße 5
69221 Dossenheim
Tel. (0 62 21) 87 95 66
Fax (0 62 21) 87 95 67

Mörling, Erika
Im Bruch 16
32051 Herford
Tel. (0 52 21) 34 32 10
Fax (0 52 21) 34 32 11

Mostafa, Andreas
Mozartstraße 7
76133 Karlsruhe
Tel. (07 21) 26 97 02
Fax (07 21) 67 94 02

Mühling, Rainer
Rainer Mühling
Sales Consulting
An der Struth 2
56472 Hardt
Tel. (01 61) 5 50 52 34
Fax (0 26 61) 47 91

Müller, Annette
Trainerin und Verkaufsförderin
Maschstraße 12
38533 Rethen
Tel. (01 71) 4 10 39 17
Fax (0 53 04) 90 10 57

Müller, Claudia
Trainerin
Kommunikation – Management
Zähringerstraße 33 a
10707 Berlin
Tel. (0 30) 88 62 94 38
Fax (0 30) 88 62 94 39

Müller, Dr. Rudolf
Institut für
Unternehmensentwicklung
Spitzsteinstraße 24
83229 Aschau-Sachrang
Tel. (0 80 57) 5 78
Fax (0 80 57) 5 78

Müller, Dr. Susanne
Cross-Culture Communication
Consulting – Training – Coaching
Beethovenplatz 1–3
60325 Frankfurt
Tel. (0 69) 97 46 72 67
Fax (0 69) 97 46 71 00

Müller, Gerdi
Beratung – Seminare –
Veranstaltungen
Hollerstraße 12
80995 München
Tel. (0 89) 15 82 05 05
Fax (0 89) 15 82 05 06

Müller, Karen
Beratung & Training
Hartmannsberg 4
01705 Freital
Tel. (03 51) 4 60 20 82
Fax (03 51) 4 60 20 82

Müller-Gransee, Manfred
Impuls GmbH
Analyse, Beratung, Training
Hauptstraße 7
31275 Lehrte-Arpke
Tel. (0 51 75) 92 06-0
Fax (0 51 75) 92 06-99

Mult, Jakob Josef
MVR-training
Am Kappengrund 14
86946 Issing
Tel. (0 81 94) 99 90 00
Fax (0 81 94) 99 98 99

N

Nagler, Christoph
CNT Gesellschaft für Personal-
und Organisations-
entwicklung GmbH
Kleine Johannisstraße 20
20457 Hamburg
Tel. (0 40) 3 69 88 20
Fax (0 40) 36 98 82 33

Nelles-Pfaff, Maria
Vogelsang 20
35764 Sinn
Tel. (0 64 49) 92 20 40

Neubarth, Rolf
RNU Unternehmensberatung
Rolf Neubarth & Partner GmbH
Am Gasteig 6
82547 Eurasburg

Neuland, Erich
Geschäftsführender
Gesellschafter
Neuland GmbH
Am Kreuzacker 7
36124 Eichenzell
Tel. (0 66 59) 88-113
Fax (0 66 59) 88-88

Neuland, Michèle
Neuland & Partner
Training und
Unternehmensentwicklung
Edelzeller Weg 34
36093 Künzell
Tel. (06 61) 9 34 14-0
Fax (06 61) 9 34 14-20

Nickel, Rolf
Der Trainer
Nördliche Seestraße 15
82541 Ammerland/
Starnberger See
Tel. (0 81 77) 91 77
Fax (0 81 77) 91 78

Nickl, Manfred
MNP NICKL + PARTNER
Weidenweg 2
85386 Eching-Deutenhausen
Tel. (0 81 33) 93 07-11
Fax (0 81 33) 93 07-21

Niederberger, Christoph
Success Concept
THE Specialist Network
Hecke 23
47918 Tönisvorst
Tel. (0 21 56) 97 21 80
Fax (0 21 56) 97 21 81

Niehaus, Kurt R.
Management und
Verkaufstraining
Dellbusch 150
42279 Wuppertal
Tel. (02 02) 52 11 30
Fax (02 02) 52 79 55

Niel, Friedhelm
f.n.c. Niel Communikation GmbH
Marketing und Kommunikation
Max-Brauer-Allee 22
22765 Hamburg
Tel. (0 40) 3 86 02 90
Fax (0 40) 3 80 93 87

Niemann, Burkhard
Spichererbergstraße 94
66119 Saarbrücken
Tel. (06 81) 58 10 20
Fax (06 81) 5 77 55

Nievergelt, Rolf W.
NT NIEVERGELT TRAINING
Holgass Strasse 43
CH-8634 Hombrechtikon-Zürich
Tel. (00 41-55) 2 64 14 44
Fax (00 41-55) 2 44 53 34

Nikol, Ulrich
Dipl.-Kfm.
Sulzbachstraße 59
40629 Düsseldorf
Tel. (02 11) 23 33 43

Nolting, Wilhelm
Dipl.-Psychologe
turning point
Bleichstraße 81
33607 Bielefeld
Tel. (05 21) 6 67 02
Fax (05 21) 6 67 08

Nordheim, Sabine Anita
Beratung und Schulung
zur Strategie und
Konzeptentwicklung
Bahnhofstraße 25 a
53783 Eitorf
Tel. (0 22 43) 8 16 91
Fax (0 22 43) 8 16 61

Noss, Karsten
Dipl.-Kaufmann
MVR Syn. Development
Mühlenstraße 1
24576 Bad Bramstedt
Tel. (0 41 92) 70 00
Fax (0 41 92) 70 02

Notbauer, Heinz
IVEC Institut für verhaltens-
und erfolgsorientierte
Weiterbildung und Coaching
Friedrichgasse 6/11/91
A-8010 Graz
Tel. , (43) 03 16-813800
Fax , (43) 03 16-813800-47

Nothdurft, Siegfried
– Memory –
Berliner Straße 14
31174 Schellerten
Tel. (0 51 23) 20 86
Fax (0 51 23) 20 87

O

Oberließen, Klaus
Trainer und Berater BDVT
Postfach 085
47811 Krefeld
Tel. (0 51 21) 48 74 40
Fax (0 21 51) 48 74 40

Oldenburg, Stefan
IMPETUS
Unternehmensberatung
Börsenbrücke 4
20457 Hamburg
Tel. (0 40) 37 86 17 40
Fax (0 40) 37 86 17 99

Olschewski, Siegfried
Rauhfußgasse 5 A
13505 Berlin
Tel. (0 30) 4 31 61 63
Fax (0 30) 4 31 61 63

Orendi, Siegfried
TCS GmbH
Terminier- und Callcenter-
Service GmbH
Friedrich-List-Straße 8
89259 Senden
Tel. (0 73 07) 9 04 40
Fax (0 73 07) 90 44-25

Oßwald, Heinz
Märzenstraße 6
79238 Ehrenkirchen
Tel. (07 91) 46-0

Otto, Wolfgang
D.U.O. Training
Damis und Otto GbR
Ravensberger Straße 10 F
33602 Bielefeld
Tel. (05 21) 5 21 66 66
Fax (05 21) 5 21 66 67

P

Pade, Wolfgang
Pade & Partner
Klosterkamp 3
27283 Verden
Tel. (0 42 31) 93 34 10, 93 34 11
Fax (0 42 31) 93 34 12

Pawlik, Henning
hdp Unternehmensberatung
BDU-CMC
Postfach 14 26
65764 Kelkheim/Taunus
Tel. (0 61 95) 99 41 00
Fax (0 61 95) 99 41 23

Peagitsch, Horst
Horst Peagitsch & Partner
An St. Albertus Magnus 7
45136 Essen
Tel. (02 01) 2 58 49
Fax (02 01) 25 37 98

Pein, Michael
Lilienthalstraße 11
67454 Haßloch
Tel. (0 63 27) 3 93 90
Fax (0 63 24) 59 97 99

Pelzer, Antje
Antje Pelzer und Partner
An der Mühlhecke 1
64569 Nauheim
Tel. (0 61 52) 96 57 50
Fax (0 61 52) 96 57 54

Perseke, Peter
Training Systems
Unternehmens-Beratung GmbH
Kattowitzer Straße 18
51065 Köln
Tel. (02 21) 6 20 25 44
Fax (02 21) 6 20 25 46

Peters, Stephan
Trainer
Dahlemer Weg 50
14167 Berlin
Tel. (01 71) 5 67 77 81

Petersdorf, Norbert
Computergrafic Petersdorf
Training und Beratung
Ferdinand-Schultz-Straße 17
19055 Schwerin
Tel. (03 85) 5 50 74 51
Fax (03 85) 5 50 74 55

Peters-Kiehn, Ernst-Richard
WOHLTORFER TRAINER
TEAM GMBH
Kiehns Hof 1
21521 Wohltorf
Tel. (0 41 04) 13 80
Fax (0 41 04) 72 75

Pfeifer, Karl Heinz
Training und Beratung
Zum Wiedel 56
48720 Rosendahl-Osterwick
Tel. (0 25 47) 16 06
Fax (0 25 47) 16 07

Pfeiffer, Frithjof
Pfeiffer und Partner
Dattelweg 25 B
70619 Stuttgart
Tel. (07 11) 47 18 82
Fax (07 11) 4 78 00 63

Philipp, Uwe
Das TeamProject
Motivieren plus Trainieren
Bernsteinweg 2
69181 Leimen
Tel. (0 62 26) 99 03 92
Fax (0 62 26) 99 03 93

Philippi, Reinhard
act
Wolfratshauser Straße 207 a
81479 München
Tel. (0 89) 74 97 96 76
Fax (0 89) 74 97 96 79

Piehler, Tiana
Wirtschaftspsychologisches
Institut
Friedrich-Ebert-Straße 6
99096 Erfurt
Tel. (03 61) 3 46 05 57
Fax (03 61) 3 46 05 58

Pieper, Paul
Langobardenstraße 12
65205 Wiesbaden
Tel. (0 61 22) 5 14 06

Pink, Ruth
Münchener Freiheit 24
80802 München
Tel. (0 89) 34 01 91 55
Fax (0 89) 34 01 91 56

Piontek, Wolfgang
Fontanestraße 25
40822 Mettmann
Tel. (0 21 04) 5 30 35
Fax (0 21 04) 5 38 24

Pischetsrieder, Gerd
Pischetsrieder Consulting GmbH
Tibarg 40
22459 Hamburg
Tel. (0 40) 58 11 56-57
Fax (0 40) 58 51 02

Plößer, Ingeborg
IP-Seminare
Institut für
Persönlichkeitsentwicklung
Geschwister-Scholl-Straße 83
20251 Hamburg
Tel. (0 40) 48 62 35

Potthoff, Jürgen
Kriener & Potthoff Werbeagentur
Vizepräsident BDVT
Münsterstraße 109
48155 Münster
Tel. (0 25 06) 9 30 90
Fax (0 25 06) 93 09 50

Prager-Arns, Evelyn
Trainerin
Sürther Hauptstraße 220
50999 Köln
Tel. (0 22 36) 96 71 10
Fax (0 22 36) 96 71 11

Prasse, Dittmar
PRASSE TRAINING & PARTNER
Postfach 1646
71206 Leonberg
Tel. (0 71 52) 90 41 60
Fax (0 71 52) 5 59 51

Preuß, Dr. Wolfgang
Unternehmensberater und
Trainer
Mittelstraße 38
04600 Altenburg
Tel. (03 41) 5 21 69 28
Fax (0 34 47) 50 25 52

Prinz, Anita
Trainerin
Kommunikation, Verkauf,
Management
Jugendstraße 2
87487 Wiggensbach
Tel. (0 83 70) 9 30 00

Prittwitz und Gaffron,
Joachim-Bernhard von
von Prittwitz Training
Vizepräsident BDVT
Am Birkacker 2
35102 Lohra
Tel. (0 64 26) 92 11 16
Fax (0 64 26) 92 11 18

Pulmer, Peter
Personalmarketing & Training
Franzosenweg 6
19061 Schwerin
Tel. (0 45 42) 84 37 50
Fax (0 45 42) 84 37 51

R

Raabe, Ernst Richard
Büro zur Steigerung des
Unternehmenserfolges
Albert-Schweitzer-Straße 37
68789 St. Leon-Rot
Tel. (0 62 27) 88 14 35
Fax (0 62 27) 88 06 34

Rabenau, Heinz
HR Training
Grabenstraße 16
35085 Ebsdorfergrund
Tel. (0 64 24) 9 22 00
Fax (0 64 24) 9 22 01

Rachow, Axel
Spiel & Spektrum
Neusser Wall 48
50668 Köln
Tel. (02 21) 73 55 45
Fax (02 21) 73 55 52

Rackl, Herbert A.
Verkaufstrainer
Scheinerstraße 112
85051 Ingolstadt
Tel. (08 41) 7 19 02
Fax (08 41) 7 41 26

Raffler, Bernd
BRT Bernd Raffler-Training &
Beratung
Conzestraße 32
59557 Lippstadt
Tel. (0 29 41) 1 30 29
Fax (0 29 41) 2 37 97

Ramge, Mattias
Finanzdienstleistungen
Siegfriedstraße 65
63785 Obernburg/Main
Tel. (01 71) 4 20 42 60
Fax (0 60 22) 7 17 37

Rath, Norbert
GIU Hamburg
Reimerstwiete 17 und 18
20457 Hamburg
Tel. (0 40) 36 66 00
Fax (0 40) 36 33 87

Ratzkowski, Jürgen
Rathenaustraße 39 a
44869 Bochum
Tel. (0 23 27) 78 62 41
Fax (0 23 27) 78 62 42

Reich, Dr. Heinzjürgen
Weiterbildungszentrum
Dr. Hj. Reich
Hofstraße 4
78343 Gaienhofen / Bodensee
Tel. (0 77 35) 33 82
Fax (0 77 35) 83 63

Reifenschneider, Dieter
DR Training – Beratung
Emser Straße 166
56076 Koblenz
Tel. (02 61) 9 75 00-0
Fax (02 61) 9 75 00-75

Reimann, Dr. Monika
Kassebohmerweg Weg 3
18055 Rostock
Tel. (03 81) 4 96 69-19
Fax (03 81) 2 15 60

Renner, Hans-Georg
Outdoor Centre GmbH
Geschäftsführer Deutschland
Eifelstraße 33
50677 Köln
Tel. (02 21) 3 10 03 77
Fax (02 21) 3 10 03 78

Reuter, Guido
Trainer
Willersdorf 155
91352 Hallerndorf
Tel. (01 71) 3 24 70 76

Richter, Renate
Am Meiler 7
51427 Bergisch Gladbach
Tel. (0 22 04) 6 03 13
Fax (0 22 04) 6 03 13

Ricks, Hans-Wilhelm
Kommunikationstraining
Hasenwinkel 21
59872 Meschede
Tel. (02 91) 79 28
Fax (02 91) 5 61 58

Riedel-Wagner, Friedrich
Von-der-Pfordten-Straße 6
80687 München
Tel. (0 89) 56 79 73

Rimark, Jürgen
Rimark Verkaufstraining
Unternehmensberatung
Rotenfelser Straße 8
76571 Gaggenau
Tel. (0 72 25) 7 58 84
Fax (0 72 25) 98 32 66

Ringelhan, Franz
Danziger Straße 16
73760 Ostfildern
Tel. (07 11) 3 43 03 47
Fax (07 11) 3 43 03 48

Ripp, Gerd
Geschäftsführer
Schloß Hotel & Villa Rheinfels
Schloßberg 47
56329 Sankt Goar am Rhein
Tel. (0 67 41) 8 02-0
Fax (0 67 41) 76 52

Ristau, Wolfhard
Verkaufs-und
Verhaltenstrainer
Mengeder Straße 192
44577 Castrop-Rauxel
Tel. (0 23 05) 2 55 00

Ritter, Karin
Consulting + Training
Heidelberger Straße 15
76344 Eggenstein-Leopoldshafen
Tel. (0 72 47) 28 10
Fax (0 72 47) 28 07

Ritter, Roland
MenergeMent
Die Trainer und Berater GmbH
Ochtmisser Straße 12 a
21339 Lüneburg
Tel. (0 41 31) 67 11 71
Fax (0 41 31) 67 11 72

Röben, Peter
Ap.-Gelbstraße 23 a
82256 Fürstenfeldbruck
Tel. (0 81 42) 1 38 05

Rockstroh, Volker
Training & Trainer bR
An der Bellevue 2
37284 Waldkappel
Tel. (0 56 56) 9 20 61,
      0 16 12 53 85 56
Fax (0 56 56) 9 20 63

Rohr, Bernd
Rohr + Partner
Heinrich-Göbel-Straße 3
31832 Springe
Tel. (0 50 41) 97 08 97
Fax (0 50 41) 97 08 98

Roloffs, Bernd
Bernd Roloffs + Partner
Gesellschaft für europäische
Weiterbildungskonzepte mbH
Nußbaumweg 63
47447 Moers
Tel. (0 28 41) 65 99 19
Fax (0 28 41) 6 23 15

Rosenau, Arne
AR – training ARNE ROSENAU
BDVT
Uhlandstraße 20
69493 Hirschberg
Tel. (0 62 01) 5 59 59
Fax (0 62 01) 5 89 88

Rosenberger, Dr. Walter
Rosenberger & Partner
Im Zwinger 3
71229 Leonberg
Tel. (0 71 52) 2 26 27
Fax (0 71 52) 2 43 21

Roth, Manfred
MR – Training
Waldemar-Scherl-Straße 11
94369 Rain
Tel. (0 94 29) 62 24
Fax (0 94 29) 63 24

Roth, Martin
Trainer
Sudetenstraße 17
35444 Biebertal
Tel. (01 70) 2 13 74 55
Fax (0 64 09) 76 90

Rottmar, Manfred
Vertriebsberatung +
Verkaufstraining
Ihmenfeldstraße 12
72766 Reutlingen
Tel. (0 71 21) 4 44 07
Fax (0 71 21) 49 10 01

Rücker, Wolfgang
Am Sonnenbichl 9
85356 Freising

Rückholz, Jörg-Kristian
R I T T
SYSTEMISCHES TRAINING
Geibelstraße 50
40235 Düsseldorf
Tel. (02 11) 9 15 28 00
Fax (02 11) 9 15 28 05

Rudel, Uli J.
Training Network
Zugerstrasse 25
6314 Unterägeri
Tel. 0 04 14 17 50 59 05
Fax 0 04 14 17 50 58 57

S

Saile, Walter K.
Institut für Kommunikation,
Motivation, Menschenführung
Zum Berger Weiher 5
88079 Kressbronn
Tel. (0 75 43) 53 05
Fax (0 75 43) 53 05

Sailer, Günter
Günter Sailer KOMMUNIKATION
In der Klammet 1
75233 Tiefenbronn
Tel. (0 72 34) 88 14
Fax (0 72 34) 98 17 02

Salau, Tamara
Telemarketing und Training
Schumannstraße 1
74219 Möckmühl
Tel. (0 62 98) 21 59
Fax (0 62 98) 44 28

Schapals, Karl-Friedrich
Verkaufstrainer
Beckmannstraße 3
38228 Salzgitter
Tel. (0 53 41) 5 87 83
Fax (0 53 41) 5 99 36

Schäper, Rüdiger
INtem-Trainer
Großer Muskamp 68
49078 Osnabrück
Tel. (05 41) 44 59 95
Fax (05 41) 44 59 96

Scheelen, Frank M.
Tracy College AG
International
Marktplatz 15
79761 Waldshut/Tiengen
Tel. (0 77 41) 6 54 59
Fax (0 77 41) 6 54 03

Scherle, Heinz
Training und Beratung
Hopfengarten 1
71126 Gäufelden
Tel. (0 70 32) 7 43 32
Fax (0 70 32) 7 43 32

Schilling, Dr. Silke
Kommunikationssynergetik
Goldbergweg 78
60599 Frankfurt
Tel. (0 69) 65 66 62
Fax (0 69) 65 43 42

Schilling, Jürgen
Birkenweg 14
65396 Walluf
Tel. (0 61 23) 7 10 57, 8
Fax (0 61 23) 7 52 26

Schlee, Maximilian Peter
Dahlienweg 2
83569 Vogtareuth
Tel. (0 80 38) 69 96 31
Fax (0 80 38) 69 96 33

SELBSTSTÄNDIGE TRAINER UND BERATER IM BDVT

Schlegel, Peter P.
mtc management training &
consulting
Winterbach 22
88263 Horgenzell
Tel. (0 75 04) 9 13 00
Fax (0 75 04) 9 13 10

Schmalen, Bruno
Kantstraße 17
97645 Ostheim
Tel. (09 77) 16 10
Fax (0 97 77) 20 71

Schmeding-Wiegel, Hannelore
Beratung, Personal-
entwicklung, Training
in der Apotheken- und
Gesundheitsbranche
Leistikowstraße 3
14050 Berlin
Tel. (0 30) 3 04 77 09,
(0 30) 3 04 77 19
Fax (0 30) 3 04 70 08

Schmidt, Birgit
BS-Training
Holzweiler Straße 48 a
52445 Titz
Tel. (0 21 64) 94 93 53
Fax (0 21 64) 94 93 63

Schmidt, Detlev
Marketing und Verkaufstraining
für die Immobilienwirtschaft
Elb 77
40721 Hilden
Tel. (0 21 03) 33 47 46
Fax (0 21 03) 33 47 74

Schmidt, Frank
F & A train
Beratung und Training GmbH
Stephanstraße 7 a
18055 Rostock
Tel. (03 81) 6 86 44 40
Fax (03 81) 6 86 44 41

Schmidt, Friedrich Wilhelm
Training & Beratung
Millöckerweg 2 a
58313 Herdecke
Tel. (0 23 30) 12 98 05
Fax (0 23 30) 12 97 28

Schmidt, Peter
INtem-Trainer
Ginsterweg 19
72218 Wildberg
Tel. (0 70 54) 9 42 85

Schmidt, Wolf-D.
Goldgipfel 49
63584 Gründau

Schmietendorf, Jörg
Klusdamm 51
39114 Magdeburg
Tel. (03 91) 8 34 45 62
Fax (03 91) 8 11 59 41

Schmitt, Günter E.
Geschäftsführer
W.I.R. Personaldienstleistungen
Steinhof 3 a
40699 Erkrath
Tel. (02 11) 90 04-701
Fax (02 11) 90 04-666

Schmitt, Peter
Training, Consulting, Coaching
Präsident BDVT
Barghof 7
22850 Norderstedt
Tel. (0 40) 52 98 37 67
Fax (0 40) 52 98 37 69

Schmitt, Tom
COMMITT Creativität
Communikation Training
Elbchausee 585
22587 Hamburg
Tel. (0 40) 86 64 63 93
Fax (0 40) 86 64 63 94

Schmitz, Christoph
Integral-Training
Training und Wieterbildung
Busenpfad 69
47802 Krefeld
Tel. (0 21 51) 56 08 34
Fax (0 21 51) 56 13 11

Schmitz, Hans
Training – Personalentwicklung
Obere Lindenstraße 17
51381 Leverkusen
Tel. (0 21 71) 3 05 23
Fax (0 21 71) 3 05 23

Schmitz, Hans Josef
Institut für Marketing & Vertrieb
Artilleriestraße 4
52428 Jülich
Tel. (0 24 61) 34 83 10
Fax (0 24 61) 34 83 09

Schmitz, Helga
Trainerin und
Vertriebsberaterin
Artilleriestraße 4
52428 Jülich
Tel. (0 24 61) 34 83 10
Fax (0 24 61) 34 83 09

Schmitz, Michael
Kommunikation + Training
Zum Großen Busch 46
42327 Wuppertal
Tel. (0 20 58) 86 03

Schnaubelt, Michael
Lilienstraße 3
61169 Friedberg

Schneider, Monika
Feldstraße 7 F
06311 Helbra
Tel. (03 47 72) 2 01 44
Fax (03 47 72) 2 01 45

Schneider, Raimund
Throner Weg 7 b
61273 Wehrheim
Tel. (0 60 81) 98 11 44
Fax (0 60 81) 98 11 45

Schober, Jutta
Marketing und Training
Heinrich-Klausmann-Straße 118
47809 Krefeld
Tel. (0 21 51) 5 18 90 60
Fax (0 21 51) 5 18 90 61

Schoemen, Juergen
Mailänder Straße 3
60598 Frankfurt
Tel. (0 69) 68 38 91
Fax (0 69) 68 62 23

Scholz, Uwe
Focus Interaktion-Sales &
Marketing GmbH
Limburger Straße 21
61462 Königstein
Tel. (0 61 74) 93 90 00
Fax (0 61 74) 93 93 93

Scholze, Uwe
Dipl.-Soziologe
proceed
Gartenstraße 11
67063 Ludwigshafen
Tel. (06 21) 5 29 04 00
Fax (06 21) 5 29 04 01

Schommers, Rolf Christian
INtem-Trainer
Dickerstraße 69 a
46539 Dinslaken
Tel. (02 03) 4 06 44 10
Fax (02 03) 4 06 44 42

Schön, Siegfried
Polyconsult Schön + Partner
GmbH
Frankfurter Straße 66
63110 Rodgau
Tel. (0 61 06) 20 67

Schönell, Hans-Werner
HWS Bildungsmanagement und
Strategie
Postfach 308
82219 Eichenau
Tel. (0 81 41) 7 00 72
Fax (0 81 41) 8 08 59

Schreier, Margit M.
Mensch und Organisation
Hasenbergstraße 47
70176 Stuttgart

Schretzmann-Kittel, Elke
Ihre Agentur
Uhlandstraße 19
70182 Stuttgart
Tel. (0 71 59) 4 46 04
Fax (0 71 59) 94 94 78

Schreyer, Michael
Schreyer, Weil & Kröpelin
Brandenburger Straße 44
61348 Bad Homburg
Tel. (0 61 72) 30 49 85, 30 49 93
Fax (0 61 72) 30 49 89

Schroeter, Helmut
DIE EXPERTEN
Training & Beratung
Bodelschwinghstraße 17
34119 Kassel
Tel. (05 61) 7 39 90 40
Fax (05 61) 7 39 90 41

Schuren, Johannes E.
Schuren & Partner GmbH
Höhscheider Weg 20
42699 Solingen
Tel. (02 12) 6 79 41
Fax (02 12) 81 29 20

Schuster, Rolf
Trainer
Ohlendiekskamp 96
22399 Hamburg
Tel. (0 40) 60 29 90 71
Fax (0 40) 60 29 90 74

Schütz, Ronald
Veränderung
Am Weinberg 13
99425 Weimar
Tel. (03 64 53) 8 21 53

Schwarz, Wolfgang
C&T Unternehmensservice
Südkämpe 3
24613 Aukrug
Tel. (0 48 73) 15 43
Fax (0 48 73) 6 10

Seedorff, Wera
Trainerin
Fohrtweg 5
30926 Seelze
Tel. (0 51 37) 93 97 10
Fax (0 51 37) 93 97 11

Seidel, Jürgen
TeTraCon GmbH
Am Salach 13
89250 Senden-Aufheim
Tel. (0 73 07) 2 28 25
Fax (0 73 07) 2 93 01

Seifried, Gerhard
Diplom-Kaufmann
Brunnenstraße 7
66128 Saarbrücken (Gersweiler)
Tel. (06 81) 7 07 29, 5 30 22, 3

Semkowsky, Reinhard
MFM GmbH
Rissener Landstraße 193–197
22559 Hamburg
Tel. (0 40-81966740) 1
Fax (0 40) 81 96 67 42

Sendler, Jens
Sendler & Partner GbR
Bahnhofstraße 45/2
99084 Erfurt
Tel. (03 61) 5 55 35-0
Fax (03 61) 5 55 35 24

Seßler, Helmut
INtem-Institut Trainergruppe
Seßler & Partner GmbH
Mallaustraße 69–73
68219 Mannheim
Tel. (06 21) 44 80 48
Fax (06 21) 40 94 60

Seyfarth, Achim
Projektleiter
GHTI Marketing-Service GmbH
Bahnstraße 28
47877 Willich
Tel. (0 21 54) 30 18, 41 48 23
Fax (0 21 54) 42 81 10

Siebert, Dirk
Verkaufstraining DS
Cemensstraße 2
40225 Düsseldorf
Tel. (02 11) 70 93 33
Fax (02 11) 70 64 51

SELBSTSTÄNDIGE TRAINER UND BERATER IM BDVT

Siebold, Angela
Managementberatung,
Coaching, Supervision
Klinikstraße 32
44791 Bochum
Tel. (02 34) 9 50 76 20
Fax (02 34) 9 50 76 19

Siefermann, Gerd
TOP-SALES-CONSULTING
Bahnhofstraße 46
76137 Karlsruhe
Tel. (07 21) 3 08 43
Fax (07 21) 3 15 25

Siegert-Anders, Christine
Inter Aktion
Beratung und Training
Mézidon-Canon-Ring 7
31028 Gronau
Tel. (0 51 82) 94 84 64
Fax (0 51 82) 94 84 65

Siemens, Karl W.
Mitglied des Ehrenrats BDVT
Blumenstraße 15
30827 Garbsen/Berenbostel
Tel. (0 51 31) 46 35 07

Simon, Dr. Hans-Peter
Reiskestraße 19
04317 Leipzig
Tel. (03 41) 2 61 40 38

Simon-van de Ven, Thea
Trainerin
Bünteweg 47
30559 Hannover
Tel. (05 11) 52 56 19
Fax (05 11) 52 06 43

Six, Holger
Unternehmensentwicklung,
Training und Coaching
Dechant-Hess-Straße 35
41468 Neuss
Tel. (0 21 31) 31 90 39
Fax (0 21 31) 31 90 40

Slaby, Stefan
SAM Unternehmensberatung
Siverdesstraße 1
48147 Münster
Tel. (02 51) 29 60 51
Fax (02 51) 29 60 51

Sonnenholzer, Dieter A.
Sonnenholzer Beratung
Sonnenholzer PLUS Seminare
Gruber Straße 2
85551 Kirchheim/München
Tel. (0 89) 99 02 04 44
Fax (0 89) 99 02 04 45

Speis, Marlis Margarete
MSP Trainerakademie
Institut für Streßforschung und
ganzheitliche Weiterbildung
Steinsstraße 50
41238 Mönchengladbach-Rheydt
Tel. (0 21 66) 91 23 01 -02 -03
Fax (0 21 66) 91 23 04

Sprang, van Milou
Direct-tv
Schwagrzinna & friends GmbH
Hähnelstraße 14
12159 Berlin
Tel. (0 30) 8 52 12 79
Fax (0 30) 8 52 44 61

Spreiter, Dr. Michael
Diplom-Pädagoge
Berater und Trainer
Bergstraße 23
63743 Aschaffenburg
Tel. (0 60 21) 41 15 55
Fax (0 60 21) 41 15 55

Sprenger, Heinz
Schwerinstraße 35
45476 Mülheim
Tel. (02 08) 40 40 40
Fax (02 08) 40 39 46

Spröte, Dr. sc. Werner
Geschäftsführer Agentur für
Kommunikation und Marketing
Harbker Straße 1
39110 Magdeburg
Tel. (03 91) 6 20 96 16
Fax (03 91) 7 31 60 06

Stargalla, Leopold
Stettinerstraße 4
91080 Uttenreuth
Tel. (0 91 31) 5 75 68, 5 05 37
Fax (0 91 31) 20 45 53

Starkmann, Manuela
Training Coaching
Service
Hubertusweg 14
97082 Würzburg
Tel. (09 31) 7 84 89 50
Fax (09 31) 7 84 89 90

Steffen, Wolfgang
Thieme Training Nord
Verkauf-Management-
Telefon-Call Center
Wöhrendamm 148
22927 Großhansdorf
Tel. (0 41 02) 6 15 22
Fax (0 42 02) 6 17 80

Steinkat, Renate
A S I
Wielandstraße 14
10629 Berlin
Tel. (0 30) 3 24 75 14
Fax (0 30) 3 24 14 17

Stelzer, Bernd
Vertriebsconsulting GmbH
Gottlieb-Daimler-Straße 3
35440 Linden
Tel. (0 64 03) 9 23 03
Fax (0 64 03) 9 23 04

Stempel, Hans
Schleswiger Straße 8
21465 Reinbek
Tel. (0 40) 7 22 90 29

Stempel, Sieglinde
PRO TEAM
Organisations- und
Personalentwicklung
Weidweg 43
79110 Freiburg
Tel. (07 61) 8 09 88 58
Fax (07 61) 8 09 88 57

Stempfle, Lothar
Vertriebsentwicklung und
Training
Uhlandstraße 21
74072 Heilbronn
Tel. (0 71 31) 67 94 04
Fax (0 71 31) 67 94 06

Stern-Reichert, Monika
msr Training und Kommunikation
Speckelsteinstraße 47
53881 Flamersheim
Tel. (0 22 55) 95 22 13
Fax (0 22 55) 95 22 14

Stichling, Axel
Institut für Berufsausbildung
und Strategieentwicklung
Kapuzinerstraße 21
94032 Passau
Tel. (08 51) 26 02
Fax (08 51) 95 20 46

Stierle, Jürgen
Stierle-Consulting
Werler Weg 14
45659 Recklinghausen
Tel. (0 23 61) 10 84 14
Fax (0 23 61) 10 84 86

Stöger, Helmut
Am Eisweiher 2
86872 Scherstetten
Tel. (0 82 52) 6 54

Stolle, Dr. Emil
Trainer/Ausbilder
Leipziger Straße 104
04416 Markkleeberg
Tel. (03 41) 3 58 06 22

Straub, Wolfgang
Friedrich-Ebert-Straße 12
75417 Mühlacker
Tel. (0 70 41) 4 52 51

Stritch, Sabine
Grotkoppelweg 20 a
22453 Hamburg
Tel. (0 40) 58 03 09
Fax (0 40) 58 32 28

Strobl, Doris
Telefontraining
Frauenstraße 34
80469 München
Tel. (0 89) 21 57 84 01
Fax (0 89) 21 57 84 01

Strube, Günther
Gf. Gesellschafter der Seminaris
Hotel-&
Kongreßstätten-Betriebs-GmbH
Soltauerstraße 3
21335 Lüneburg
Tel. (0 41 31) 7 13-700
Fax (0 41 31) 4 04-744

Struck, Helmut Gerd
Trainer
Treeneweg 22
22851 Norderstedt
Tel. (0 40) 52 98 38 31
Fax (0 40) 52 98 38 32

Stüer, Georg
Organisations- und
Personalentwicklung
EDV-Training
Franz-von-Kempis-Weg 51
53332 Bornheim
Tel. (0 22 27) 91 19 10
Fax (0 22 27) 91 19 12

Stumber, Peter
Horst Rückle Team GmbH
Trainings- und
Beratungsunternehmen
Röhrerweg 7
71032 Böblingen
Tel. (0 62 28) 24 10

Stürmer, G. Oskar
best result consulting + training
Hochbergstraße 10
93486 Runding
Tel. (0 99 71) 80 34 70
Fax (0 99 71) 80 34 71

Suchan, Klaus V.
Diplom-Psychologe
Hexentalstraße 5
79299 Wittnau
Tel. (07 61) 4 00 10 60
Fax (07 61) 4 00 10 61

Sulak, Prof dr. sc. Franjo
Consultant and trainer
communico
Luke Botica 13
HR-42000 Varazdin
Tel. (0 03 85) 42 26 12 58
Fax (0 03 85) 42 26 12 58

Sulimma, Dirk
Konzept Marketing Service
Auf dem Steinchen 4
57638 Neitersen
Tel. (0 26 81) 57 57
Fax (0 26 81) 57 60

T

Tast, Wolfgang
Wolfgang Tast-Seminare
Flürleinstraße 11
97076 Würzburg
Tel. (09 31) 2 78 51 01
Fax (09 31) 2 78 51 02

Telgmann, Wiltrud M.
Trainerin/Verkaufsförderin
Bahnhofstraße 31
86919 Utting
Tel. (0 88 06) 95 83 30

Thieme, Kurt H.
Thieme Training
Lahntalstraße 37
80995 München
Tel. (0 89) 1 50 26 78
Fax (0 78) 1 50 44 12

SELBSTSTÄNDIGE TRAINER UND BERATER IM BDVT

Thoenes, Hans-Jakob
Marketing- und
Veranstaltungsservice
TOPAS 21
Kierberger Straße 15
50969 Köln
Tel. (02 21) 9 36 12 18
Fax (02 21) 36 14 54

Thoennessen, Gangolf
Personalentwicklung, Führungs-
und Verhaltenstraining
Lenaustraße 1
22087 Hamburg
Tel. (0 40) 2 29 04 70

Thomas, Andrea
Verkaufstrainerin
Hauptstraße 52
56858 Würrich
Tel. (0 65 43) 22 68
Fax (0 65 43) 96 09

Thönnes, Günter
CTT
Coaching Team Thönnes
Am Firmerich 2
54550 Daun
Tel. (01 71) 5 11 12 78
Fax (0 65 92) 14 95

Thormeyer, Dr. Barbara
Trainerin
Am Rübenplan 9
39171 Altenweddingen
Tel. (03 92 05) 2 24 33
Fax (03 92 05) 2 24 44

Tiemann, Dr. Jürgen
VIP – Training – Dr. Jürgen
Tiemann
Lüllauer Straße 33
21266 Jesteburg
Tel. (0 41 83) 3 21,
      (01 71) 3 04 96 69
Fax (0 41 83) 47 67

Tiigi, Ursula
TIIGI Seminare
Kapellenfeld 1
48308 Senden
Tel. (0 25 97) 9 89 84
Fax (0 25 97) 9 89 85

Tisch, Petra
Siebert & Tisch
Consulting GmbH
Wächtersbacher Straße 74
60386 Frankfurt
Tel. (0 69) 94 21 93 83
Fax (0 69) 41 86 36

Töller, Thomas
KiF Kundenorientierung im
Firmenkundengeschäft
Hainkopfstraße 3
65779 Kelkheim
Tel. (0 61 98) 3 38 46

Topp, Dr. Barbara
Wirtschaftspsychologisches
Institut
Dr. B. Topp +T. Piehler
Friedrich-Ebert-Straße 6
99096 Erfurt
Tel. (03 61) 3 46 05 57
Fax (03 61) 3 46 05 58

Tosch, Michael
Heiligkreuzweg 63b
55130 Mainz
Tel. (0 61 31) 8 16 44
Fax (0 61 31) 8 23 80

Treder, Klaus
INtem-Trainer
Finkenried 2 J
22844 Norderstedt
Tel. (0 40) 52 55 04 50
Fax (0 40) 52 55 05 20

Triebe, Rainer
PERSONAL IDENTITY
Breitenstraße 21
72469 Meßstetten-Oberdigisheim
Tel. (0 74 36) 5 14 71
Fax (0 74 36) 5 14 72

Trinker, Alexander
Trainer für Telefon,
Führung und Verkauf
Hertlingstraße 3
81545 München
Tel. (0 89) 64 24 17 95
Fax (0 89) 64 24 17 96

Tschorn, Michael
Trainer und Berater BDVT
Postfach 20 04
31295 Burgdorf
Tel. (0 50 85) 9 20 70, 9 20 71
Fax (0 50 85) 9 20 72

Turanli, Heike
Trainerin
Gertrudenhofweg 25
50858 Köln
Tel. (02 21) 9 48 47 13

Turowski-Willeck, Regina
Salestrainerin
Karl-F.-Schinkel-Straße 25
53127 Bonn
Tel. (02 28) 22 20 02
Fax (02 28) 9 28 83 66

U

Umstätter, Stefan
Management Training
Hauptstraße 10
85737 Ismaning
Tel. (0 89) 96 20 23 56
Fax (0 89) 96 20 23 57

Unger, Hannelore
Hundisburger Straße 20
39124 Magdeburg
Tel. (03 91) 2 52 73 58

Urlaub, Karlheinz
BPT & Partner-Trainingsteam
Organisations- + Vertriebs-
Optimierung
Berlinerstraße 4 a
67240 Bobenheim-Roxheim
Tel. (0 62 39) 89 87
Fax (0 62 39) 89 87

V

Vedder, Michael
Trainer
und Berater
Hensenstraße 162
48161 Münster
Tel. (02 51) 8 72 56 50
Fax (02 51) 8 72 50 65

Verhoeven, Irmgard
Berliner Straße 81
33330 Gütersloh
Tel. (0 52 41) 4 94 34
Fax (0 52 41) 46 01 34

Vogt, Hans
Vogt + Partner
VISION PRODUCTION
Postfach 50
82497 Unterammergau
Tel. (0 88 22) 9 42 00
Fax (0 88 22) 9 42 01

Vogt, Reinhold
mnemonik
Lerchenweg 35
51545 Waldbröl
Tel. (0 22 91) 80 01 75
Fax (0 22 91) 91 10 09

Volke, Peter R.
IWP Institut für
Wirtschaftspädagogik
Volke Team GmbH
Moritz-von-Schwind-Weg 24
82343 Pöcking-Starnberg
Tel. (0 81 51) 7 27 51
Fax (0 81 51) 2 89 14

von Berg, Wilfried
Verkaufs- und Verhaltenstrainer
Saarstraße 29
73431 Aalen
Tel. (0 73 61) 93 14 90
Fax (0 73 61) 93 14 91

von Hein, Dr. Joachim
Von Hein & Partner
Unternehmensberatung
Frankfurter Straße 39
38304 Wolfenbüttel
Tel. (0 53 31) 95 85 95
Fax (0 53 31) 95 85 99

von Knauer, Hans
Dipl.-Kaufmann
Am Rischen 5 B
37083 Göttingen
Tel. (05 51) 7 90 58 10
Fax (05 51) 7 90 58 40

Voss, Reiner
Voss + Partner GmbH
Siemensstraße 31
25462 Rellingen
Tel. (0 41 01) 38 44-0
Fax (0 41 01) 3 16 36

W

Wagner, Burkhard
Vertriebsdirektor
AIG Privat Bank
Zanderweg 20
31275 Lehrte
Tel. (05 11) 5 29 30 04
Fax (05 11) 5 29 30 05

Wagner, Erwin
mdw* Agentur für Marketing
Ilzleite 51
94034 Passau
Tel. (08 51) 4 50-42
Fax (08 51) 4 50-44

Wagner, Klaus-D.
NISOB Unternehmensberatung
GmbH
Schwonhöh 1
24888 Loit
Tel. (0 46 41) 14 95
Fax (0 46 41) 16 18

Wagner, Rudolf
Wagner-Training
Bonfelderstraße 7
74211 Leingarten
Tel. (0 71 31) 40 26 05
Fax (0 71 31) 40 38 65

Waller, Bernd-Dieter
mit Waller GmbH
Tannenstraße 130
82178 Puchheim
Tel. (0 89) 8 00 28 62
Fax (0 89) 8 00 29 71

Wallig, J. Helmut
INTEWO – Seminare
Ginsterweg 19
77887 Sasbachwalden
Tel. (0 78 41) 42 12
Fax (0 78 41) 29 03 21

Walter, Henry
Faaßweg 8
20249 Hamburg
Tel. (0 40) 46 40 51, 2, 3
Fax (0 40) 46 40 07

Wandinger, Thomas Michael
Zweibrückenstraße 8
80331 München
Tel. (0 89) 22 66 00
Fax (0 89) 22 66 99

Weber, Hans
Franchise- und Personalberater
Hägerstraße 32
33824 Werther
Tel. (0 52 03) 12 69
Fax (0 52 03) 12 96

Weber, Henry
Henry Weber & Partner
Management Entwicklung
Training
Marschallstraße 37
40477 Düsseldorf
Tel. (02 11) 4 84 95 23
Fax (02 11) 4 84 95 63

SELBSTSTÄNDIGE TRAINER UND BERATER IM BDVT

Weckesser, Peter Michael
Beratungs- und Trainingsteam
Pro Mensch
Dreiherrnsteinplatz 7
63263 Neu-Isenburg
Tel. (0 61 02) 55 76
Fax (0 61 02) 55 70

Weigert, Heidi
Dipl.-Psychologin
Schladitzer Straße 88
04129 Leipzig
Tel. (01 61) 3 32 44 23

Weinkath, Wolfgang
Kurfürstenring 47
46562 Voerde
Tel. (0 28 55) 9 27 20

Weise, Peter
T. A. Cook & Weise
Johannisthaler Chaussee 254
12351 Berlin
Tel. (0 30) 60 25 79 60
Fax (0 30) 60 25 79 62-63

Weiss, Heinz S.
Heinz S. Weiss + Partner GmbH
Geschäftsführer
Schillingsrotter Straße 31–33
50996 Köln
Tel. (02 21) 93 55 39-0
Fax (02 21) 93 55 39-30

Weißer, Oliver
Weißer Büro + Objekt
Einrichtungen
Berliner Straße 80 a
13467 Berlin
Tel. (0 30) 40 54 06 54
Fax (0 30) 4 04 93 59

Weixler, Dietmar
Phonepartner Training GmbH
Wilhelm-Leuschner-Straße 59
63128 Dietzenbach
Tel. (0 60 74) 80 81
Fax (0 60 74) 4 28 33

Wellpott, Birgit
Welltext, Werbung, PR & Mehr
Bückeburger Straße 23
31707 Bad Eilsen
Tel. (0 57 22) 98 22 20
Fax (0 57 22) 98 13 22

Wende, Willi
WENDE TRAINING
Welterpfad 38
12277 Berlin
Tel. (0 30-7201) 77 07
Fax (0 30-7201) 77 08

Wenzlau, Andreas
Geschäftsführer
aw management consulting
Hansjakobstraße 2
79312 Emmendingen
Tel. (0 76 41) 57 22 28
Fax (0 76 41) 57 24 29

Werlich, Eberhard
Dale Carnegie Training
Paulstraße 42
63150 Heusenstamm
Tel. (0 61 04) 28 26

Werner, Lothar H.G.
WTB
WERNER Training und Beratung
Lindenweg 5
61476 Kronberg
Tel. (0 61 73) 6 30 93
Fax (0 61 73) 6 86 35

Wessel, Dieter
Rheinstraße 3
76337 Waldbronn
Tel. (0 72 43) 1 30 65

Westphal, Rüdiger
best result consulting + training
Hofbrunnstraße 23
81479 München
Tel. (0 89) 79 10 91 06
Fax (0 89) 79 10 91 04

Widmann-Rapp, Ursula
TEAM MÜNCHEN
Training in
Verkaufsorganisationen
Hollerstraße 12
80995 München
Tel. (0 89) 1 50 17 79
Fax (0 89) 1 50 17 99

Wiegand, Hans-Jürgen
Diplom-Betriebswirt
Unternehmensberatung Wiegand
Benther Bergweg 19
30989 Gehrden
Tel. (0 51 08) 53 72
Fax (0 51 08) 75 16

Wiek, Dr. Ulrich
Unternehmensberater
Trainer
Goethestraße 39
67165 Waldsee
Tel. (0 62 36) 56 04 66
Fax (0 62 36) 56 04 64

Wieninger, Michael
Diplom-Betriebswirt
Kiefernstraße 14
47574 Goch
Tel. (0 28 23) 58 55
Fax (0 28 23) 21 86

Wieschen, Frank aus der
Aus der Wieschen & Partner
Nachbarsweg 101
45481 Mülheim an der Ruhr
Tel. (02 08) 46 00 12-14
Fax (02 08) 48 93 28

Wieschen, Thomas aus der
Lehnerstraße 31
45481 Mülheim
Tel. (02 08) 48 81 56
Fax (02 01) 66 61 68

Willberg, Elke
Trainerin
Schillerstraße 12
39108 Magdeburg

Winkler, Jürgen
Service Marketing Support
Unternehmensberatung GmbH
Kirchgasse 11
91217 Hersbruck
Tel. (0 91 51) 7 15 31
Fax (0 91 51) 7 15 32

Winkler, Martin
TRAINERTEAM NIEDERRHEIN
INtem-Trainer
Eurotec Ring 15
47445 Moers
Tel. (0 28 41) 10 12 82
Fax (0 28 41) 10 12 81

Winkler, Peter
TUBUS Training
Unternehmensberatung und
Service
Ernststraße 90 A
13509 Berlin
Tel. (0 30) 43 55 42 15
Fax (0 30) 43 55 42 16

Wirtz, Helmut E.
Verkaufs- und Führungstrainer
BDVT
Steindamm 17
25479 Ellerau
Tel. (0 41 06) 77 30 44
Fax (0 41 06) 77 30 45

Wisst, Peter
Loiderdinger Straße 16
83737 Irschenberg
Tel. (0 89) 42 74 25-0
Fax (0 89) 42 74 25 25

Wohlfarth, Klaus
Leiter Schulung/Seminare
WERU AG
Postfach 160
73631 Rudersberg
Tel. (0 71 83) 30 30
Fax (0 71 83) 30 33 70

Wolff, Ernst
Oderweg 6
91058 Erlangen

Wolff, Hartmut H.
Holstweg 24
14163 Berlin
Tel. (0 30) 8 01 71 00

Wynistorf, Werner
Trainer
Laubbergweg 35
CH-3053 Münchenbuchsee
Tel. (00 41-31) 8 69 17 18

Z

Zacharias, Gottfried
Am Wäldchen 18
34128 Kassel
Tel. (05 61) 88 21 72

Zahn, M.-Peter
Zahn Consulting
Gutenbergstraße 3 A
30966 Hemmingen
Tel. (05 11) 41 99 99-6
Fax (05 11) 41 99 99-77

Zehetner, Friedrich
„TOP im JOB" GmbH
Nico-Dostal-Straße 4
A-4614 Marchtrenk
Tel. (00 43-7243) 5 19 51
Fax (00 43-7243) 5 19 51-15

Zerres, Peter
Diplom-Ingenieur
Matthias-Curt-Straße 30
50374 Erftstadt
Tel. (0 22 35) 7 55 65
Fax (0 22 35) 6 77 84

Ziegler, Gerhard
Ostpreußenstraße 13
74189 Weinsberg
Tel. (0 71 31) 62 43-0

Ziegler, Heinz
Globe Marketing Agentur
für VKF Werbung GmbH
Borkenkamp 2
31535 Neustadt
Tel. (0 50 32) 6 10 24, 6 10 25
Fax (0 50 32) 6 38 38

Zimmermann, Heinrich
Bregenzer Straße 35
A-6922 Wolfurt

Zintel, Arno E.
AEZ-Seminare & Consulting
Breslauer Straße 9
37547 Kreiensen
Tel. (0 55 63) 95 02-0
Fax (0 55 63) 95 02-20

Zosso, Jean-Pierre
trainings-consult AG
Erlenstrasse 48
CH-8832 Wollerau
Tel. (00 41-1) 7 84 26 45
Fax (00 41-1) 7 84 26 45

Zügler, Georg
Trainer + -Beratung
Martin-Luther-Straße 53
91413 Neustadt
Tel. (0 91 61) 87 66 88
Fax (0 91 61) 87 66 89

Zunker, Jürgen
Barförder Elbdeich 18
21522 Hittbergen
Tel. (0 41 39) 7 61 13
Fax (0 41 39) 7 61 13

Zütphen, Frank
dialog Verkaufs- und
Managementtraining
Badener Straße 49
33659 Bielefeld
Tel. (05 21) 49 29 99
Fax (05 21) 49 29 89

Stand der Angaben: 1. April 2000

If you have any concerns about our products,
you can contact us on
ProductSafety@springernature.com

In case Publisher is established outside the EU,
the EU authorized representative is:
**Springer Nature Customer Service Center GmbH
Europaplatz 3, 69115 Heidelberg, Germany**

Printed by Libri Plureos GmbH
in Hamburg, Germany